Michael Lawrence
Biblische Theologie für die Gemeinde

MICHAEL LAWRENCE

Biblische Theologie für die Gemeinde

Ein Leitfaden für die Anwendung von Gottes Offenbarung

betanien

Verwendete Bibelübersetzungen:
Wenn nicht anders angegeben, folgen die Bibelzitate der Elberfelder Übersetzung, revidierte Fassung. Copyright © 1994, 2007 R. Brockhaus Verlag, Witten. Andere verwendete Übersetzungen und ihre Abkürzungen:

EIN	Einheitsübersetzung der Heiligen Schrift. Copyright © 1980 Katholische Bibelanstalt GmbH, Stuttgart.
LUT	Lutherbibel 1984. Copyright © 1985 Deutsche Bibelgesellschaft, Stuttgart.
MEN	Die Heilige Schrift, übersetzt von Hermann Menge. Stuttgart: Württembergische Bibelanstalt, 1940.
SCH	Schlachter Version 2000. Copyright © 2000 Genfer Bibelgesellschaft.
ZÜR	Zürcher Bibel, 2. Auflage. Copyright © 2007, 2008 Verlag der Zürcher Bibel beim Theologischen Verlag Zürich AG.

1. Auflage 2013

Postfach 1457 · 33807 Oerlinghausen
www.betanien.de · info@betanien.de
Übersetzung: Joachim Schmitsdorf
Cover und Foto: 18prozent.de
Satz: Betanien Verlag
Druck: Scandinavianbook, Arhus (Dänemark)

ISBN 978-3-935558-44-0

Inhalt

TEIL 3

Die Anwendung für die Gemeinde

Vorwort

Ich habe keine Ahnung, wie man Autos repariert. Als ich noch jung und knapp bei Kasse war, habe ich ein paar Mal versucht, mein Auto selbst zu reparieren. Ich holte etwas Rat ein und machte mich ans Werk. Kein Wunder, dass das Ergebnis eine Katastrophe war. Immer ging irgendetwas schief, mit dem ich nicht gerechnet hatte, und ich kam nicht voran. Das Problem bestand darin, dass ich nur wenig über Autos wusste. Mir fehlte die nötige Fachkenntnis zum Reparieren.

Allzu oft können wir als Prediger und Gemeindemitarbeitr demselben Problem begegnen wie ich, als ich mein Auto zu reparieren versuchte. Wir möchten Menschen helfen, ihre Probleme zu lösen, aber uns fehlt der nötige Überblick, um ihnen wirklich beistehen zu können. Wenn wir die Bibel nicht verstehen, kann unser Dienst dazu führen, dass wir ihnen mehr schaden als nutzen. Unsere Berufung als Hirten besteht grundsätzlich darin, die Menschen zu hüten, die uns anvertraut sind; doch wie können wir unserer Berufung gerecht werden, wenn uns der Überblick über die Bibel fehlt, wenn wir nicht wissen, wie wir die Bibel im Ganzen verstehen müssen? Wie können wir weisen geistlichen Rat erteilen, wenn wir den ganzen Ratschluss Gottes nicht kennen (Apg 20,27)?

In 1. Korinther 1-4 erfahren wir, dass die Gemeinde in Korinth in Bezug auf Paulus, Apollos, Petrus und sogar Christus gespalten war. Anscheinend maß man dort die Wirksamkeit von Paulus und Apollos an ihrer Redekunst. Manche hielten Apollos in größeren Ehren als Paulus, weil sie glaubten, dass er ein besserer Rhetoriker war. Vielleicht brachten sie vor, der Heilige Geist wirke mächtiger in Apollos. Welchen geistlichen Rat würden Sie den Korinthern geben? Ich vermute, viele von uns würden einfach sagen: »Hört auf damit, euch zu entzweien! Erweist einander Bruderliebe und werdet eins im Evangelium! Wie töricht ist es, sich an der Frage zu entzweien, welcher Redner der bessere Rhetoriker ist!« Paulus jedoch geht das Problem so an, dass er tiefer geht und die Frage theologisch beleuchtet. Er erklärt, dass die Spaltungen unter den Korinthern widerspiegeln, dass sie das Kreuz Christi grundlegend missverstehen. Hätten sie die Botschaft von Christus als dem Gekreuzigten wirklich verstanden, dann würden sie nicht einer derart weltlichen Sicht der Dinge erliegen. Indem sie sich von der Redegabe des Paulus und Apollos verzaubern ließen und sich beider rühmten, leugneten sie die grundlegende Wahrheit vom Kreuz, nämlich dass Gott *Sünder* rettet. Ihr Rühmen über Paulus und Apollos verdeckte ihren Hochmut. Wir könnten fortfahren, über die Antwort des Paulus an die Korinther nachzudenken; was ich aber sagen will, wenn ich diese Sache anspreche, ist schlicht und einfach: Wenn wir mit einem solchen Problem konfrontiert würden, wie viele von uns würden dann theologisch denken und erkennen: die Wurzel des Problems liegt darin, dass das Kreuz nicht verstanden wird?

Wir alle brauchen Anleitung, wie man theologisch denkt. Welche Freude ist es daher, dieses Buch von Michael Lawrence zu lesen! Dr. Lawrence ist ein erfahrener Pastor, und seine Weisheit als Hirte kommt auf diesen Seiten immer wieder zum Vorschein. Die beste Theologie wurde im Laufe der Kirchengeschichte immer von Gemeindehirten verfasst. Wir denken an Augustinus, Luther, Calvin, Edwards, Spurgeon und Lloyd-Jones. Michael Lawrence bietet eine wunderbar verständliche und nützliche Einleitung in die Biblische Theologie, so dass wir erkennen können, wie wichtig Bündnisse und Kanon, Prophetie und Typologie, Kontinuität und Diskontinuität sind. Darüber hinaus wird uns ein aufschlussreicher Umriss biblischer Theologie von der Schöpfung bis zum Ende der Welt geboten, der einige der wichtigsten Handlungsstränge der Schrift erklärt. Dieses Buch ist nicht besonders dick, aber voller Weisheit; auch richtet es sein Augenmerk stets auf den Nutzen Biblischer Theologie für die Gemeinde und für den Dienst als Hirte, Prediger und Seelsorger. Allein schon die letzten beiden Kapitel über das Verhältnis von Biblischer Theologie zu Predigt und Lehre bzw. zur örtlichen Gemeinde sind den Kaufpreis des Buches wert. Ich habe durch das Lesen dieses Buches dazugelernt und wurde dadurch ermutigt. Ich muss an die Worte denken, die Augustinus im Garten vor seiner Bekehrung hörte: »Nimm und lies!«

Thomas R. Schreiner
Professor für Neues Testament
am Southern Baptist Theological Seminary

Über dieses Buch

Dieses Buch richtet sich an Menschen, die der örtlichen Gemeinde mit Leidenschaft dienen. Es ist nicht für Theologen und Akademiker gedacht (wenngleich ich hoffe, dass auch sie es lesen und lieben werden). Es ist ein Buch für Pastoren und Gemeindeleiter, die sich nicht daran erinnern können, wann sie zuletzt eine Diskussion über Begriffe wie »Kompatibilismus«[1] oder »Theodizee«[2] hatten, sondern die jede Woche jemandem helfen müssen zu verstehen, warum Beten kein abergläubischer Wahn ist, wenn Gott doch sowieso schon alles weiß, oder warum Gott zulässt, dass eine Frau keine Kinder bekommen kann oder dass jemand keine Arbeit findet. Mit anderen Worten: Es ist ein Buch für Leute wie Sie und mich.

Es ist ein Buch für Leute wie einen meiner Mitältesten, der kürzlich mit einem Freund in einem Imbiss zu Mittag aß. Dieser Mann hatte während der jüngsten Wirtschaftskrise seine Stelle verloren, und gerade ein paar Tage zuvor war sein Auto kaputt gegangen. Und nun stand er vor dem Problem, dass seine Ersparnisse gegen Null gingen.[3]

Allerdings hatte er Fernsehprediger gehört, die versprachen, dass Gott uns hier und jetzt mit irdischem Reichtum segnen würde, wenn wir nur glaubten. Der Freund scherzte: »Du kennst Stellen wie im 5. Buch Mose, wo Gott sagt, dass er uns in unserem Haus und auf dem Feld segnen wird, wenn wir ihm nur treu nachfolgen.«

Wie sollte mein Mitältester darauf antworten? Verheißt das 5. Buch Mose uns als Christen, dass Gott uns in der Stadt und auf dem Feld segnen wird, dass er unseren Eingang und Ausgang segnen wird? Wenn Sie eine Bibel zur Hand haben, schlagen Sie die

---

1 D. i. die Lehre, ein freier Wille des Menschen und die Vorherbestimmung durch Gott seien miteinander vereinbar (vom spätlateinischen *compatibilis*); Anm. d. Übers.

2 D. i. die Frage, warum Gott das Böse zulässt; wörtlich »Rechtfertigung Gottes«, von griechisch *theós* (Gott) und *dikaióō* (rechtfertigen); Anm. d. Übers.

3 In Amerika gibt es keinen Kündigungsschutz wie hierzulande und im Fall von Arbeitslosigkeit weit weniger staatliche Unterstützung; Anm. d. Übers.

ersten Verse von 5. Mose 28 nach. Sie werden sehen, dass solche Segensverheißungen gewiss den Israeliten galten. Und mit dem Segen, von dem dort die Rede ist, ist kein undefinierbares geistliches Wohlgefühl gemeint. Der von Gott verheißene Segen besteht in vollen Scheunen und einem fruchtbaren Mutterschoß, dem Lob der Heidenvölker und Hochachtung seitens der Feinde. Damit ist das beste Leben im Hier und Jetzt gemeint!

Doch gelten diese Verheißungen auch Christen? Kann ein arbeitsloser Christ erwarten, dass Gott ihm rasch eine neue Arbeitsstelle gibt, wenn er nur genug Glauben aufbringt? Was ist mit dem kinderlosen Ehepaar, das sich nach Kindern sehnt? Sollten wir ihnen sagen: »Ihr braucht einfach nur *glauben*, und Gott wird euch das ersehnte Kind geben«? Oder schatten die Segnungen, die Gott Israel verhieß, lediglich das ewige Erbe voraus, das denen verheißen ist, die an das Evangelium glauben?

Wie man diese Fragen beantwortet, hat direkte Konsequenzen darauf, wie mein Mitältester seinem arbeitslosen Freund dienen muss. Die Antwort wirkt sich direkt darauf aus, wie Sie und ich den Menschen in unserem Umfeld dienen müssen.

Ich werde Ihnen nicht verraten, was mein Mitältester seinem Freund gesagt hat; wir werden am Ende des Buches auf diese Geschichte zurückkommen. Doch diese Geschichte veranschaulicht, was ich in diesem Buch voraussetze: unsere Theologie bestimmt Profil und Wesen unseres Dienstes. Theologie bedeutet, dass wir vom Text der Heiligen Schrift dahin kommen, wie wir heute im Alltag leben sollen.

Biblische Theologie ist von entscheidender Bedeutung

In diesem Buch geht es um Theologie. Aber es ist auch durchaus ein Buch über den geistlichen Dienst; denn ich bin überzeugt, dass wir zuerst unsere theologischen Hausaufgaben gemacht haben müssen, wenn wir wollen, dass unser Dienst von bleibender Wirkung ist und unsere Gemeinden gesund sind. In diesem Buch werden wir darüber sprechen, wie man eine Theologie umsetzt, die wiederum uns dabei helfen wird, etwas Praktisches zu tun, nämlich den Pastoraldienst. Darüber hinaus möchte ich erörtern, wie man Theologie praktisch umsetzt, damit Sie wissen, wie Sie selbst diese anwenden können.

Die Originalausgabe dieses Buches ist Teil der *9Marks*-Reihe. *9Marks* ist ein Dienst, der sich der Zurüstung von Ortsgemeinden und Pastoren widmet. Er leitet seinen Namen von Mark Devers Buch *Nine Marks of a Healthy Church* ab (deutsche Ausgabe: *Neun Merkmale einer gesunden Gemeinde*). Das zweite Merkmal einer gesunden Gemeinde ist laut Dever Biblische Theologie.[4] Was aber meint Dever mit »Biblischer Theologie«? Es ist eine schriftgemäße oder anders gesagt eine *gesunde* Theologie.

Das Wort »gesund«, so macht Dever klar, bedeutet zuverlässig, genau und gewissenhaft.[5] Und eben dieses Wort »gesund« benutzt Paulus immer wieder, um seinen Schülern Timotheus und Titus zu schildern, wie ihre Lehre und ihr Lehren aussehen sollen. Gesunde Lehre widersteht Gottlosigkeit und Sünde (1Tim 1,9-11). Gesunde Unterweisung widersteht falscher Lehre (1Tim 6,3). Gesunde Belehrung ist das Vorbild, das Paulus dem Timotheus gegeben hat (2Tim 1,13). Gesunde Lehre wird von solchen Gemeinden verworfen, die lieber das hören, wonach ihnen die Ohren jucken (2Tim 4,3). Und nochmals: Gesunde Lehre wird diejenigen ermutigen, die an dem zuverlässigen Wort festhalten und diejenigen zurechtzuweisen, die ihm widersprechen (Tit 1,9). Immer wieder sagt Paulus diesen beiden Männern: »Du aber rede, was der gesunden Lehre entspricht« (Tit 2,1 SCH). Gesunde Lehre oder *biblische* Theologie macht einen Großteil dessen aus, worüber ich in diesem Buch sprechen möchte. Kapitel 4 und 5 widmen sich ausführlich diesem Thema, und der Rest des Buches versucht, es in die Praxis umzusetzen.

Aber hier soll es nicht allein um gesunde Theologie gehen; ich möchte auch über biblische Theologie in einem engeren Sinn sprechen. In diesem Sinn geht es bei biblischer Theologie darum, wie man die Bibel liest: nicht als 66 voneinander getrennte Bücher, sondern als ein einheitliches Buch mit einem einzigen Handlungsstrang: Gott offenbart seine Herrlichkeit durch Jesus Christus. Bei biblischer Theologie geht es also darum, die Einheit der Bibel inmitten ihrer Vielfalt zu entdecken. Es geht darum, das zu verstehen, was wir auch

---

4 Mark Dever, *Neun Merkmale einer gesunden Gemeinde* (Waldems: 3L, 2009), Kapitel 2.

5 Mark Dever, *What is a Healthy Church?* (Wheaton, IL: Crossway, 2007), S. 70. Deutsche Ausgabe: *Was ist eine gesunde Gemeinde?* (Haiterbach-Beihingen: cap-books, 2008), dort S. 72f.

die Metageschichte der Bibel nennen können. In diesem Sinn gibt es biblische Theologie als Disziplin in der einen oder anderen Form schon seit Jahrhunderten. Seit kurzem ist sie besonders unter Evangelikalen populär geworden. Wie wir sie betreiben, werde ich in den Kapiteln 2 und 3 beschreiben und dies anschließend in Kapitel 4 genauer definieren.

Doch zunächst möchte ich hier zu Beginn bemerken, dass wir in unserem Dienst als Verkündiger nichts Praktischeres tun können und nichts Wichtigeres tun müssen, als Biblische Theologie umzusetzen. Und das meine ich in zweierlei Hinsicht: Zu lernen, wie man Biblische Theologie *umsetzt*, ist keine bloße akademische Übung; nein, sie ist für Ihre Arbeit als Pastor oder Gemeindeleiter von entscheidender Bedeutung! Sie prägt Ihre Predigt, Ihre Seelsorge, Ihr Evangelisieren, Ihre Fähigkeit, weise mit Außenstehenden umzugehen und anderes mehr. Sie werden kein besonders guter Theologe sein, d. h. Sie werden kein besonders guter Pastor sein, wenn Sie nicht lernen, wie man Biblische Theologie umsetzt.

Die Bibel zu lesen bedeutet zu lernen, wie man die Mittel der Biblischen Theologie im engeren Sinne des Wortes anwendet. Die Bibel anzuwenden bedeutet zu lernen, wie man die Mittel der Systematischen Theologie anwendet. Seltsamerweise werden die beiden Disziplinen der Biblischen und der Systematischen Theologie oft gegeneinander ausgespielt. Deshalb werden wir hier darüber nachdenken, wie man Biblische Theologie umsetzt, damit wir bessere Systematiker und infolge dessen bessere Pastoren und Gemeindeleiter werden.

All dies bedeutet, dass Sie mit diesem Buch einen praktischen Ratgeber in Händen halten. Zu lernen, wie man Biblische Theologie *umsetzt*, wird Ihnen helfen zu lernen, wie man ein guter Pastor ist. Oder wenn Sie kein Pastor sind, wird es Ihnen helfen zu lernen, wie man andere Christen besser lehren, unterweisen und ihnen besser Seelsorge geben kann. Und das ist die Aufgabe jedes Christen. Im Verlauf dieses Buches werden wir gemeinsam darüber nachdenken, wie wir die Bibel für den Dienst in der Gemeinde lesen und auf diesen anwenden. Das vorliegende Buch wird dieser Grundlinie folgen: von der Biblischen Theologie über die Systematische Theologie hin zum Pastoraldienst. Meiner Meinung nach führt diese Reihenfolge zu einer wirklich nützlichen Theologie.

Ich bin mir darüber im klaren, dass die Aussage, Theologie sei zum Dienst nützlich, ja sogar notwendig, eine steile Behauptung ist. Ich stelle sie aus zwei Gründen auf:

Gemeindedienst ist angewandte Theologie

Erstens: Wenn Sie Pastor oder Gemeindemitarbeiter sind, müssen Sie auch Theologe sein. Das heißt nicht, Sie müssten theologische Bücher schreiben (wenngleich es durchaus nützlich sein kann, solche zu lesen). Es heißt auch nicht, Sie müssten jede neu aufkommende theologische Kontroverse in- und auswendig kennen (obwohl Sie in der Lage sein sollten, einen Irrlehrer zu erkennen, wenn Sie einem begegnen).

Vielmehr bedeutet Theologe zu sein für Sie:

- Sie haben Ihre Gemeinde über Gottes Güte und Souveränität belehrt, so dass z. B. Eltern, deren Kind an Krebs erkrankt, Kummer zwar nicht erspart bleibt, sie aber nicht völlig ohne jeden Trost dastehen.
- Sie haben die Achtzehnjährigen, die jetzt aufs College wechseln, mit den nötigen Mitteln ausgestattet, um dem radikalen Relativismus ihrer künftigen Lehrer begegnen zu können.
- Sie wissen, wie man jemandem in der Gemeinde helfen kann, der sich verzweifelt fragt, ob Gott die Zukunft kennt, weil sein Schwager aus einer anderen Gemeinde ihm ein schlechtes Buch gegeben hat, das den so genannten Open Theism vertritt.
- Sie konnten einer jungen Ehefrau und Mutter, die mit Perfektionismus und dem Wunsch kämpft, es allen recht zu machen, helfen ihre Rechtfertigung und ihren Wert im Evangelium zu finden.
- Sie haben ein verlobtes Paar für die Untiefen der Ehe gewappnet, indem Sie in der Ehevorbereitung den Schwerpunkt darauf legten, dass Gottes Wille ist, dass wir heilig sind, nicht dass wir sofort glücklich sind.

Nun habe ich gesagt, jeder Pastor *sollte* Theologe sein. Zutreffender wäre wohl: Jeder Pastor *ist* Theologe, ob er sich dessen bewusst ist oder nicht. Wir werden darauf noch in Kapitel 5 zurückkommen, aber jeder Pastor (und im Grunde auch jeder Mensch) geht von einem bestimmten Satz theologischer Grundannahmen aus, wenn er Situationen wie die oben genannten anspricht. Die Frage ist: Sind Ihre Grundannahmen zuverlässig? Sind sie biblisch?

Biblische Theologie ist somit die Disziplin, die uns hilft, bessere Theologen und dadurch bessere Gemeindemitarbeiter zu sein. Bei ihr geht es darum, wie Sie von Texten wie 5. Mose 28 den Bogen zur Lehre des Evangeliums spannen. Es geht darum, wie Sie anhand des Wortlautes dieses alten Textes allezeit wissen, wie man z. B. einen arbeitslosen Mitchristen ermutigen kann.

Ein wortzentriertes Modell des Gemeindedienstes

Der zweite Grund, warum Theologie für den Dienst nicht nur nützlich, sondern auch notwendig ist, ist folgender: Gottes Wort hat wirklich die Macht, das Leben zu verändern. Daher haben wir als Geistliche ein begründetes Interesse daran, zu erkennen, wie man das Wort recht versteht und anwendet.

Gott hat durch das Wort der Schrift gesprochen. In seinem Wort hat er uns geoffenbart, wer er ist, wer wir sind und wie er die Menschen allgemein sowie sein Volk insbesondere zum Leben ruft. Nichtchristen werden dadurch gerettet und Christen wachsen dadurch in der Gnade, dass der Heilige Geist durch das Wort Gottes in Predigt, Lehre, Seelsorge und Gesprächen wirkt. Unser Ziel als Pastoren und als ehrenamtliche Mitarbeiter ist es, anderen dieses Wort darzulegen, so dass es sein Werk tun möge. Wir schlagen die Bibel auf und sagen: »Hier steht es. Das sagt Gott. Höre und befolge es!« Wir werden aufgefordert, es vorzulesen und unseren Zuhörern seine Bedeutung zu erklären (Neh 8,8).

Nicht jeder ist damit einverstanden, den Schwerpunkt derart auf das Wort Gottes zu legen. Kürzlich hatte ich die Möglichkeit, einen Beitrag zu einem Buch über den Gottesdienst zu schreiben, in dem verschiedene Autoren eine von fünf Ansichten über den Gemeindegottesdienst beisteuerten. Außerdem hatte jeder von uns die Möglichkeit, den anderen Autoren zu entgegnen, worin man mit ihnen übereinstimmt oder nicht. In dem Kapitel, das ich zusammen mit Mark Dever schrieb, betonten wir, dass das Wort Gottes in den wöchentlichen Versammlungen der Gemeinde im Mittelpunkt stehen muss. Alles, was wir in unseren Gemeindeversammlungen sagen, singen, beten und tun, muss, so argumentierten Mark und ich, aus der Bibel abgeleitet sein.

Einer der anderen Verfasser meinte in seiner Entgegnung auf unser Kapitel, wir würden die Rolle des Wortes Gottes überbetonen. Er schreibt wortwörtlich, er glaube nicht, dass »das klassische ›predige das Wort‹ die einzige (geschweige denn vorrangige) Weise sei, wie Menschen zum Glauben kommen und darin erbaut werden.« Wachstum, so schreibt er, geschehe nicht vorrangig durch das Hören, sondern durch das Sehen: »zu beobachten, wie andere ihren Glauben durch ihr tägliches Handeln ausleben, ist das Hauptmittel zur Transformation[6].« Die Ansicht, dass Menschen dadurch verändert werden, dass sie das gesprochene oder gepredigte Wort hören, mache aus der Predigt des Wortes, so sagt er, »etwas Magisches«.[7]

Nun hoffe ich sehr, dass dieser Bruder Gottes Wort wertschätzt und in seinem Dienst anwendet, und ich kann nur zustimmen, wie wichtig es ist, dass die Gemeinde ihre Worte auch durch ihre Taten unterstreicht. Dennoch fürchte ich, dass er übersieht, was die Bibel über sich selbst bezeugt. Gott sagt uns, sein Wort werde »bewirken, was mir gefällt, und ausführen, wozu ich es gesandt habe« (Jes 55,11). Es ist nicht allein so, dass sein Wort ins Dasein »ruft, was nicht ist, als wäre es da« (Röm 4,17), sondern anschließend erhält es auch alles (Hebr 1,3). Michael Horton fasst dies sehr treffend zusammen: Gottes Wort enthält nicht nur Informationen, sondern schafft vielmehr Leben. Es ist nicht nur beschreibend, sondern auch wirksam. Wenn Gott redet, dann heißt dies: Gott handelt.[8]

Evangelikale haben den Lehrcharakter des Wortes Gottes gegenüber Modernisten und liberalen Theologen verteidigt, die die Glaubwürdigkeit der Bibel untergraben. Was aber ist mit dem Pragmatis-

6 »Transformation« ist ein Hauptschlagwort der sog. *Emerging Church*-Bewegung, das wörtlich »Veränderung« bedeutet und von Anhängern der »Emerging Church« gerne benutzt wird, um die von ihnen angestrebte Veränderung der Gesellschaft zu bezeichnen. Die Bibel hingegen benutzt den Begriff »Veränderung«, um das erneuerte Denken der Gläubigen zu beschreiben, das durch Gottes Wort bewirkt wird (vgl. z. B. Röm 12,1ff); Anm. d. Übers.

7 Dan Wilt, »Responses to Michael Lawrence and Mark Dever«, in *Perspectives on Christian Worship: 5 Views*, Hg. J. Matthew Pinson (Nashville: B&H, 2009), S. 278.

8 Michael S. Horton, *People and Place: A Covenant Ecclesiology* (Louisville, KY: Westminster John Knox Press, 2008), S. 40.

mus in unserem eigenen evangelikalen Lager, der die Allgenugsamkeit der Schrift untergräbt? Wir müssen nicht nur betonen, dass das Wort Gottes *belehrend* ist, sondern auch *mächtig und wirksam*, weil der Geist Gottes das Wort benutzt, um genau das auszuführen, was er damit beabsichtigt. Die ganze Schöpfung ist »durch Gottes Wort bereitet worden« (Hebr 11,3; vgl. Ps 33,6), und durch eben dieses Wort sind wir eine neue Schöpfung (Röm 10,17; 2Kor 4,6). Wir wurden »wiedergeboren ... durch das lebendige und bleibende Wort Gottes« (1Pet 1,23). Aus diesem Grund sprechen die Apostel, wenn sie zu den Gemeinden reden, von dem Wort, »das in euch eingepflanzt worden ist und das die Macht hat, euch zu retten« (Jak 1,21), von dem Wort, »das in euch bleibt« (1Jo 2,14) und das »reichlich unter euch wohnen« soll (Kol 3,16).[9]

Kurz gesagt: das Vorbild für den geistlichen Dienst, auf dem dieses Buch aufbaut, beginnt mit einem trinitarischen Verständnis des Wortes Gottes. In Schöpfung und Neuschöpfung sehen wir den Vater durch den Sohn in der Kraft des Geistes sprechen. Im geistlichen Dienst ist folglich unsere Hauptaufgabe, mittels seines Wortes auf den Sohn zu zeigen und darauf zu vertrauen, dass der Geist entweder verstockt oder erweckt, ganz wie es ihm gefällt (Mk 4,1-20). Die örtliche Gemeinde ist somit der Ort, wo Gottes Wort »wohnt« oder (buchstäblicher übersetzt) »Wohnung nimmt« (Kol 3,16). Somit pflanzen und begießen wir das Wort immer wieder und vertrauen stets darauf, dass Gott es wachsen lässt, wann und wie es ihm gefällt (1Kor 3,6).

Was hat all dieses mit Biblischer Theologie zu tun? Bei Biblischer Theologie geht es darum, wie wir an die Aufgabe herangehen, das Wort vorzulesen und sicherzustellen, dass es Gottes Wort ist und nicht unseres, welches das Leben der Menschen prägt. Bei Biblischer Theologie geht es darum, wie wir Menschen Teil der lebensverändernden Geschichte des Heilsplanes Gottes werden lassen.

Der Aufbau dieses Buches

Die Einführung bringt den Stein ins Rollen, indem sie die Frage stellt, was der Bibeltext überhaupt ist. Die Bibel ist anders als alle andere Literatur, und wir werden darlegen, wie und warum sie das ist.

---

9 Ebd., S. 39-40.

Kapitel 1 stellt uns einige grundlegende Werkzeuge der Exegese vor, die Sie vielleicht schon kennen.

Die Kapitel 2 und 3 stellen Ihnen die grundlegenden Werkzeuge der Biblischen Theologie vor. Die Hauptfrage, die hier beantwortet werden soll, lautet: Wie erfassen wir die Gesamtaussage der Bibel?

In Kapitel 4 und 5 vergleichen wir die Biblische Theologie mit der Systematischen Theologie; ebenso erklären wir, was Systematische Theologie ist und wie man theologisch denkt.

Anschließend besprechen wir in den Kapiteln 6 bis 10 fünf verschiedene biblisch-theologische Themen, um zu betrachten, von welcher Bedeutung die Systematische Theologie für den Pastoraldienst ist.

Die Kapitel 11 und 12 haben den größten Praxisbezug von allen. In Kapitel 11 werden wir mehrere »Fallstudien« über das Predigen erörtern. Zuerst werde ich einen Text nehmen und dann schauen, wie man im Lichte all dessen, was wir über Biblische und Systematische Theologie gelernt haben, über ihn predigen könnte. Anschließend werde ich alles in Kapitel 12 zusammenfassen, indem ich abwäge, welche Bedeutung Biblische Theologie für andere Bereiche des geistlichen Dienstes hat, einschließlich Seelsorge, Mission u.a.

Wie sollten Sie an dieses Buch herangehen? Manche von Ihnen dürften von den ersten Kapiteln abgeschreckt sein. Wir werden uns mit einigen fachspezifischen Fragen theologischer Methodik befassen. Wenn das für Sie so klingt, als ob es Sie überfordert, dann möchte ich Sie ermutigen, mit diesem Buch so umzugehen wie mit den Handbüchern, die Sie mit einem neuen Computer bekommen. Es gibt ein dickes Handbuch, das Ihnen detailliert alles erklärt, was Sie je wissen wollen und noch weit mehr. Und dann ist da noch für diejenigen, die einfach den Computer einschalten und zum Laufen bringen wollen, die Kurzanleitung, in der alles auf einer Seite zusammengefasst steht.

Wenn Sie nach einer Kurzanleitung suchen, dann fangen Sie gleich bei Kapitel 6 an. Dort wird der Computer eingeschaltet und alles wird lebendig, weil Sie dort sehen, wie ich das praktisch umsetze, wovon ich in den ersten fünf Kapiteln spreche. Wenn Sie später so weit sind, dass Sie herausbekommen wollen, wie Sie es selbst anwenden müssen, dann blättern Sie zurück und schauen Sie sich die vorherigen Kapitel an.

Was dieses Buch *nicht* bietet: Es erzählt nicht den roten Faden der ganzen Bibel auf die Weise nach, wie es die meisten Lehrbücher über Biblische Theologie tun. Ebenso wenig bietet es eine umfassend ausgearbeitete Systematische Theologie. Hierzu ist es hilfreich, wenn Sie es durch zwei weitere Bücher ergänzen: eines, das den roten Faden an sich entfaltet, und ein anderes, das die Systematische Theologie abdeckt. In Bezug auf das Letztgenannte gibt es nichts Besseres als Wayne Grudems Systematische Theologie.[10] Zum roten Faden der Bibel möchte ich drei Bücher empfehlen. Graeme Goldsworthys *Gospel and Kingdom* (nun Bestandteil der *Goldsworthy Trilogy*[11]) ist eine hervorragende Einleitung, die uns die Geschichte der Bibel als Geschichte des Volkes Gottes erzählt, das in seiner von Gott verordneten Stellung unter Gottes Gesetz lebt. Eine vereinfachte Fassung dieses Buches (der Verfasser merkt gleich zu Beginn an, dass sein Werk in großen Teilen auf dem von Goldsworthy basiert), ist Vaughan Roberts exzellentes Buch *Gottes Plan – kein Zufall.*[12] Zuletzt: Wenn Sie auf ein Buch aus sind, das auf einem eher akademischen Niveau ist, dann denke ich, dass Sie enorm von Stephen Dempsters *Dominion and Dynasty*[13] profitieren werden. Dieses Buch ist es unbedingt wert, für seine Lektüre etwas mehr Zeit aufzuwenden.

---

10 Wayne Grudem, *Systematic Theology* (Grand Rapids, MI: Zondervan, 1994). Die deutsche Übersetzung soll im Frühjahr 2013 unter dem Titel *Biblische Dogmatik – Eine Einführung in die Systematische Theologie* erscheinen (Bonn: Verlag für Kultur und Wissenschaft; Hamburg: arche-medien). – Der deutsche Herausgeber des vorliegenden Buches möchte darauf hinweisen, dass er Grudems Meinung über das Fortbestehen bestimmter Charismen nicht teilt.

11 Graeme Goldsworthy, *The Goldsworthy Trilogy* (Exeter: Paternoster Press, 2000).

12 Vaughan Roberts, *Gottes Plan – kein Zufall.* Waldems: 3L Verlag 2011. (Orig.: *God's Big Picture*).

13 Stephen Dempster, *Dominion and Dynasty: A Biblical Theology of the Hebrew Bible* (Downers Grove, IL: InterVarsity Press, 2006).

Danksagung

Dieses Buch wäre nie geschrieben worden, hätte mein Freund und Kollege Mark Dever nicht den Plan gehabt, eine ganze Gruppe von Autoren zu bewegen, jedes einzelne der neun Kennzeichen einer gesunden Gemeinde zu beschreiben. Ich bin ihm dankbar dafür, dass er mich herausgefordert hat, das Kennzeichen Biblischer Theologie zu beschreiben, mich da hinein zu vertiefen und daraus etwas zu machen, das der Gemeinde zum Nutzen ist.

Der erste Schritt war eine Predigtreihe, die in der *Capitol Hill Baptist Church* (CHBC) im Sommer 2006 gehalten wurde. Von der Gemeinde erhielt ich ermutigende Reaktionen, vor allem von denen, die für die Beurteilung des Gottesdienstes zuständig sind. Dies überzeugte mich, dass dieser Lehrstoff von Nutzen ist, und half mir dabei, ihn zu verbessern. Besonders danken möchte ich John Ingold und Lisa Law dafür, dass sie diese Predigten transkribiert haben.

Zweimal (im Herbst 2007 und 2008) konnte ich einen Teil dieses Stoffes auf dem Missionsfeld durchgehen. Ich danke der Zentralasien-Regionalleitung des IMB[14] dafür, dass sie mir die Gelegenheit und das Vorrecht gab, mit ihr zusammenzuarbeiten. Zwar hatte ich bei der Abfassung dieses Buches eine nordamerikanische Leserschaft vor Augen, aber diese Erfahrung hat mich davon überzeugt, wie praktisch und kulturübergreifend Biblische Theologie tatsächlich ist.

Diese Predigten, die sich weltweit bewährt haben, bilden nun Teil 2 dieses Buches, wenn auch in stark überarbeiteter Form.

Jonathan Leeman ist es jedoch zu verdanken, dass diese nützlichen Predigten nicht länger in meinen Dateiordnern schlummern. Ihm gebührt der Dank, dass dieses Buch geschrieben wurde. Sein Weitblick und seine Partnerschaft sind von unschätzbarem Wert: zuerst, da er mich überzeugt hat, dass in diesen ursprünglichen Predigten mehr steckt, als ich meinte, so dass Sie nun dieses Buch in Händen halten; dann, weil er einen Kurs an der CHBC einrichtete,

14 International Mission Board, die Missionsgesellschaft der Südlichen Baptisten; Anm. d. Übers.

der mich veranlasste, das Manuskript zu schreiben; und zuletzt, weil er das Endergebnis gegenlas.

Steve Wellum hat das Manuskript ebenfalls gegengelesen und konstruktiv kritisiert, was mich vor mehr als nur einem groben Schnitzer bewahrt hat.

Josh Manley, Matt Merker, Ryan Bishop und Mark Stam, die im Frühjahr 2009 Praktikanten an der CHBC waren, haben mich eifrig bei der Textformatierung und Recherche unterstützt. Geoff Chang erstellte die Schaubilder.

Ich bin ebenfalls Allan Fisher und den Lektoren bei Crossway dankbar. Vom ersten bis zum letzten Stadium der Erstellung dieses Buches war es eine Freude, mit ihnen zusammenzuarbeiten.

Zuletzt stehe ich zutiefst in der Schuld meiner Frau Adrienne, die es schaffte, die Haushaltsarbeit einer siebenköpfigen Familie problemlos damit zu vereinen, gleichzeitig den Großteil des Manuskripts zu lesen und zu kommentieren. Wir haben unter denselben Professoren am Seminar studiert und sind nun seit fast zwanzig Jahren gemeinsam im geistlichen Dienst tätig. Nach wie vor ist sie mein wichtigster theologischer Gesprächspartner und die Liebe meines Lebens.

Dank all dieser Hilfe ist dieses Buch wesentlich besser als es ohne sie gewesen wäre. Trotz all dieser Hilfe gehen alle darin verbleibenden Fehler allein auf mein Konto. Ich hoffe, dass Gott es trotz aller Fehler benutzen möge, um zum Dienst in seiner Gemeinde zu ermutigen und um sein herrliches Evangelium zu verbreiten.

Michael Lawrence
Hinson Baptist Church,
Portland, Oregon

EINFÜHRUNG

Der Text, um den es geht

Als Gemeindeleiter stehen Sie und ich täglich vor Problemen und Fragen, die es erfordern, dass wir in der Bibel nach Antworten, Leitung und Weisheit suchen. Neben dem Gebet ist die Bibel das wichtigste und grundlegende Werkzeug, das uns zur Ausübung des Pastoraldienstes gegeben ist. Egal wie lange Sie diesen Dienst schon ausüben, ist Ihnen dieses Werkzeug wahrscheinlich schon recht vertraut. Sie kennen sich in allen 66 Büchern aus. Sie haben Lieblingsstellen, die Sie immer wieder heranziehen: Psalm 23 bei Krankenbesuchen, Römer 8 für entmutigte und arg gebeutelte Christen, Johannes 3 für evangelistische Gespräche, Nehemia für Lektionen über Leiterschaft, Jesaja 6 für einen Jugendlichen, der darüber nachdenkt, ob er in den geistlichen Dienst berufen ist. Sie würden nicht im Traum daran denken, eine Gemeindeversammlung oder ein Krankenhauszimmer zu betreten, ohne eine Bibel in der Hand zu halten.

Doch bei all Ihrer Vertrautheit mit der Bibel: Wann haben Sie das letzte Mal darüber nachgedacht, was dieses mächtige Werkzeug eigentlich ist, das Sie in Händen halten? Sicher, sie ist eine Sammlung von 66 inspirierten Büchern. Und ja, sie berichtet uns von der Geschichte des alten Israel, vom Dienst Jesu Christi und der Gründung der christlichen Gemeinde. Doch wenn wir sie im Ganzen statt in ihren Einzelteilen betrachten, wie würden Sie dann die Frage beantworten: »Was ist die Bibel?«

Definitionen sind wichtig

Mir geht es hier nicht darum, von Ihnen die Antwort zu hören, die Sie auf der Bibelschule oder in der Sonntagsschule gelernt haben; es geht mir vielmehr um Ihre Arbeitsweise. Ich frage Sie, wie Sie die Bibel Tag für Tag in Ihrem Dienst benutzen, weil dadurch Ihnen und mir verdeutlicht wird, was Sie wirklich über das Wesen der Bibel denken.[15]

Wenn ich zum Beispiel zu einem Hammer greife, denke ich nicht in Fachbegriffen darüber nach, aus welchem Material oder welchen Bauteilen er sich zusammensetzt. Ich denke, dass er etwas ist, das mir hilft, einen Nagel in die Wand zu schlagen, und wende ihn entsprechend an. Andererseits habe ich Essstäbchen in meinem ganzen Haus verteilt, aber ich denke daran nur selten in dem Sinne, dass sie Esswerkzeuge sind. Es hat sich gezeigt, dass sie genau die richtige Größe haben, um die Schlösser von Schlafzimmer- und Badezimmertüren zu entriegeln, wenn eines meiner kleineren Kinder sich versehentlich eingesperrt hat. Funktionell sind diese Essstäbchen zu Schlüsseln geworden, egal, wie man sie sonst richtig definiert.

Mit der Bibel verhält es sich nicht anders. Egal, wie man es sonst richtig definiert: Ihre Arbeitshypothese bestimmt, wie Sie sie benutzen. Manchmal heißt dies, dass Sie sie wie vorgesehen anwenden (so wie ich einen Hammer benutze). Manchmal aber heißt dies, dass Sie sie missbrauchen, so wie ich die Essstäbchen missbrauche. Und wenn auch mein Missbrauch der Essstäbchen keinerlei echte Gefahr in sich birgt, so wissen wir alle, dass der Missbrauch – die falsche Anwendung – eines so mächtigen Werkzeugs wie der Bibel realen Schaden anrichten kann.

Zwei mögliche Antworten

Was also ist die Bibel? Das Glaubensbekenntnis meiner Gemeinde gibt eine mögliche Antwort, zu der (denke ich) viele von uns neigen. Gleich im ersten Artikel unseres Glaubensbekenntnis unterstreichen

15 Mit dieser Ausdrucksweise meine ich keineswegs, dass die Funktion die Bedeutung oder Autorität bestimmt. Postliberale (um nur ein Beispiel zu nennen: George Lindbeck, *The Nature of Doctrine: Religion and Theology in a Postliberal Age* [Philadelphia: Westminster, 1984]) argumentieren, dass die Bibel eine heilige Schrift sei, weil sie der Gemeinde auf diese Weise *dient* (englisch »functions«, w. »fungiert«; Anm. d. Übers.). Doch im Gegensatz zu dieser Ansicht will das vorliegende Buch zum Ausdruck bringen: Gerade weil die Bibel der inspirierte und unfehlbare Bericht über Gottes Heilshandeln in der Geschichte *ist* und sie seine Absichten und sein Wesen offenbart, muss sie uns sowohl als normative wie auch als hinlängliche Schrift dienen. Ihre Funktion für den Pastoraldienst erwächst daher zwingend aus dem, was sie ist, nicht umgekehrt.

wir, dass die Bibel »einen vollkommenen Schatz himmlischer Unterweisung darstellt«, dass »sie Grundsätze offenbart, nach denen Gott uns richten wird«, und dass sie daher »die oberste Norm [ist], an der alles menschliche Verhalten, alle Glaubensbekenntnisse und alle Auffassungen zu prüfen sind.«[16] Ich denke, dass jede einzelne dieser Aussagen wahr ist, aber beachten Sie, worauf diese den Schwerpunkt legen. Die Bibel ist eine Sammlung von Geboten, Grundsätzen und Maßstäben. Allgemeinverständlicher gesagt: die Bibel ist ein Nachschlagewerk für Lebensprobleme oder ein Kompendium von Grundsätzen, mit denen man leben und sterben kann. Aber: genügt diese Definition für den geistlichen Dienst?

Nehmen wir diese Definition der Bibel und wenden sie auf eine Frage an, mit der die Ältesten meiner Gemeinde kürzlich konfrontiert wurden. Eine Familie überlegte, eine größere Anschaffung zu tätigen. Doch um die verlangte Anzahlung leisten zu können, hätten sie vorübergehend den Zehnten kürzen müssen, mit dem sie die Gemeinde sonst unterstützten. Sie hofften, es gegenüber der Gemeinde später wieder wettmachen zu können, konnten aber dafür nicht garantieren. Sie ersuchten uns um Rat.

Wenn die Bibel in erster Linie ein Nachschlagewerk ist, dann sollten wir meinen, einen Vers oder eine Stelle zu finden, der oder die dieser Familie den benötigten Rat gibt. Doch welche Stelle sollen wir anwenden? Maleachi 3,10 (»Bringt den ganzen Zehnten in das Vorratshaus!«) scheint eine Antwort zu liefern, aber was sollen wir dann mit 2. Korinther 9,7 tun? »Jeder gebe, wie er sich in seinem Herzen vorgenommen hat: nicht mit Verdruss oder aus Zwang, denn einen fröhlichen Geber liebt Gott.« Nehmen wir auch die Geschichte von Ananias und Saphira in Apostelgeschichte 5 hinzu: Heißt das, dass wir diese Familie warnen sollten, oder berichtet sie einfach nur, was zwei Menschen in Jerusalem zu einer einzigartigen Zeit der Gemeinde widerfuhr, ohne dass dies normative Bedeutung für unser Leben hätte? Wenn wir an die Bibel wie an ein Nachschlagewerk herangehen, wirft dies, wie Sie sehen, schon eine ganze Rei-

16 »Das Bekenntnis von New Hampshire 1833« (revidierte Fassung von 1853), Artikel I: »Von den Schriften«. Die Capitol Hill Baptist Church, Washington DC, hat dieses Bekenntnis bei ihrer Gründung am 28. Februar 1878 angenommen. Den vollständigen Text des Bekenntnisses in deutscher Übersetzung siehe bei Hans Steubing (Hg.), *Bekenntnisse der Kirche* (Wuppertal: R. Brockhaus, 1985), S. 268-271.

he weiterer Fragen auf, noch lange bevor wir zur gesuchten Antwort kommen können.

Eine weitere mögliche Antwort auf die Frage »Was ist die Bibel?« lautet: Sie ist eine Geschichte, eine Erzählung, wie Gott mit der Welt handelt, die er gemacht hat. Wenn auch zahlreiche Menschen in dieser Geschichte vorkommen, so handelt sie doch grundsätzlich davon, was Gott getan hat und noch tun wird, um diese Welt zu richten und um sein Volk zu retten. Nach dieser Arbeitshypothese offenbart die Bibel den Erlösungsplan und wie Gott diesen ausführt: zunächst durch Israel und endgültig durch Jesus Christus. Ist diese Definition nützlicher für den geistlichen Dienst als die vorherige?

Wollen wir sie auf die Frage anwenden, die wir gerade angedacht haben. Wenn die Bibel allein (oder größtenteils) die Geschichte über Gottes Heilshandeln in der Geschichte ist, dann hat sie der besagten Familie (abgesehen davon, dass sie zu ihrem Heil auf Christus vertraut statt auf ihren irdischen Reichtum) nicht viel zu ihrer Frage zu sagen. Wir könnten sie auf Lukas 16 und die Geschichte von Lazarus und dem reichen Mann verweisen oder auf Hebräer 11 und das Wesen des Glaubens, der nach vorne schaut – auf ein besseres, nämlich himmlisches Vaterland. Unterm Strich aber gilt bei dieser Definition der Bibel: Wenn diese Familie wissen möchte, ob sie ihren Zehnten zurückstellen kann, um Grundbesitz zu erwerben, dann können wir ihr mit dieser Definition der Bibel herzlich wenig sagen – es sei denn, wir gehen an die Schrift als »Nachschlagewerk« heran oder als Quelle praktischer Weisheit. Wie Sie sehen, trifft der heilsgeschichtliche Ansatz zwar auf die Kernaussage der Schrift zu, scheint aber auch 2. Petrus 1,3 zu widersprechen, wo uns verheißen wird, dass Gott uns durch das Evangelium »alles geschenkt hat, was zum Leben und zum Wandel in Gottesfurcht dient, durch die Erkenntnis dessen, der uns berufen hat durch seine Herrlichkeit und Tugend« (SCH).

Eine bessere Definition

Was also sollen wir tun? Wir brauchen ein besseres Verständnis dessen, was die Bibel ist – ein Verständnis, das sie nicht zu einem kleinen Handbuch für Lebensfragen degradiert, sondern das unser Augenmerk darauf richtet, wo es sein muss: dass Gott im Mittelpunkt steht. Aber wir brauchen auch ein Verständnis der Schrift, das diese nicht darauf reduziert, dass sie uns die Geschichte erzählt, wie wir gerettet werden und in den Himmel kommen, uns aber für alles andere im Leben völlig im Unklaren lässt. Wir brauchen eine Arbeitshypothese der Bibel, die uns erlaubt, systematisch Antworten auf alle möglichen Fragen zu finden, die zugleich aber auch sicherstellt, dass diese Antworten im Kontext der biblischen Geschichte selbst begründet sind. Wir wollen keine Verse aus dem Zusammenhang reißen und dadurch falsch anwenden, aber wir wollen auch keine Geschichte, die das Wesentliche in unserem Leben nie berührt.

Biblische Theologie hilft uns zu einem besseren Verständnis dessen, was die Bibel ist. Wenn wir von Biblischer Theologie sprechen, meinen wir eine Theologie, die nicht allein versucht systematisch zu verstehen, was die Bibel lehrt, sondern die dies auch im Kontext des in der Bibel selbst fortschreitend offenbarten und sich fortschreitend entwickelnden Handlungsstrangs tut. Wahrhaft Biblische Theologie versucht das zu zeigen, was die Systematische Theologie voraussetzt: dass die Bibel keine willkürlich ausgewählte, chaotische Sammlung religiöser Schriften ist, die scheinbar einander widersprechen, sondern dass sie vielmehr eine einzige Geschichte erzählt und eine einheitliche Erzählung ist, die eine klare und stimmige Botschaft enthält. Folglich befasst sich die Biblische Theologie nicht nur mit der Moral der Geschichte, sondern auch mit der Erzählweise und damit, wie eben diese Erzählweise, d. h. die Entfaltung der Handlung, dazu führt, dass wir ihre Aussage verstehen.

Nun heißt das nicht, dass die Biblische Theologie über der Systematischen Theologie stünde oder dass sie wichtiger als die Systematische Theologie wäre oder der Bibel gerechter würde als sie. Vielmehr werden wir noch sehen, dass die Biblische Theologie eine ganze Reihe von Dingen voraussetzt, welche die Systematische Theologie nachweist, und dass sie davon abhängig ist: Dinge wie die Unfehlbarkeit und Irrtumslosigkeit der uns offenbarten Schrift, dass man Gott durch diese Offenbarung objektiv erkennen kann und dass man wirklich darauf vertrauen kann, dass die Bibel inspiriert ist.

Alles, was nun folgt, soll Ihnen helfen, eine zuverlässige und gesunde Biblische Theologie aufzubauen. Wenn Sie diese erst einmal haben, besitzen Sie eine funktionsfähige Arbeitshypothese der Bibel, die Ihnen erlaubt, vom Wort Gottes her die Alltagssituationen von Leuten wie dem vorhin betrachteten Ehepaar kraftvoll anzusprechen.

In den nächsten Kapiteln werfen wir einen Blick auf die Werkzeuge der Biblischen Theologie wie auch der Systematischen Theologie und wie diese Hand in Hand gehen. Dann werden wir in fünf Kapiteln Biblische Theologie praktizieren, d. h. die ganze Geschichte der ganzen Bibel erzählen und nachweisen, dass diese Geschichte unser Leben bis ins Detail angeht. Anschließend werden wir alles in zwei Kapiteln unter Dach und Fach bringen, in denen wir untersuchen, wie man Biblische Theologie auf das Alltagsleben der Gemeinde anwendet: vom Predigen über Seelsorge und Jüngerschaftsschulung bis zur Mission und dahin, wie wir das Verhältnis zwischen der Gemeinde und unserem kulturellen Umfeld verstehen.

Das Wesen göttlicher Offenbarung[17]

Nachdem dies gesagt ist, müssen wir noch hinzufügen: Gott hat sein Wort in der Bibel auf vielerlei Weise offenbart, was ich hier erörtern will. Diese Ausdrucksweisen bestimmen, wie wir darangehen müssen, die Bibel zu studieren und eine biblische Theologie zu erarbeiten. Die Selbstoffenbarung Gottes in der Bibel weist vier Hauptmerkmale auf, die wir verstehen müssen, wenn wir die Bibel und ihre Lehre nicht fehldeuten und falsch anwenden, sondern recht verstehen wollen.[18] Sie werden bemerken, dass ich in diesem Abschnitt den Begriff »Offenbarung« im Sinne von »göttlichem Handeln« in der Geschichte benutze statt im Sinne von schriftlicher Aufzeichnungen dieser Taten Gottes, welche wir die Bibel nennen.[19] Die Taten, durch die Gott sich offenbart, gehen seinen sich selbst auslegenden Worten voraus. Im vorliegenden Buch geht es durchgehend darum, wie wir diese Worte verstehen und auf den Lebensalltag anwenden. Doch um dies tun zu können, müssen wir zuerst verstehen, auf welche Art und Weise Gott in der Geschichte gehandelt hat, um sich zu offenbaren.

Zuerst einmal ist Gottes Offenbarung fortschreitend. Im Islam glaubt man, dass der Koran Mohammed auf einmal offenbart und auf wundersame Weise vom Himmel herab gesandt wurde.[20] Die

---

17 Dieser Abschnitt beruht weitgehend auf Geerhardus Vos, *Biblical Theology* (Carlisle, PA: Banner of Truth, 1975).

18 Ebd., S. 5-9.

19 Ebd., S. 5.

20 Nach islamischem Glauben besteht zwar die Urschrift des Koran von Ewigkeit her

heiligen Texte des Buddhismus[21] und des Konfuzianismus begrenzen sich jeweils auf die Lebensspanne eines einzelnen Mannes. Die Bibel jedoch wurde nicht in einem Augenblick oder gar in einem einzigen Menschenleben verfasst. Sie wurde im Laufe zweier Jahrtausende geschrieben, als Gott sich selbst und seine Geschichte immer weiter fortschreitend offenbarte. Aus diesem Grund ist die Bibel wie gesagt nicht die Offenbarung einer Reihe von Prinzipien, sondern Heilsoffenbarung. Und Gottes Heil – d.i. die Errettung seines Volkes – ereignet sich sowohl im Rahmen der Geschichte als auch in deren Verlauf. Gottes Schöpfungshandeln und seine zukünftige Neuschöpfung sind durch Jahrtausende getrennt. In der Zeit dazwischen fiel der Mensch in Sünde, und Gott handelt, um Sünder zu retten und ihnen dann dieses Heilshandeln zu erklären. Wir können hierzu beispielhaft den Auszug aus Ägypten und die Eroberung Kanaans nennen, das babylonische Exil und die anschließende Heimkehr der Juden, und schließlich die Menschwerdung, Kreuzigung und Auferstehung Jesu Christi. Die Bibel zeichnet nicht nur die Heilstaten Gottes auf, sondern erklärt diese auch; daher ist sie notwendigerweise von fortschreitendem historischen Charakter.

Zweitens: Gottes Offenbarung ist nicht nur fortschreitend, sondern auch grundsätzlich von historischem Charakter. So sind z.B. die Kreuzigung und Auferstehung Christi nicht nur objektive historische Tatsachen, die etwas über Gott und das Heil offenbaren, son-

---

als Ganze im Himmel, doch sei dieser im Laufe mehrerer Jahrzehnte nacheinander Sure für Sure (so nennt man die Kapitel des Koran) Mohammed offenbart worden. Dabei kennt der Islam das sog. Abrogationsprinzip (von lateinisch *abrogatio:* Abschaffung, Aufhebung): Bei widersprüchlichen Lehraussagen zwischen verschiedenen Suren heben spätere einfach die früheren auf (Sure 2,106). Dies betrifft vor allem die früheren, friedlichen Suren, welche die anfängliche Situation Mohammeds in Mekka widerspiegeln, als er noch nicht zu politischem und militärischem Einfluss gelangt war. Nachdem er jedoch in Medina eine große bewaffnete Anhängerschar um sich sammeln konnte, wurden die früheren Suren durch für Moslems auch heute noch gültige Aufrufe zum »heiligen Krieg« (Dschihad) aufgehoben. Hierbei ist zu beachten, dass die Suren in heutigen Koran-Ausgaben bis auf die eröffnende Sure 1 nicht chronologisch angeordnet sind, sondern der Länge nach absteigend; Anm. d. Übers.

21 Die Lehren Buddhas wurden zunächst mündlich überliefert und z.T. erst lange nach seinem Tod niedergeschrieben. Was davon tatsächlich auf Buddha zurückgeht, ist sowohl unter den verschiedenen Schulen des Buddhismus als auch unter westlichen Religionswissenschaftlern umstritten; manches wird als legendär abgelehnt; Anm. d. Übers.

dern tatsächlich auch heilswirksam. Die Bibel ist somit nicht bloß eine menschliche Geschichte darüber, wie Gott uns erlöst; sie ist eine Geschichte über Gott, die dieser verordnet hat und anschließend erklärt. Bei alledem steht Gott im Mittelpunkt des Interesses, da er objektiv und konkret in die Menschheitsgeschichte eingreift und handelt, um sich zu verherrlichen, indem er sein Volk erlöst. Aus diesem Grund spricht man in der Biblischen Theologie von Heilsgeschichte.

Drittens: Diese fortschreitende Offenbarung Gottes und seines Erlösungsplans ist organischer Natur. Sie schreitet aber nicht einfach voran wie eine Baustelle, die sich vom Entwurf schrittweise bis zum fertigen Gebäude fortentwickelt, sondern entfaltet und entwickelt sich wie vom Samen zum ausgewachsenen Baum. Als »Same« sind Mindestmaß und Anfang der Heilsoffenbarung gegeben; zum Schluss hin erweist sich diese einfache Wahrheit als komplex und gehaltvoll, als vielschichtig und von tiefer Schönheit. Gerade dieser Wesenszug der Offenbarung hilft uns, den typologischen Charakter der Schrift zu verstehen, die Dynamik von Verheißung und Erfüllung und dass sich die gesamte Heilsgeschichte sowohl durch Kontinuität als auch durch Diskontinuität auszeichnet.

Viertens: Gottes Offenbarung in der Geschichte ist praxisbezogen – und deshalb ist auch die Biblische Theologie praxisbezogen. Gott will uns mit seiner Offenbarung keinen intellektuellen Gaumenkitzel geben, sondern zu einer rettenden Beziehung mit ihm führen. Sie sollten also nicht meinen, Biblische Theologie wäre nur etwas für Geschichts- und Literaturfreunde. Ganz und gar nicht! Wenn Offenbarung die Geschichte des Heilshandelns Gottes ist – eine Geschichte, die vom Anfang bis zum Ende der Weltgeschichte geht –, dann ist sie eine Geschichte, die auch unser Leben und unsere Zeit umfasst und ist darum äußerst praxisbezogen.

Das Wesen der Bibel

Wenn dies also das Wesen der Offenbarung ist, das unser Herangehen an die Biblische Theologie prägen soll, was heißt das dann konkret für die Bibel? Mit welcher Art von Text beschäftigen wir uns bei ihr? Ich möchte fünf Tatsachen über die Bibel betonen, auf die wir immer wieder zurückkommen werden. Diese Wesenszüge der Schrift werden bestimmen, wie wir sie studieren. Sie werden auch prägen, was wir als Ergebnis des vor uns liegenden Studiums erwarten.

1. Historisch / menschlich

Erstens: die Bibel wurde von Menschen geschrieben, die zu bestimmten Zeiten der Geschichte lebten. In 2. Petrus 1,19-21 steht:

> Um so fester haben wir das prophetische Wort, und ihr tut gut daran, dass ihr darauf achtet als auf ein Licht, das da scheint an einem dunklen Ort, bis der Tag anbreche und der Morgenstern aufgehe in euren Herzen. Und das sollt ihr vor allem wissen, dass keine Weissagung in der Schrift eine Sache eigener Auslegung ist. Denn es ist noch nie eine Weissagung aus menschlichem Willen hervorgebracht worden, sondern getrieben von dem Heiligen Geist haben Menschen im Namen Gottes geredet.

Meist verweist man auf diese Stelle, um das göttliche Wesen der Schrift zu begründen – und das werden wir auch in Kürze tun. Aber – und das ist recht bedeutsam – diese Stelle bezieht sich auch deutlich auf den historischen und menschlichen Charakter der Bibel. Sie spricht von den Propheten als von Männern, die redeten und (implizit gesagt) die Bibel niederschrieben. Wenn Menschen reden, benutzen sie menschliche Sprache. Diese Sprache prägte nicht nur die Kultur, in der sie lebten, sondern spiegelt diese auch wider. Entsprechend sprach und schrieb Jesaja auf Althebräisch und benutzte Bilder wie »auffahren mit Flügeln wie Adler«, nicht »auffahren mit Flügeln wie Düsenflugzeuge«! Weiter: Wie bereits erwähnt, lebten die menschlichen Verfasser der Schrift im Verlauf dutzender Jahrhunderte in verschiedenen Kulturen. Weder sprachen sie alle dieselbe Sprache, noch lebten sie am selben Ort unter derselben Regierung, noch waren ihre Familienverhältnisse alle gleich.

Praktisch bedeutet dies: Die Bibel ist ein durch und durch menschliches Buch. Und um sie verstehen zu können, müssen wir die Sprachen, Kulturen und den jeweiligen Kontext verstehen, in denen die verschiedenen Verfasser schrieben. Wir können nicht einfach annehmen, dass sie mit einem Wort oder poetischen Bild genau dasselbe meinten wie wir. Wir müssen uns mit Grammatik, Literatur und sogar Kulturstudien befassen, wenn wir vermeiden wollen, unsere eigenen Ideen und unsere eigene Kultur in die Bibel hineinzulesen. Wir wollen Exegese betreiben, nicht Eisegese. Wir wollen den Text auslegen, nicht etwas hineinlegen oder ihm unterschieben. Darum werden wir im ersten Kapitel die Auslegungswerkzeuge der Biblischen Theologie etwas näher betrachten.

Sie brauchen jetzt aber bitte nicht befürchten, Sie müssten mehrere theologische Abschlüsse haben, um die Bibel richtig verstehen zu können. Der menschliche und historische Wesenszug der Bibel beinhaltet nicht nur eine Distanz zu uns, da wir zu einer anderen Zeit an einem anderen Ort leben; er beinhaltet auch eine Nähe zu uns, weil die Bibel von Menschen geschrieben wurde, nicht von Engeln. Sicher, sie haben andere Sprachen gesprochen und andere Speisen gegessen; doch abgesehen von diesen realen kulturellen Unterschieden waren sie Menschen wie wir, die im Ebenbild Gottes geschaffen wurden und dieselben Ängste, Hoffnungen, Probleme und Leistungsgrenzen kannten wie wir heute. Über den garstigen Graben der Geschichte hinweg stehen wir zu den menschlichen Verfassern der Schrift als Menschen in Beziehung und umgekehrt. Mehr noch: Was Gott für sie tat, das können wir auch auf uns anwenden.

2. Göttlich

Die Bibel ist nicht nur ein von Menschen, sondern auch ein von Gott verfasstes Buch. Wie 2. Petrus 1,19-21 zeigt, steht hinter den verschiedenen menschlichen Verfassern und Propheten kein geringerer als Gott, der durch seinen Heiligen Geist die Propheten inspirierte, genau das zu sagen, was sie nach seinem Willen sagen sollten, wie auch Paulus in 2. Timotheus 3,16 sagt: »Alle Schrift ist von Gott eingegeben.«

Dies nennt man die Lehre der Inspiration. Sie bedeutet nicht, dass Gott den Verstand und die Persönlichkeit der menschlichen Verfasser der Schrift ausgeschaltet und sie wie eine Tastatur benutzt hätte. Vielmehr beschreibt die Schrift sich selbst als das Werk des Heiligen Geistes, der souverän durch den menschlichen Verfasser gewirkt hat. Dies schließt verschiedene Aspekte ein. Zuerst einmal bedeutet es: Was die Bibel sagt, das sagt Gott. Die Schrift besteht also nicht aus rein menschlichen Überlegungen, wie Gott wohl sein könnte. Vielmehr ist sie die Selbstoffenbarung Gottes.

Zweitens bedeutet es: die Bibel ist unfehlbar (vertrauenswürdig) und irrtumslos (ohne jeden Fehler) in allem, was sie lehrt und allem, was sie aussagen will. Zweifellos gibt es vieles, worüber die Bibel nicht einmal ansatzweise spricht. Zweifellos waren ihre menschlichen Verfasser Sünder wie wir. Doch der Text, den sie unter der Inspiration des Heiligen Geistes hervorbrachten, besitzt vollständig dieselbe Glaubwürdigkeit und dasselbe vollkommene Wesen seines göttlichen Urhebers.

Drittens bedeutet es: Trotz der Vielzahl menschlicher Verfasser steht hinter dem Text der Schrift ein einziger göttlicher Urheber, ein einziger Geist und Wille. Warum ist das wichtig? Weil es nicht nur bedeutet, dass wir in der Bibel zwar manch Geheimnisvolles finden können, aber keinen einzigen Widerspruch, sondern auch, dass wir erwarten sollen, dass die umfassende, übergeordnete Geschichte der Bibel eine solche Einheit und Stimmigkeit aufweist. Ihre menschlichen Verfasser dürften zu der Zeit, als sie sie niederschrieben, dazu nicht in der Lage gewesen sein; der göttliche Urheber aber konnte die ganze Geschichte sehen (und tat dies auch!) und schrieb sie so nieder, dass alles zusammenpasst.

Dies legt den Grund, um den typologischen Charakter der Schrift im Verhältnis von Verheißung und Erfüllung zu verstehen (dies werden wir in den nachfolgenden Kapiteln noch näher erläutern). Nehmen wir z. B. die Verfasser des Neuen Testaments: Als sie klarzumachen versuchten, wer Jesus ist, missbrauchten sie nicht etwa willkürlich gewisse Ähnlichkeiten zwischen Jesus und David, die sie entdeckten; vielmehr ist David ein Geschöpf Gottes, und Gott ließ in seiner Souveränität Davids Leben so verlaufen, dass er Vorbild und Verheißung eines größeren Königs wurde, der noch kommen sollte. Das ist, was Paulus in 1. Korinther 10,11 sagen will: »Dies widerfuhr ihnen [Gott hält die Geschichte in der Hand] als ein Vorbild [Typologie]. Es ist aber geschrieben [Inspiration] uns zur Warnung [Anwendung], auf die das Ende der Zeiten gekommen ist [fortschreitende Heilsgeschichte].«

Die Bibel ist weit davon entfernt, ein bunter Haufen willkürlich zusammengestellter religiöser Erfahrung verschiedener Menschen zu sein; sie ist vielmehr Gottes Geschichte darüber, dass Gott in der Geschichte handelt, um sich zu verherrlichen, indem er Sünder rettet. Sie ist eine einzige, einheitliche Geschichte, die ein einziger, allmächtiger und allwissender Gott geplant, ausgeführt und niedergeschrieben hat.

3. Als Erzähltext

Einer der Aspekte, die ganz klar aus dem soeben Gesagten folgen, ist dass die Bibel als Ganzes am besten als Erzähltext zu verstehen ist. Das heißt nicht, dass Erzähltexte die einzige biblische Literaturgattung wären. Ganz und gar nicht. Die Bibel besteht nicht nur aus Erzähltexten über historische Ereignisse, sondern auch aus verschiedenen anderen Literaturgattungen wie etwa Dichtung, Gesetze, Apokalyptik, Briefe und Evangelien. Demnach versteht man die Bibel als ganze in der Tat am besten als eine einzige Geschichte – eine Geschichte über einen König, ein Königreich und die Beziehung des Königs zu seinen Untertanen. Richard Gaffin drückt es so aus: Die Bibel »ist weniger gottgegebene *Gnosis*, um uns Erkenntnis über das Wesen Gottes, des Menschen und der Welt zu vermitteln; vielmehr ist sie die göttlich inspirierte Auslegung des Handelns Gottes, um Menschen zu retten, so dass sie ihn anbeten und ihm auf dieser Welt dienen.«[22]

Doch dieser Erzähltext über Gottes Handeln ist nicht einfach nur eine Erzählung. Er ist eine Erzählung, die am Anfang der Weltgeschichte beginnt und am Ende der Weltgeschichte endet. D. h. er ist nicht nur eine alte Geschichte aus grauer Vorzeit, sondern eine Geschichte aus Vergangenheit und Zukunft, die auch uns heute umfasst. Literaturwissenschaftler würden dies eine »Metageschichte« nennen: eine Geschichte, die alles erklärt und uns somit eine Weltanschauung vermittelt. Wir müssen verstehen, dass Gott diese Erzählung dazu gesetzt hat, dass sie uns einschließt und uns neu definiert. Sie macht es uns möglich, die Realität anders zu verstehen als von den Geschichten aus gesehen, die unsere in Sünde gefallene Kultur uns bietet. Diese Verbindung der Erzählung zur Realität ist von großer Bedeutung. Was die Schrift erzählt, ist nicht bloß dazu gedacht, uns zu inspirieren, damit wir besser damit klarkämen, dass es in unserem Leben nun einmal Schwierigkeiten gibt. Nein, die Erzählung der Schrift wurde inspiriert, damit wir erkennen, wie das Leben wirklich aussieht. Biblische Theologie, so wie sie sich aus der Schrift ergibt, liefert uns einen Rahmen, ein Raster dafür, was der

---

22 Richard B. Gaffin jun., »Introduction«, in: *Redemptive History and Biblical Interpretation: The Shorter Writings of Geerhardus Vos*, Hg. Richard B. Gaffin jun. (Phillipsburg, NJ: P&R, 1980), xvii.

Sinn unseres Lebens ist; sie lässt uns die Welt mit neuen Augen sehen, und das beginnt damit, wie wir uns selbst sehen. Es geht nicht allein darum, dass wir die Bibel deuten. Die Bibel deutet uns, indem sie erklärt, was wirklich wichtig ist, und uns dann auffordert, uns im Licht dieser Geschichte zu verstehen.

Ich habe gesagt, diese Geschichte handle von einem König und seinem Reich. D.h. diese Geschichte deutet uns nicht nur, sie übt auch Autorität über uns aus. Sie ist nicht nur eine Beschreibung der Realität; die Geschichte der Schrift hat eine normative, d.h. maßgebliche Funktion für unser Leben und für unsere Gemeinden. Nun müssen wir insbesondere beim Ermitteln dieser normativen Funktion darauf achten, wo in dieser Geschichte wir uns befinden und wie der Part, den wir darin spielen, sich auf die anderen Teile bezieht.[23] Dies zwingt uns, die Hauptthemen der Geschichte und ihre fortschreitende Natur im Hinterkopf zu behalten. Wenn wir jedoch dies beachten, stellen wir fest, dass diese Geschichte uns, die wir das Christentum gerne auf eine bestimmte Zahl von Lehrsätzen reduzieren, herausfordert und den Anspruch erhebt, dass unser Leben gänzlich unter der Herrschaft des Königs steht.

4. Strukturiert durch Bündnisse

Zu jeder Geschichte über ein Königreich gehört die Beziehung zwischen dem König und seinen Untertanen. In der Schrift wird diese Beziehung durch Bündnisse definiert und strukturiert. Bündnisse sind mehr als nur Verträge oder Zusagen. Vielmehr stellt ein Bundesvertrag eine Beziehung mit einer übergeordneten Autorität dar, die Rechte und Pflichten kennt. Bedingungen und Nutzen der Beziehung werden ebenso ausdrücklich genannt wie auch die Folgen eines Bundesbruchs. Was aber vielleicht am wichtigsten bei den biblischen Bündnissen ist: Wenn Gott einen Bund schließt, muss er sich herablassen, diesen einzuführen; er legt die Bedingungen fest, garantiert den Nutzen und übt Gericht, wenn der Bund gebrochen wird.

Im Alten Vorderen Orient des zweiten Jahrtausends vor Christus, zur Zeit Abrahams und Moses, waren internationale Beziehungen durch Verträge geprägt, die Großkönige mit Vasallen oder weniger

23 Im Englischen ein Wortspiel zwischen »part« (Part, Rolle) und »parts« (Teile, Anteile); Anm. d. Übers.

mächtigen Königen schlossen. Diese Verträge schloss man in Form von Bündnissen, in denen der Großkönig dem Vasallenkönig seinen Schutz und Segen als Lohn für dessen Loyalität und Gehorsam versprach. So lange der Vasall gehorsam war, genoss er die Gunst des Großkönigs. Wenn aber der Vasall die Bedingungen des Bundes verletzte, brachte der Großkönig ein schnelles und endgültiges Gericht über ihn. Darüber hinaus war der Vasall Mittler oder Repräsentant seines gesamten Volkes. Sein Gehorsam oder Ungehorsam betraf daher nicht nur ihn, sondern alle, die unter ihm als ihrem Repräsentanten lebten.

Nach Gottes Vorsehung wurde Mose während einer Zeit inspiriert, die ersten fünf Bücher des Alten Testaments zu verfassen, als diese Bündnisstruktur weithin bekannt und verständlich war. Gott ließ sich auf eine menschliche Verständnisebene herab, indem er diese Bündnisstruktur benutzte, um seine Beziehung als Großkönig zu dem Volk zu beschreiben, das er in seinem Ebenbild erschaffen hatte: Dieses Volk sollte (letzten Endes im umfassenden Sinne der Verheißung) als stellvertretender Herrscher, als Vasallenkönig des mächtigen Königs des Himmels über die Erde regieren.

Die verschiedenen Bündnisse, die Gott schloss, und was sie zur Entfaltung der Geschichte von Gottes Erlösungsplan beitragen, werden wir in Kapitel 2 und 3 näher betrachten. Die meisten dieser Bündnisse dürften Ihnen bereits bekannt sein: der Alte und der Neue Bund oder der mosaische und der davidische Bund. Es gibt noch weitere, und wir werden noch darüber sprechen. Hier aber möchte ich nur kurz einleitend den Unterschied zwischen zwei Arten von Bündnissen beschreiben, die in der Bibel vorkommen: zwischen einem Bund der Werke und einem Bund der Gnade.

Ein Bund der Werke ist genau das, was dieser Ausdruck besagt. Wer Werke vollbringt, wird durch Segen belohnt; wer diese Werke nicht vollbringt, den treffen die Bundesflüche. Dies war gewöhnlich der Standardbund im Alten Vorderen Orient, und diese Art von Bund sehen wir ganz eindeutig bei Adam und Mose. Tu dies, und du wirst leben; tu das, und du wirst sterben.

Doch es gibt noch eine andere Art von Bund in der Bibel. In diesem Bund muss nicht der Vasallenkönig ein Werk vollbringen, um den Segen des Großkönigs zu empfangen; vielmehr übernimmt es stattdessen der Großkönig selbst, für den Segen des Vasallen zu sorgen, und riskiert, selbst die Strafe für einen eventuellen Bundesbruch zu tragen. Dies nennt man einen Bund der Gnade, wofür der Bund mit Abraham in 1. Mose 15 ein wunderbares Beispiel ist. Solcher Art ist auch der Neue Bund, der durch Jesus Christus geschlossen wurde und durch das Evangelium verkündigt wird.

Wenn wir versuchen, die Schrift auszulegen und anzuwenden, lautet eine der grundlegenden Fragen, die wir uns stellen müssen: Zu welcher Bundesperiode – d.h. zu welcher Epoche des Heilshandelns Gottes – gehört der vorliegende Text? Welche Funktion übernimmt dieser Text im betreffenden Bund? Und in welcher Beziehung stehe ich zu diesem Bund?

5. Der Mittelpunkt: Gott verherrlicht sich, indem er durch Gericht Heil schafft[24]

Die Gnade Gottes, die im Evangelium durch den Opfertod Jesu Christi offenbart wird, ist nicht nur der Höhepunkt der Bündnisse, sondern auch der Höhepunkt der Heilstaten Gottes in der Weltgeschichte. Sie führt uns auch letztlich dazu, was der Mittelpunkt und Schwerpunkt der Metageschichte ist. Da es sich bei dieser Geschichte um die Heilsgeschichte handelt, kann man leicht in die Gewohnheit verfallen zu denken, man selbst oder wir seien der Mittelpunkt: das Volk, das erlöst wird. Aber das hieße die Erzählung misszuverstehen. Obwohl wir ohne Maßen von dieser Geschichte profitieren, stehen doch Gott und seine Ehre[25] in ihrem Mittelpunkt (Eph 1,6.12.14).

Das heißt nicht, dass Gott so etwas wie ein riesiger, eitler himmlischer Pfau wäre, der in narzisstischer Besessenheit besonders von sich selbst beeindruckt wäre. Vielmehr schildert die Schrift Gottes Herrlichkeit äußerst paradox: Wenngleich nämlich Gottes Herrlichkeit durch seine Rettermacht offenbart wird, so kommt diese Errettung doch allein durch Gericht zustande. Und dieses Gericht trägt er selbst in der Person seines eigenen Sohnes. Es ist das Kreuz, das

24 Den Gedanken, dass »Gott sich verherrlicht, indem er durch Gericht Heil schafft« und dass dies der Mittelpunkt oder der Schwerpunkt Biblischer Theologie ist, verdanke ich James Hamilton. Er führt dies umfangreicher und detaillierter aus, als ich es hier kann, in James Hamilton, »The Glory of God in Salvation through Judgment: The Centre of Biblical Theology?«, *Tyndale Bulletin* 57 (2006): 57-84.

25 Für »Ehre«, »Herrlichkeit« und »Verherrlichung« steht hier im englischen Original immer dasselbe Wort »glory«, welches alle diese Aspekte umfasst, im Deutschen aber je nach Gebrauch unterschiedlich übersetzt werden muss; Anm. d. Übers.

Gottes Herrlichkeit offenbart – durch das Leiden und Opfer seiner selbst, der für diejenigen der größten Ehren würdig ist, die des Heils ganz und gar unwürdig sind.

Hierin besteht die Gnade Gottes, aber auch seine Herrlichkeit: indem er in durch die entzwei geschnittenen Opfertiere geht (1Mo 15), indem er Abraham einen Widder als Opfer anstelle seines Sohnes Isaak gibt (1Mo 22) und indem er den Israeliten das Passalamm gibt (2Mo 12). All dies tat er für sein Volk, doch das war nur ein Bild und Vorgeschmack dessen, was er zuletzt, endgültig und als Höchstes gab: seinen einzigen, geliebten Sohn Jesus. Damit Gottes Herrlichkeit sich in Heil und Gnade erweise, starb er als Opfer am Kreuz für Sünder und trug die Strafe, die sie verdienten – gerade weil er die gerechte Forderung des Gesetzes erfüllte.

Zusammenfassung

Welche praktische »Gebrauchsanleitung« folgt also aus diesem Kapitel? Ebenso wie ein Zimmermann wissen muss, welche Holzart er gerade bearbeitet, so haben wir damit begonnen, über das Material nachzudenken, das wir benutzen müssen, wenn wir Biblische Theologie betreiben. In der Bibel haben wir einen von Gott inspirierten Text, den Menschen zu verschiedenen Zeiten der Weltgeschichte schrieben und der dennoch eine einzige, allumfassende Erzählung enthält, die durch Bündnisse strukturiert ist und in deren Mittelpunkt die Ehre Gottes steht.

Wenn wir diesen Text auslegen und dabei bedenken wollen, welche Bedeutung er für den Dienst in der Gemeinde besitzt, müssen wir deshalb diese Dinge im Gedächtnis behalten. Wir müssen uns bei der Auslegung und Anwendung fragen: Zu welchem Teil der Handlung der Geschichte gehört dieser Bibelabschnitt? Wie spiegelt er die Herrlichkeit Gottes wider? Und zu welchem Teil der Handlung der Geschichte gehört die betreffende Person, der wir dienen wollen? Und zuletzt: Welche Relevanz hat der Text für diese Person?

Wollen wir daher nochmals kurz auf die Frage zurückkommen, mit der ich dieses Kapitel begann. Die Frage des Ehepaars lautete, ob es vor Gott in Ordnung sei, die Zahlung ihres Zehnten aufzuschieben, um eine größere Anschaffung zu tätigen. Wir haben zwar noch nicht einmal die Werkzeuge betrachtet, die wir benötigen, um diese

Frage beantworten zu können, aber Sie dürften bereits merken, dass die Worte über den Zehnten in Maleachi 3,10 in ihrem alttestamentlichen Kontext zu verstehen sind und dass wir erst ermitteln müssen, ob und wie dies auf unseren neutestamentlichen Kontext übertragbar ist, bevor diese Verse auf neutestamentliche Gläubige anwenden können. Ich hoffe jedoch, dass Sie bereits erkennen: Wir sollten erwarten, dass Bibel Gläubigen etwas darüber zu sagen haben sollte, wie sie mit den Mitteln haushalten, die Gott ihnen gegeben hat. Wir besitzen kein Nachschlagewerk, das alles eindeutig klärt, aber wir sind auch nicht allein auf unsere eigene Klugheit oder auf die Ratschläge eines ungläubigen Finanzberaters angewiesen. Gottes großes Drama der Erlösung schließt auch unsere unbedeutende Lebensgeschichte mit ein, die wir als Gäste und Fremdlinge auf Erden Jesus Christus in ein besseres Land nachfolgen.

TEIL 1

Das nötige Werkzeug

KAPITEL EINS

Exegetische Hilfsmittel: Die grammatisch-historische Methode

Am Anfang dieses Buches versprach ich Ihnen einen praktischen Leitfaden für den Dienst, der Ihnen eine Theologie bietet, von der Sie wirklich etwas haben. Bisher jedoch ging es fast ausschließlich nur um Definitionen und Grundlagen. Wir sprachen davon, dass Biblische Theologie nicht nur eine Theologie ist, die ihren Ursprung in der Schrift hat, sondern eine Theologie, welche die gesamtbiblische Aussage zu erfassen versucht. Auch sprachen wir davon, dass die Bibel nicht bloß eine Sammlung inspirierter religiöser Schriften ist, die von verschiedenen Propheten und Aposteln verfasst wurden. Vielmehr ist sie eine Gesamtgeschichte, eine zusammenhängende Erzählung aller Heilstaten Gottes. Gott ist ihr Verfasser und ihr Hauptakteur; er ist ihr Mittelpunkt, und sie gipfelt darin, dass Gott sich verherrlicht, indem er durch Gericht Erlösung schafft. Und dennoch ist sie eine ausgesprochen praktische Geschichte, da sie all das umfasst, was die Lebenswirklichkeit eines jeden von uns ausmacht.

In diesem Kapitel will ich nun einlösen, was ich versprochen habe, und Ihnen etwas von praktischem Nutzen bieten. Schließlich stehen wir, sobald wir die Bibel so definiert haben wie oben, vor einem Problem: Wie können wir sicher sein, dass wir die Geschichte richtig verstanden haben? In diesem Fall heißt das: Wie können wir sicher sein, dass wir die jeweiligen *Teile* der Geschichte richtig verstanden haben? Lassen wir vorübergehend einmal den unglaublichen Gedanken außer Acht, dass wir Gottes Denken und Absichten und somit sein Wort verstehen könnten. Wie können wir sicher sein, die Worte eines hebräischen Propheten richtig verstanden zu haben, der Jahrtausende vor uns lebte und schrieb? Ist die Bedeutung von Worten nicht äußerst unsicher und dehnbar? Wenn das schon für menschliche Worte gilt, wie viel mehr dann für Gottes Worte? Ist die Bedeutung eines Textes nicht etwas äußerst Subjektives? Ich meine damit: Solange uns ein Autor nicht von Angesicht zu Angesicht sagen kann, was er gemeint hat, wer kann dann wagen zu behaupten, die eine Interpretation eines Textes sei besser, genauer, zuverlässiger oder sinnvoller als die andere?

Weiter unten werde ich einige fachwissenschaftliche Aspekte dieses Problems betrachten; doch lassen Sie mich dies zuerst in einem Zusammenhang veranschaulichen, in dem viele von uns wöchentlich tätig sind: der Jugendarbeit. Jeden Mittwochmorgen halte ich die Andacht für die Jungen der sechsten Klasse auf der Schule meiner Kinder. Wir gehen dabei Schritt für Schritt durch das Markus-Evangelium. Damit sie bei der Sache bleiben, aber auch um sie zu lehren, wie sie die Bibel selbst studieren, erteile ich ihnen keinen Frontal-Unterricht. Stattdessen bitte ich sie, den Abschnitt laut vorzulesen, und stelle ihnen anschließend Fragen über diesen Text. Fast alle meiner Fragen kann man anhand des Textes selbst oder anhand des direkten Kontextes beantworten. Die Fragen sind nicht immer leicht, aber die Antworten ergeben sich immer aus dem jeweiligen Abschnitt.

Die Jungen sind aufgeweckt, motiviert, beteiligen sich eifrig und freuen sich, am Unterricht teilnehmen zu können. In ihrem Sprachunterricht bearbeiten sie ähnliche Aufgaben; darum sind sie mit der Vorgehensweise vertraut. An jedem Mittwochmorgen aber sprudeln viele Jungen die Antworten schnell heraus, ohne überhaupt einen Blick auf den Text geworfen zu haben. Diese vorschnellen Antworten lassen sich gewöhnlich in eine der folgenden Kategorien einordnen.

Da ist zuerst einmal die Sonntagsschulantwort: Egal wie die Frage lautet, die Antwort muss immer »Jesus«, »das Kreuz«, »die Sünde« oder irgendeine Kombination von alledem lauten. Dann gibt es die Antwort, die lautet: »Mein Pastor / meine Eltern / mein Sonntagsschullehrer hat gesagt …« Das ist eigentlich gar keine Antwort, sondern man beruft sich auf irgendeine Autorität, so dass man nicht persönlich darüber nachdenken muss. Die bei weitem häufigste Antwort aber beginnt immer so: »Ich denke, es bedeutet …« Wenn ich bei einer solchen Antwort nachfrage, wo das im Text begründet ist, dann ernte ich meist eine Reaktion wie einen verlegenen Blick oder verwirrtes Gemurmel, als ob ich gerade etwas Verrücktes gefragt hätte, zum Beispiel welches Mädchen in ihrer Jahrgangsstufe sie am meisten mögen! Bis zur sechsten Klasse haben viele von ihnen (vielleicht unbewusst) die Meinung übernommen, die Bedeutung religiöser Texte sei eine zutiefst private Angelegenheit, die keine weitere Rechtfertigung benötigte, als dass man ernsthaft daran glaube. Wenn dies schon in der Morgenandacht der sechsten Klasse so ist, dann noch weit mehr in den kleinen Bibelstudiengruppen Erwachsener in Ihrer und in meiner Gemeinde!

Das Problem: Was bedeutet ein Text?

Wenn Sie die aktuellen Diskussionen über verschiedene Theorien der Auslegung kennen – was Wissenschaftler »Hermeneutik« nennen – dann wissen Sie: Heute sind viele ziemlich skeptisch, ob man überhaupt genau feststellen kann, was ein Autor meinte, als er etwas schrieb, es sei denn, man kann den betreffenden Autor direkt fragen. Man behauptet, weil Autor und Leser sprachlich und kulturell, historisch sowie hinsichtlich ihrer persönlichen Erfahrungen weit voneinander entfernt sind, hätte dies zur Folge, dass der Leser unmöglich objektiv und sicher feststellen könnte, was der Autor gemeint habe. Manche hat diese Auffassung in eine tiefe Krise gestürzt. Für andere hingegen ist das ein Grund zum Feiern. Sie meinen, wenn es das nicht mehr gibt, was wir »die ursprüngliche Intention des Autors« nennen, dann könnten wir endlich offen und ehrlich anerkennen, dass wir Texte so verstehen, wie es uns beliebt, damit sie das bedeuten sollen, wovon wir gerne möchten, dass sie es bedeuten.

Man muss den Gedanken eines Autors nicht mehr gerissen und unaufrichtig etwas unterschieben, sondern kann in einem Text einfach die Bedeutung finden, welche die Gemeinschaft der Leser darin findet. Und welche Bedeutung finden sie darin? Die Bedeutung, die sie brauchen; die Bedeutung, die sie haben wollen; die Bedeutung, die ihnen im Licht ihres eigenen Horizonts vernünftig scheint. Dieser moderne Auslegungsansatz, der darauf beruht, dass die Intention des Autors angeblich unzugänglich ist, bedeutet praktisch, dass es so etwas wie einen maßgeblichen Text oder eine maßgebliche Auslegung nicht gibt, sondern nur eine maßgebliche Gemeinschaft. Über Jahrtausende haben Gesellschaften sakralen wie auch politischen Texten gedient, gewöhnlich zum Nutzen der Machthaber und zum Schaden von Minderheiten und Unterdrückten. Jetzt aber sei mit dem, was man »die hermeneutische Wende« nennt,[26] eine große Befreiung gekommen. Wir dienen nicht mehr Texten; die Texte dienen uns.[27]

Nun gibt es natürlich einige Bereiche, in denen diese Idee nicht populär ist. Die meisten, die einen Vertrag unterschreiben, dürften darauf bestehen, dass sein Inhalt verständlich und seine Bedeutung unveränderlich ist. In anderen Bereichen des Gesetzeswesens, besonders im Verfassungsrecht wie auch in der Politik allgemein, sowie in Ethik und Religion, insbesondere aber in der modernen Popkultur hat diese Denkweise, die als Postmodernismus bekannt ist, mit Gewalt Fuß gefasst und dem außer Mode gekommenen Relativismus neues, gefährliches Leben eingehaucht.

All dies führt mich zu der Frage zurück, die ich weiter oben gestellt habe. Wenn die Bibel eine Geschichte ist, deren Verfasser Gott ist, deren Einzelteile aber von Menschen in verschiedenen Sprachen und Kulturen sowie während verschiedener historischer Epochen geschrieben wurden, wie kann man dann sicher sein, diese Geschichte richtig zu verstehen? Gibt es überhaupt so etwas wie ein richtiges Verständnis?

Doch, man kann tatsächlich einen Text richtig verstehen, gerade weil Gott, der diese Welt, unser Gehirn und somit unser Sprachvermögen geschaffen hat, selbst ein redender Gott ist. Gott ist es, der Verstand und Sprache schuf, so dass Sprache in der Lage ist, Inhalte vom Sprecher zum Hörer exakt zu vermitteln. Und dies hat Gott selbst nicht nur durch sein Handeln in der Geschichte bewiesen, sondern auch indem er sich herabließ, menschliche Sprache zu benutzen, um seine Taten maßgeblich zu erklären und zu deuten. Wir stellen dies immer wieder auf jeder Seite der Bibel fest: Gott verhängt nicht nur die zehn Plagen über Ägypten, sondern erklärt Mose und Aaron

---

26 Dieser relativistische Umgang mit Texten ist auch als »Neue Hermeneutik« oder in evangelikalen Kreisen als sog. »Hermeneutik der Demut« bekannt; Anm. d. Übers.

27 Ich begegnete diesem Gedankengut erstmals als Student der englischen Literatur in the 1980er Jahren. Zwar wurden der Poststrukturalismus und der erkenntnistheoretische Anti-Fundamentalismus von Derrida, Foucault, Fish und anderen nach beträchtlicher Kritik weiterentwickelt (im deutschsprachigen Bereich wären Hegel, Nietzsche und Wittgenstein als Vorläufer bzw. Vertreter dieser Philosophie zu nennen; d. Übers.), doch bleibt es weiterhin ein grundlegendes Merkmal der postmodernen Auslegung, dass die ursprüngliche Intention eines Autors unzugänglich sei. Eine hervorragende kurze Einführung und Darstellung dieser Bewegung siehe bei D.A. Carson, *The Gagging of God* (Grand Rapids, MI: Zondervan), S. 57-92 (bisher nicht auf Deutsch erschienen).

auch, was er tut. Gott teilt nicht nur das Rote Meer, er erklärt auch vorher ausdrücklich, was er tun wird und warum. Gott macht nicht nur aus Israel eine Nation, er spricht auch zur ganzen Nation hörbar vom Sinai und sagt ihnen dies.

Ich könnte dem noch zahllose Beispiele hinzufügen, aber am aufschlussreichsten ist vielleicht die Fleischwerdung Christi. Als Gott sich endgültig und ein für alle Mal offenbarte, tat er dies nicht, indem er Engel gesandt oder Zeichen und Wunder am Himmel gewirkt hätte. Er wurde Mensch und sprach zu uns in einer Sprache, die wir verstehen können, wie es der Verfasser des Hebräerbriefs ausdrückt: »Nachdem Gott in vergangenen Zeiten vielfältig und auf vielerlei Weise zu den Vätern geredet hat durch die Propheten, hat er in diesen letzten Tagen zu uns geredet durch den Sohn« (Heb 1,1-2 SCH). Und um unmissverständlich klar zu machen, dass wir auf seinen Sohn hören sollen, sprach Gott nicht nur einmal, sondern zweimal direkt vom Himmel: zuerst bei der Taufe Jesu, dann nochmals bei seiner Verklärung.[28] Petrus zog daraus folgenden Schluss:

> Denn wir sind nicht klug ersonnenen Fabeln nachgegangen, als wir euch die Macht und Wiederkunft unseres Herrn Jesus Christus verkündigten, sondern wir sind Augenzeugen seiner wunderbaren Herrlichkeit gewesen. Denn von Gott dem Vater hat er damals Ehre und Verherrlichung empfangen, als von der hocherhabenen Herrlichkeit jener Zuruf an ihn erging: »Dieser ist mein geliebter Sohn, an dem ich Wohlgefallen gefunden habe.« Diesen Ruf haben wir ja vom Himmel her erschallen hören, als wir mit ihm auf dem heiligen Berge waren, und umso fester steht uns nun das prophetische Wort, das wir besitzen, und ihr tut wohl, auf dieses achtzugeben als auf ein Licht, das an einem dunklen Ort scheint, bis der volle Tag anbricht und der Morgenstern in euren Herzen aufgeht. (2Pet 1, 16-19 MEN)

Was heißt das? Worte haben eine Bedeutung, wenn sie in einem Zusammenhang von Sätzen und Absätzen stehen. Und sie haben nicht

---

28 Gott sprach noch ein drittes Mal direkt vom Himmel zu Jesus (Joh 12,28), aber hier kommt es mir darauf an, dass die Stimme ihn an diesen Stellen als Gottes Sohn identifiziert und bei der Verklärung sogar ausdrücklich befiehlt: »Auf ihn sollt ihr hören!« In Johannes 12,28 hingegen liegt der Schwerpunkt nicht auf der Identität des Sohnes.

irgendeine Bedeutung; sie bedeuten das, was der Autor dieser Sätze und Absätze sagen wollte, und spiegeln seine Intention wider. Wer einen Text liest – und das betrifft insbesondere das Wort Gottes! – hat die Pflicht und das Vorrecht, diese Texte so zu lesen, dass er den Sinn herausfindet und versteht, was der Autor vermitteln will.

Nun lesen Sie Texte natürlich schon immer auf diese Weise. Wenn Sie einen Artikel in einer Tageszeitung oder Zeitschrift lesen, zielen Sie nicht darauf ab, dort Ihre eigenen Vorstellungen hineinzulesen. Sie versuchen zu verstehen, was der Verfasser sagen will. Darüber hinaus können Sie dies ablehnen oder sich davon inspirieren lassen. Vielleicht halten Sie den Artikel für gut oder schlecht geschrieben. Vielleicht fallen Ihnen alle möglichen praktischen Anwendungen für das neu Erkannte ein, die der Autor überhaupt nicht im Sinn hatte. Doch unabhängig davon, was Sie über das Gelesene denken, versuchen Sie natürlich zuallererst herauszufinden, was der Autor sagen will. Und wenn Sie das tun, dann befinden Sie sich bereits im Prozess der Exegese.

Exegese nennt man den sachgerechten Versuch, aus einem Text die Intention des Autors abzuleiten statt die eigenen Vorlieben, Erfahrungen oder Meinungen in den Text hineinzulesen. Hieronymus, der Griechisch und Hebräisch zu einer Zeit konnte, als kaum jemand mehr diese beiden Sprachen beherrschte, sondern nur noch Latein,[29] drückte es im späten vierten Jahrhundert folgendermaßen aus: »Die Aufgabe des Kommentators besteht nicht darin, seine Auffassung wiederzugeben, sondern die Auffassung dessen, den er erklärt.«[30]

Somit ist jeder von uns alltäglich ein Ausleger der Texte, die wir lesen, vom Kochrezept bis zur Gebrauchsanleitung, vom Sportmagazin bis zu unserem Lieblings-Blog. Und wir sind auch Ausleger

29 Dies bezieht sich auf die Verhältnisse im Weströmischen Reich während der Spätantike. Während es einst für gebildete Römer selbstverständlich war, Griechisch zu sprechen (vgl. Apg 21,37ff), nahm dessen Kenntnis im Westen seit dem 2. Jahrhundert ab; Hebräisch konnten schon die frühen Kirchenväter nur selten, wenn überhaupt. Hieronymus lernte bei jüdischen Gelehrten Hebräisch, um das Alte Testament aus dem Grundtext neu ins Lateinische zu übersetzen; Anm. d. Übers.

30 Sophronius Eusebius Hieronymus, »Verteidigungsschrift an Pammachius«, *Des heiligen Kirchenvaters Eusebius Hieronymus ausgewählte Schriften* Bd. 2-3; *Bibliothek der Kirchenväter*, 2. Reihe, Band 16 und 18 (Kempten: J. Kösel; München: F. Pustet, 1936-1937), Kap. 17. Zitiert nach der elektronischen Bibliothek der Kirchenväter der Universität Freiburg (Schweiz), Text generiert von Gregor Emmenegger u. Heiner Bösch http://www.unifr.ch/bkv/awerk.htm#Hieronymus.

der Heiligen Schrift. Doch während wir die Tageszeitung fast automatisch auslegen, da sie in unserer Muttersprache und im Rahmen unserer Kultur geschrieben ist, verlangt die Auslegung der Heiligen Schrift ein weit gewissenhafteres Vorgehen. Sie wurde in einer anderen Sprache und zu einer anderen Zeit geschrieben, und deshalb müssen wir weit sorgfältiger vorgehen, um sie nicht misszuverstehen. Auf den noch verbleibenden Seiten dieses Kapitels werden wir daher Folgendes tun: Zuerst müssen wir die Auslegungsmethode betrachten, die man die »grammatisch-historische Methode« nennt. Zweitens werden wir einen kurzen Überblick verschiedener literarischer Formen oder Gattungen bieten, die in der Bibel vorkommen. Und drittens werden wir untersuchen, wie diese Methode auf die verschiedenen Literaturgattungen anzuwenden ist.

Die grammatisch-historische Methode

Die grundlegende Auslegungsmethode, mittels derer man die Intention eines Autors zu ermitteln versucht, ist unter dem Namen »grammatisch-historische Methode« bekannt. John Owen beschrieb sie folgendermaßen:

> Sie [die Schrift] enthält keine andere Bedeutung als die, die in ihrem Wortlaut enthalten ist ... Will man recht deuten, was jemand im Sinn hat, so ist es nötig, die Worte, die er spricht oder schreibt, recht zu verstehen. Dies aber kann man nicht, solange man nicht die Sprache versteht, die er spricht ..., [und] die [Ausdrucksweise] dieser Sprache; dazu gehört auch, wie diese Ausdrücke gewöhnlich verwendet werden und welchem Zweck sie dienen.[31]

Wenn wir die Bedeutung eines Textes auf diese Weise ermitteln, führt uns dies direkt dazu, die Grammatik, Syntax, Gattung und den historischen Kontext der Worte zu untersuchen, die wir lesen; daher die Bezeichnung »grammatisch-historische Methode«.

Wenn wir nun feststellen wollen, worin die Intention des Autors besteht, müssen wir das vermeiden, was man den »Fehlschluss

31 John Owen, *Works*, Bd. IV, S. 215, zit. bei J. I. Packer, *A Quest for Godliness: The Puritan Vision of the Christian Life* (Wheaton, IL: Crossway, 1990), S. 101.

über die Intention« nennt. Damit ist die Vorstellung gemeint, man könnte anhand des Textes irgendwie über diesen hinaus in die Gedankenwelt, Gefühle und unausgesprochenen Absichten des Autors vordringen. Tatsächlich haben wir keinen Zugang zu Gefühlsleben oder Motiven des Autors, es sei denn, er nennt diese Dinge ausdrücklich beim Namen. Die Gedanken (und damit die Bedeutung), zu denen wir Zugang haben, sind die ausgesprochenen Gedanken – die Gedanken, die durch eben jene Worte offenbart werden, die uns Schwarz auf Weiß vorliegen.[32]

Wenn wir uns aber näher mit Worten befassen, müssen wir feststellen, dass diese an sich keine besondere Bedeutung haben. Wir wissen etwa, dass das Wort »Ball« eine ganze Reihe von Bedeutungen haben kann; aber solange dieses Wort nicht in einem Satz steht und dieser Satz in einem Abschnitt, kann man nicht sicher sein, was das Wort bedeutet. Überlegen Sie beispielsweise, ab welcher Stelle die Bedeutung des Wortes »Ball« im folgenden Absatz eindeutig klar wird:

> Wir hatten einen Ball. Alle kamen in den ausgefallensten Sachen und tanzten die ganze Nacht durch. Aber wir waren enttäuscht, denn niemand erschien als Aschenputtel.

In der Tat wird die genaue Bedeutung des Wortes »Ball« erst mit dem letzten Wort des letzten Satzes klar. Bis dahin hätte es bedeuten können: »eine Kugel, die man tritt«, oder »eine Vergnügungsveranstaltung«. Aber erst ab dem Wort »Aschenputtel« wissen Sie eindeutig, dass mit »Ball« ein Kostümfest gemeint ist. Somit ist die kleinste bedeutungstragende Einheit nicht das Wort, sondern der Satz. Die Einheit wiederum, welche die Bedeutung des Satzes festlegt und damit die der darin enthaltenen Worte, ist der Abschnitt.

Demzufolge lautet die Hauptfrage der historisch-grammatischen Methode nicht: »Was bedeutet dieses Wort?«, sondern: »Was bedeutet dieser Satz?« Wenn wir diese Frage beantworten, erkennen wir schnell, dass alles auf den Kontext ankommt.[33] Der erste Schritt der

---

32 Eine ausführlichere Abhandlung über verbreitete Fehlschlüsse siehe bei D. A. Carson, *Stolpersteine der Schriftauslegung*, (Oerlinghausen: Betanien, ²2007).

33 Schon viele haben auf diesen Sachverhalt hingewiesen; ich aber bin besonders Scott Hafemann zu Dank verpflichtet, der mir dieses Konzept einschärfte, als ich vor vielen Jahren als Erstsemester am Gordon Conwell Theological Seminary war.

Exegese ist somit, den Text zu lesen, und zwar den ganzen Text, und dies immer wieder. Auslegung fängt tatsächlich beim Ganzen an, nicht bei dessen Bestandteilen. Dann arbeiten wir vom Gesamtzusammenhang aus die Einzelteile durch, von der Ebene des Satzes bis hinunter auf die Ebene der einzelnen Worte. Was wir dann dort erkennen und entdecken, führt uns zum Ganzen zurück, indem es uns genauer und vielleicht auch nuancierter verstehen lässt, was dieses alles bedeutet.

Grammatisch

Am Anfang von allem steht grundsätzlich eine Grammatik- und Strukturanalyse des Textes.

- Zuerst einmal müssen wir fragen: In welche Teile gliedert sich der Gesamttext? Hierbei handelt es sich um eine Funktion der Literaturgattung: bei Briefen ist dies der Abschnitt; bei Poesie ist es die Strophe; bei historischen Erzähltexten ist es das Ereignis oder die Begebenheit.
- Wie sieht die Argumentation im vorliegenden Text allgemein aus? Wird darin eine Behauptung aufgestellt? Wird diese durch Nebensätze unterstrichen? Wird ein Vergleich aufgestellt, ein Grundsatz erläutert, ein Muster etabliert oder zu einer Reaktion aufgefordert?
- Wenn wir einen konkreten Satz betrachten: Was ist das Subjekt, das Prädikat und das Objekt, und wie beziehen sich diese aufeinander? (Wenn Sie jemals in der Schule Satzdiagramme erstellt haben, dann wird sich das hier als nützlich erweisen!)
- Wie sind die Sätze miteinander verbunden? Achten Sie auf die Verbindungen, denn diese ermöglichen Ihnen, den Gedankengang detailliert nachzuvollziehen. Das Ziel hier ist eine Diskursanalyse, d. h. der Versuch, die logische Abfolge zu verdeutlichen, um die Hauptaussage des Autors herauszustellen und zu erkennen, auf welche Weise er diese Hauptaussage untermauert.

War das zu viel auf einmal? Keine Bange. Für jeden dieser Schritte genügt es vollkommen, dass Sie den Text geduldig lesen und ein Grundverständnis von Grammatik und Logik mitbringen. Bis hierher brauchen Sie keine Kommentare zu wälzen!

Historisch
Die nächste Frage: Wie trägt der weitere Kontext dazu bei, dass Sie die Bedeutung des Textes verstehen?

- Wo steht der Text innerhalb der Gesamtaussage des Buches oder des betreffenden Abschnitts der Heiligen Schrift?
- Trägt – falls bekannt – der historische Kontext (Autor, Datum, die ursprünglichen Empfänger und deren Herkunft) dazu bei, wie Sie verschiedene Worte oder Argumente verstehen?
- Ist hier ein bestimmter kultureller Kontext zu beachten? Was zum Beispiel sind Pharisäer? Welche Rechte hatten Frauen im Römischen Reich? Oder worin unterschied sich im alten Israel eine Nebenfrau von einer Ehefrau?
- Gibt es geographische, politische oder historische Dinge, die zur Klärung der Bedeutung beitragen? Wo zum Beispiel liegt Tarsus im Verhältnis zu Ninive? Was ist das Besondere an Caesarea Philippi, dass Jesus gerade dort dem Petrus dessen Bekenntnis entlockte?

Nun werden die meisten Fragen dieser Art nicht zu Ihrem Allgemeinwissen zählen, sofern Sie kein hauptberuflicher Bibellehrer sind. An dieser Stelle erweisen sich Kommentare, Wörterbücher, Lexika und Atlanten zur Bibel als äußerst nützlich.

Biblisch
Zu guter Letzt: Die wohl wichtigste Frage zum Kontext ist die, in welcher Beziehung der Text zur übrigen Schrift steht. Dem werde ich mich in einem der folgenden Kapitel noch ausführlicher widmen; hier aber soll der Satz genügen: Wenn der Text eine andere Bibelstelle zitiert, darauf hinweist oder ihr ähnelt, dann ist dies wichtig dafür, wie wir verstehen, was der Autor vermitteln will.

Literarische Ausdrucksformen sind wichtig

Ich erwähnte bereits, dass es von der Literaturgattung oder -form abhängt, was die kleinste bedeutungstragende Einheit im jeweiligen Text ist. Aber ich habe noch nicht erklärt, was ich mit »Literaturgattung« meine.

Mit »Gattung« ist schlicht und einfach gemeint, dass verschiedene Arten von Literatur verschiedene Ausdrucksformen benutzen, damit man erkennen kann, welche Art von Literatur vorliegt. Dies ist auch für uns wichtig, um die Bibel zu verstehen, und zwar aus verschiedenen Gründen. Zuerst einmal weisen verschiedene Gattungen gewöhnlich verschiedene Kommunikationsregeln oder -muster auf. Wir erkennen dies intuitiv. Im Großen und Ganzen sieht Poesie nicht gerade wie ein Zeitungsartikel aus. Das ist so, weil Poesie und Erzählung unterschiedliche Gattungen sind, die jeweils ihre eigenen inneren Gesetzmäßigkeiten haben. Diese Regeln und Muster üben realen Einfluss darauf aus, was Worte und Sätze bedeuten. Mehr noch: Bestimmte Wortmuster sind eng mit einer Gattung verbunden. So ist uns angesichts solcher Worte praktisch sofort klar, welche Art von Text vorliegt und wie wir diesen verstehen müssen: »Es war einmal …« zeigt, dass es sich um ein Märchen handelt und nicht um Geschichtsschreibung. »Lieber Joe, … herzlichst, deine Sally« zeigt, dass ein persönlicher Brief vorliegt und kein formelles Schreiben. Wenn wir den Literalsinn eines Textes verstehen wollen – d. h. das, was der Autor mit seinen Worten vermitteln will –, müssen wir zuerst die Literaturgattung des Textes ermitteln.

Der zweite Grund, warum man sich mit Literaturgattungen auskennen muss: Die Bibel besteht eindeutig aus zahlreichen Texten verschiedener Literaturgattungen. Die ganze Bibel ist wahr und überall in ihrem Literalsinn zu verstehen, aber den Literalsinn der Gesetzesvorschriften im 2. Buch Mose erfasst man anders als den Literalsinn der Poesie von Psalm 17. Ansonsten laufen wir Gefahr zu meinen, David würde in Psalm 17 im Widerspruch zum zweiten Gebot handeln, indem er Gott so beschreibt, als hätte dieser Flügel wie eine Henne, unter denen er Schutz findet.

Drittens ist es wichtig, Literaturgattungen zu kennen, weil uns dies bei Büchern oder Abschnitten hilft, die uns kulturell fremd sind und schwer verständlich erscheinen. Zwei offenkundige Beispiele dafür sind die Stammbäume und die apokalyptische Literatur. Keiner dieser Textarten begegnen Sie bei Ihrer Alltagslektüre, aber die Bibel hat von beidem einiges zu bieten. Sollen wir hier einfach die Regeln für Erzähltexte oder Briefe anwenden? Das tun manche und bringen damit todlangweilige Stammbäume zuwege und ziemlich abenteuerliche Apokalyptik. Tatsächlich aber kennen beide Gattungen besondere Regeln und Konventionen; und wenn wir sie richtig verstehen wollen, müssen wir diese Regeln verstehen.

Die Auslegung unterschiedlicher biblischer Literaturgattungen

Welche Literaturgattungen kommen also in der Schrift vor? Mehr als wir in einem einzigen Kapitel betrachten können! Doch lassen Sie mich dieses Kapitel damit schließen, dass ich die sieben wichtigsten Formen kurz vorstelle und anhand jeder davon zeige, wie wir jeweils bei ihrer Auslegung zu Werke gehen, indem wir die grammatisch-historische Methode benutzen.

1. Erzähltexte (narrative Texte)

Erzähltexte machen den Löwenanteil der Bibel aus: 40 Prozent des Alten Testaments und 60 Prozent des Neuen Testaments. Darüber hinaus liefern uns Erzähltexte den Gesamtrahmen, in dem wir alle anderen Gattungen verstehen. Wie müssen wir Erzähltexte auslegen?

➠ Zuerst müssen wir auf die Geschichte und ihre Details achten. Die Hauptaussage liegt in der Handlung und ihrer Entfaltung. Biblische Erzähltexte verwenden wie alle anderen Erzähltexte genau dieselben bekannten Stilmittel:

- chronologische Entwicklung
- Handlung und rhetorische Stilmittel wie z. B. Dialoge, Perspektivwechsel und Spannungsverlauf
- Entwicklung der Handelnden
- literarische Stilmittel wie *Inklusion* (die Wiederholung von Worten oder kurzen Sätzen, um das Buchende zu markieren) und *Chiasmus* (a-b-c-b'-a'-Muster)
- Szenisches Arrangement durch Stilmittel wie Rückschau und Einblendungen

➠ Zweitens: Bedenken Sie, dass der Erzähler bei seinen Aufzeichnungen zwangsläufig selektiv arbeiten muss; die vorhandenen Details sind darum signifikant. Welchen Beitrag leisten sie zur Aussage der Erzählung? Wie verbinden sie diese Erzählung mit dem Vorhergehenden und dem Nachfolgenden?

➠ Drittens: Alles kommt auf den Kontext an. Wie fügt sich diese Erzählung in das übrige Buch, den übrigen Teil der Schrift und in die biblische Gesamtgeschichte ein?

➠ Viertens: Was will die Erzählung im Hinblick auf die Intention des Verfassers dieses Buches sagen? Eine Geschichte besteht nicht zum Selbstzweck, und das ist, was uns betrifft (persönliche Anwendung), um keinen Deut anders!

➠ Ein Beispiel dazu ist die Geschichte von David und Goliat in 1 Samuel 17. Wenn wir auf die Details und den Kontext achten, erkennen wir, dass dies mehr ist als nur eine Fabel mit der Moral, man solle auch dann Mut haben, wenn alles dagegen spricht. Wir vermeiden dadurch, aus der Geschichte eine Allegorie zu machen, in der jedes Detail eine geistliche Bedeutung hat. Vielmehr stellt sie uns den Mann vor, für den es unwahrscheinlich scheint, dass er König würde, der aber in einer einzigen Schlacht den Feind besiegt und Gottes Volk rettet. Im Zusammenhang des 1. Buchs Samuel bildet diese Geschichte einen Kontrast zu Saul, der nach außen hin scheinbar der rechte König ist, sich aber dann als unwürdig erweist. Letztlich weist uns diese Geschichte auf Christus hin, der auf völlig unerwartete Weise die Feinde des Volkes Gottes in einer einzigen Schlacht am Kreuz besiegt und uns für Gott erlöst!

2. Gleichnisse

Gleichnisse sind eine wichtige und oft missverstandene Gattung, die sich vorwiegend in den Evangelien findet, aber auch bei den Propheten des Alten Testaments. Grundsätzlich ist ein Gleichnis ein bildhafter Vergleich zwischen etwas Gewohntem, Bekanntem und einer geistlichen Wahrheit oder Realität. Das Bild ist gewöhnlich fiktiv, wenn auch realistisch. Gleichnisse sind im Allgemeinen keine Allegorien, selbst wenn verschiedene Teile des Bildes für verschiedene geistliche Aussagen stehen. Vielfach dienen die Details einfach nur dazu, das Bild lebhafter zu gestalten. Wie müssen wir Gleichnisse auslegen?

➠ Die wichtigste Frage, die wir zu einem Gleichnis stellen müssen, lautet: Was ist/sind die Hauptaussage(n)?

➠ Achten Sie auf Wiederholungen (die dazu dienen, etwas hervorzuheben), überraschende Wendungen oder einen Wechsel von der ersten zur dritten Person. All dies sind Hinweise auf den Haupttenor.

- Die Moral oder Hauptaussage steht in der Regel am Ende, und gewöhnlich dreht sie sich um das Wesen des Königreichs oder des Königs.
- Auch hier gilt: Alles kommt auf den Kontext an. Sie müssen Gleichnisse daher im Licht des weiteren Kontextes rund um diese Erzählung deuten. Reißen Sie sie nicht aus dem Zusammenhang, in den der Autor sie gesetzt hat, als wären sie eine willkürliche Zusammenstellung Aesopscher Fabeln.
- Ein Beispiel dazu: Das Gleichnis vom Senfkorn in Markus 4,30-32. Worum es in diesem Gleichnis geht, wird aus seinem Schluss und im Licht des Kontextes deutlich. Jesus verdeutlicht, dass sein Königreich überraschend und unerwartet von etwas Kleinem zu etwas Gewaltigem heranwächst. Die Anwendung lautet somit, dass man es weder verachten noch dadurch entmutigt sein soll, dass das Königreich derzeit noch verborgen ist. Wir sollen weder allegorisieren, was die Vögel in den Zweigen bedeuten, noch sollen wir uns davon irre machen lassen, dass es tatsächlich kleinere Samenkörner und größere Nutzpflanzen gibt.

3. Poesie

Ein Drittel des Alten Testaments (d. i. vom Umfang her mehr als das gesamte Neue Testament) ist Poesie! Sie existiert in Form ganzer Bücher (die Psalmen), findet sich aber auch in allen anderen Gattungen wie Weisheitsliteratur und Prophetie. Der Schlüssel zur Auslegung hebräischer Poesie liegt in der Erkenntnis, dass sie (wie auch deutschsprachige Poesie) eine äußerst komprimierte und bildreiche Sprache bietet. In jeder Sprache dient Poesie nicht allein dazu, etwas zu vermitteln, sondern auch Emotionen zu erzeugen. Andererseits (und anders als deutschsprachige Poesie) weist die hebräische Poesie nicht Reim und Versmaß auf, wie wir diese kennen. Stattdessen benutzt sie andere Stilmittel zur Strukturierung. Wie müssen wir Poesie auslegen?

- Am häufigsten wird hebräische Poesie durch Parallelismen strukturiert. Diese kommen in drei verschiedenen Formen vor: der synonyme Parallelismus (ein Gedanke wird wiederholt, um ihn zu betonen), der synthetische Parallelismus (ein Gedanke baut auf den anderen auf) und der antithetische Parallelismus (ein Gedanke steht im Gegensatz zu einem anderen).

➠ Weitere Eigenschaften sind u. a. das Wortspiel, die Alliteration, das alphabetische Akrostichon, Wiederholung, Hyperbel (Übertreibung), Kontrastierung, Metonymie (Begriffsvertauschung) und Synekdoche (das Ganze steht für einen Teil oder umgekehrt).

➠ Wie die deutschsprachige Poesie benutzt auch die hebräische Poesie Metapher und Simile, Bildsprache, Ironie und Euphemismus.

➠ Der wohl wichtigste Schlüssel zur Auslegung der Poesie liegt darin, nicht zu vergessen, dass hier ein Gedicht vorliegt. Der Literalsinn eines Gedichtes ist anders zu erfassen als der Literalsinn eines Erzähltextes.

➠ Ein Beispiel dazu: Psalm 19,8-12. Diese Verse sind ein ausführliches Beispiel für einen synonymen Parallelismus. David spricht hier nicht über sechs verschiedene Dinge, sondern über ein und dasselbe: das Wort Gottes. Er betrachtet es wie einen geschliffenen Diamanten, den man ins Licht hält: Mit jedem Stichwort dreht er den Diamanten ein wenig weiter, um eine andere Facette zu betrachten. Bei dieser poetischen Betrachtung geht es nicht nur darum, uns eine hohe Wertschätzung des Wortes Gottes zu vermitteln, sondern auch uns zur Schlussfolgerung in Vers 12 hinzuführen.

4. Weisheitsliteratur

Für viele ist die biblische Weisheitsliteratur sowohl heißgeliebt als auch höchst problematisch. Sie ist heißgeliebt, weil sie so praktisch ist. Sie ist problematisch, weil sie wahrscheinlich diejenige Literaturgattung ist, der wir in der modernen Welt am seltensten begegnen. Sie scheint seltsamerweise auch nicht mit dem Mittelpunkt der Schrift verbunden zu sein, welcher die Erlösung in Christus Jesus ist.

Tatsächlich aber ist die biblische Weisheitsliteratur gerade deshalb sehr praktisch, weil sie sehr eng mit dem Mittelpunkt der Schrift verbunden ist. Bei der Weisheitsliteratur geht es darum, im Licht des Wesens Gottes gerecht vor ihm in dieser Welt zu wandeln. Weisheit ist die Frucht der Furcht des HERRN. Gottesfurcht bedeutet, dass man sich gegenüber Gott, dessen Schöpfung und dem Nächsten richtig verhält. Die Weisheitsliteratur handelt von Dingen, die allgemein wahr sind, spricht aber auch das an, was eine Ausnahme von dieser Regel zu sein scheint. Wie nun müssen wir Weisheitsliteratur auslegen?

➠ Wir müssen erkennen, dass Weisheitsliteratur in vielfacher Form bzw. in Untergattungen vorliegt:

- Drama (Hiob, Hoheslied)
- Sprichworte (Sprüche 9-31)
- Autobiographische Bekenntnisse und Ermahnungen (Prediger, Sprüche 1-8).

➠ Unabhängig von der Form liegt der Schlüssel zur Auslegung darin, den Text in seinem Zusammenhang und im Einklang mit seinem ausdrücklich genannten Zweck zu verstehen:

- Das Buch Hiob bezweckt, das Problem unschuldigen Leidens anzusprechen.
- Das Buch Prediger bezweckt, den Sinn des Lebens anzusprechen.
- Die Sprüche bezwecken, Gottesfurcht zu lehren und zu zeigen, wie diese (oder ihr Mangel) sich auf alle möglichen Situationen auswirkt. Das Buch ist ausdrücklich kein Gesetzeskodex.
- Das Hohelied rühmt die eheliche Liebe, die über sich selbst hinaus auf Gottes Liebe zu seinem Volk hinweist.

➠ Ein Beispiel dazu: »Dem Gerechten widerfährt keinerlei Unheil, die Gottlosen aber trifft Unglück in Fülle« (Spr 12,21 MEN). Wer dies nur oberflächlich versteht, wird einem von zwei Irrtümern erliegen: Entweder nimmt er an, dass dies eine Regel ohne Ausnahme und darum jedes Leiden Gottes Strafe für eine Missetat ist, oder aber er wird einfach auf Hiob oder Jesus hinweisen und behaupten, dass dieses Sprichwort eindeutig falsch ist. Doch dieses Sprichwort ist weder eine bedingungslose Verheißung, noch steht es im Widerspruch zum Buch Hiob. Vielmehr ist es – wie alle Sprichworte – eben als Sprichwort zu verstehen, d. h. es trifft im Allgemeinen zu. In der Welt, die Gott geschaffen hat und die moralischen Gesetzen unterliegt, führt Bosheit gewöhnlich von selbst zu Nöten und Gerechtigkeit zu Segen. Abgesehen davon, dass es sich hier um ein Sprichwort handelt, weist dieses auch auf den höchsten Segen und das letzte Urteil hin, welche Gott geben bzw. vollstrecken wird. Auch wenn es im jetzigen Leben Ausnahmen von diesem Sprichwort gibt, so wird Gott ihm doch zuletzt beim Jüngsten Gericht absolute Geltung verschaffen.

5. Prophetie

Die prophetischen Bücher enthalten sowohl Erzähltexte als auch Poesie; was sie aber davon als besondere Literaturgattung abhebt, sind die prophetischen Aussprüche in ihnen (»So spricht der HERR«) und die Funktion, die diese Aussprüche in der übrigen Heiligen Schrift einnehmen. Die Propheten erscheinen als Ankläger auf der Bühne der biblischen Geschichte und vertreten Gottes Sache im Rechtsstreit gegen Israel, das angeklagt wird, weil es den Bund gebrochen hat. Doch sie klagen es nicht nur an, sondern warnen es auch prophetisch vor dem kommenden Gericht (Ruf zur Umkehr) und verkünden prophetisch das kommende Heil (Ruf zum Glauben). Wie müssen wir Prophetie auslegen?

➠ Das Hauptmerkmal von Prophetie – wie auch das Hauptproblem bei ihrer Auslegung – ist die Dynamik zwischen Verheißung und Erfüllung. An diesem Punkt scheiden sich unter den Auslegern die Geister. Zu fragen, wann, wo und wie eine Prophetie erfüllt wurde, hilft uns, ihre Bedeutung zu verstehen.

➠ Ein wichtiger Aspekt der Prophetie ist, dass sie Ereignisse zusammengerafft vorausschaut. Bildlich gesprochen sehen die Propheten die Berge am weit entfernten Horizont als eine einzige, zweidimensionale Bergkette. Wenn wir aber erst einmal im Lauf der Geschichte zu diesen »Bergen« hingelangen, stellen wir fest, dass sie häufig weit entfernt voneinander liegen. Das heißt, dass die meisten (wenn nicht alle) Prophetien mehrere Ebenen der Erfüllung besitzen.

- Zum Beispiel erfüllt sich das »Zeichen des Immanuel« (Jesaja 7) im Verlauf der Geschichte Jesajas in Kapitel 8 mit dem Sohn Jesajas. Aber das ist erst die vorderste Bergkette. Dahinter – und dies weit überragend – liegt die endgültige Erfüllung dieses Textes in der Geburt Jesu Christi.
- Ein weiteres Beispiel findet sich in der apokalyptischen Prophetie des Gerichts in Jesaja 24-27. Diese Prophetie hat sich zuerst durch den Einfall der Babylonier ins Heilige Land erfüllt. Eine zweite »Bergkette« bildet womöglich die Zerstörung Jerusalems durch die Römer im Jahre 70 n. Chr. Schließlich erkennen wir im Licht des Buches Offenbarung, dass diese Prophetie sich mit dem Ende der Welt am Jüngsten Tag erfüllt.

➡ Häufig zeichnet sich Prophetie dadurch aus, dass sie Sprache und Bilder aus der Vergangenheit benutzt, um die Zukunft zu beschreiben. Die Schöpfung, der Garten Eden, die Sintflut, Sodom und Gomorrha und der Exodus werden allesamt bildlich verwendet, um künftige Ereignisse zu schildern. Diese Begriffe lassen uns das, was geschieht, theologisch verstehen; und dies muss nicht zwingend buchstäblich zu verstehen sein.

➡ Nicht alle Prophetien sind bedingungslos. Das berühmteste Beispiel dafür ist Jonas Bußpredigt an Ninive. Er prophezeite, dass Ninive in drei Tagen verwüstet würde – sofern es nicht Buße täte. Die Leute taten Buße, weshalb das prophetisch angedrohte Gericht nicht vollstreckt wurde.

➡ Ein guter Teil der Prophetie ist keine Vorhersage, sondern eine (typologische) Beschreibung. Zum Beispiel versteht das Neue Testament vieles im Leben Davids als Vorwegnahme des kommenden Messias.

➡ Wie immer hängt auch hier alles vom Kontext ab. Im Fall der Prophetie ist das Profil der biblischen Gesamtgeschichte entscheidend. Wir müssen stets bedenken, dass Offenbarung fortschreitend geschieht und die Offenbarung Jesu Christi sowohl den Mittelpunkt als auch den Endpunkt der Geschichte darstellt. Folglich sind wir gegenüber den Lesern zur Zeit des Alten Testaments im Vorteil. Wir schauen von der biblischen Gesamtgeschichte auf die Prophetie zurück, nicht umgekehrt. Wie Petrus uns in in 1. Petrus 1,10-13 versichert, verleiht uns das Evangelium sogar ein klareres Verständnis als das, das die alttestamentlichen Propheten selbst hatten. Darum legt nicht das Alte Testament endgültig fest, was die alttestamentliche Prophetie bedeutet, sondern das Neue Testament bestimmt dies.

➡ Ein Beispiel dazu: Die Prophetie der Herrschaft der Wurzel Isais in Jesaja 11. Diese Prophetie entnimmt ihre Bildsprache aus 1. Mose 2 (dem Garten Eden), 2. Mose und Josua. Sie beschreibt die Zukunft in einander überlappenden Bildern: eine Rückkehr nach Eden, ein zweiter Exodus und den Abschluss der unvollendeten Eroberung des Verheißenen Landes. Anhand der Anhäufung dieser Bilder, von denen viele zugleich auch poetisch sind, müssen wir erkennen, dass der Prophet eine theologische Aussage trifft und nicht zwingend künftige geschichtliche Ereignisse vorhersagt, die buchstäblich gemeint wären. All dies wird sich durch das gerechte Gericht erfüllen, welches ein Spross aus der Wurzel Isais ausführt, der mit Begriffen beschrieben wird, die der Gegenwart Gottes beim Exodus entlehnt sind (Verse 10-11). Die Prophetie weist somit letztlich auf den göttlichen Sohn Davids voraus, Jesus Christus, der Gott und Mensch zugleich ist, und auf seine unumschränkte Herrschaft im neuen Himmel und auf der neuen Erde.

6. Briefe (Epistel)

Die Briefe bilden die einfachste aller Literaturgattungen, weil sie an Menschen geschrieben wurden, die an genau derselben Stelle der Geschichte stehen wie wir: Christen, die zwischen der Auferstehung und Wiederkunft Jesu leben. Wie nun müssen wir Briefliteratur auslegen?

- Wie immer ist auch hier der Kontext von größter Bedeutung. Diese Briefe sind Schreiben mit bestimmten Anlässen und keine abstrakten theologischen Traktate, die für eine Bibliothek verfasst wurden. Sie wurden von den Aposteln an reale, lebende Christen geschrieben, die vor realen Problemen standen, seien es moralische oder lehrmäßige oder beides.
- Da der Anlass für diese Briefe fast immer ein Problem oder Konflikt ist (oder mehrere), versucht der Autor die Lehre des Evangeliums anzuwenden, um das oder die vorliegende Problem(e) anzugehen. D. h. dass er sich vorwiegend durch logische Argumentation ausdrückt. Deshalb müssen wir sowohl die Argumentationskette als auch ihre Details genau beachten.
- Im Lichte des Werkes Christi verstanden sich die Apostel bewusst als Empfänger und Erfüllung der alttestamentlichen Verheißungen. Somit ist der Kontext der neutestamentlichen Briefe nicht vornehmlich die griechisch-römische Kultur, sondern das Alte Testament!
- Die Briefe sind gewöhnlich direkt anwendbar, doch zuweilen bleibt eine kulturelle und heilsgeschichtliche Diskontinuität. Wir müssen diesbezüglich sensibel sein.
- Ein Beispiel dazu: Epheser 2,11-22. Viele evangelikale Gemeinden wenden diese Stelle typischerweise auf die Versöhnung zwischen den Rassen an. Wenn wir aber darauf achten, worum es sowohl im Brief selbst als auch im weiteren biblischen Kontext geht, stellen wir fest: Paulus spricht zu allererst darüber, dass die Trennung zwischen

Juden und Heiden aufgehoben wurde. Diese Trennung war nicht nur ethnischer, sondern theologischer Natur, denn sie legte die Grenzen des Volkes Gottes fest. Die Aufhebung dieser Trennung in Christus bedeutet, dass Heiden nun nicht mehr generell vom Heil Gottes ausgeschlossen, sondern auch Heiden darin mit eingeschlossen sind. Erst in zweiter Linie kann man diese Stelle darauf anwenden, dass andere Trennungen überwunden werden.

7. Apokalyptik

Zweifellos ist Apokalyptik die faszinierendste, aber auch die schwierigste aller Gattungen. Die ihr am nächsten stehende Gattung, die wir kennen, wäre Science Fiction! Sinn und Zweck der Apokalyptik ist, Gottes Volk inmitten der jetzigen Leiden Hoffnung zu vermitteln. Diese beruht darauf, dass Gott ganz gewiss über alle unsere Feinde in Gegenwart und Zukunft siegen wird. Hierzu bedient sich die Apokalyptik umfangreich bei Bildern der Vergangenheit als auch anderer stilisierter Bildsprache. Es geht darum, eine Gesamtschau der Geschichte zu liefern und zu zeigen, dass diese im Triumph des Reiches Gottes gipfelt. Wie nun müssen wir Apokalyptik auslegen?

- Zwei der wichtigsten Beispiele biblischer Apokalyptik sind Daniel und die Offenbarung. Doch keines der beiden Bücher ist ausschließlich apokalyptisch. Bei Daniel handelt es sich um prophetische Literatur und die Offenbarung ist ein prophetischer Brief.
- Besonders wichtig ist der literarische Kontext. Die biblische Apokalyptik bedient sich besonders alttestamentlicher Bilder (Babylon, Plagen), aber auch eines gattungsübergreifenden Bilderfundus (das Horn, himmlische Leiber usw.).
- Die biblische Apokalyptik liefert ein schematisiertes Bild der Weltgeschichte, das nicht zwingend chronologisch sein muss. Zum Beispiel endet jede Reihe der sieben Plagen in der Offenbarung (Siegel, Posaunen, Schalen) mit dem Ende der Welt. Und doch könnte man diese Reihen leicht für aufeinanderfolgend halten. Wie oft ginge demnach die Welt unter? Tatsächlich aber weisen diese Reihen ein Muster auf. Die Weltgeschichte wird aus verschiedenen Perspektiven rekapituliert, was schließlich in den letzten beiden Kapiteln gipfelt.
- Ohne jetzt detailliert auf die verschiedenen Deutungsansätze zur Offenbarung eingehen zu wollen: Wir alle werden uns einig sein, dass ihre Hauptaussage klar ist: Gottes Volk kann das jetzige Leiden

erdulden, weil es zuversichtlich ist, dass Gott am Ende gewinnt. Und wir wissen, dass er am Ende gewinnt, nicht weil uns dies von einem Propheten offenbart wurde, sondern aufgrund dessen, was Christus bereits in der Vergangenheit durch seinen Tod und seine Auferstehung vollbracht hat.

➠ Ein Beispiel dazu: Die Offenbarung des Löwen von Juda in Offenbarung 5. Johannes hört, wie vom Löwen von Juda die Rede ist – von dem, der die Schriftrolle öffnen und zustande bringen wird, was Gott in der Weltgeschichte zu tun sich vorgenommen hat. Als aber Johannes sich umwendet, um den zu sehen, den er gehört hat, sieht er ein Lamm, das geschlachtet wurde. Hat er sich verhört? Geht es in Wahrheit um zwei verschiedene Personen? Keineswegs! Ganz im Gegenteil; was Johannes sieht, erklärt das, was er gehört hat. Jesus ist würdig, der Löwe zu sein – derjenige, der Gottes Plan ausführt –, gerade weil er sich als Lamm Gottes gedemütigt hat, am Kreuz zu sterben. Jesus ist aller Herrlichkeit und Ehre würdig und fähig, Gottes Buch des Gerichts zu öffnen, und das nicht nur deshalb, weil er zuvor schon ewig als Gott existierte, sondern gerade weil er Gottes Volk mit seinem eigenen Blut erkauft hat. Das Kreuz steht somit im Zentrum der Offenbarung der Herrlichkeit Gottes.

Zusammenfassung

So einfach ist das also; so legt man jeden Teil der Bibel aus! Natürlich ist das nur ein Scherz. Ich hoffe aber, dass Sie verstehen: Eine Bibelstelle auslegen heißt nicht, dass ich ihr einfach willkürlich eine Bedeutung überstülpe, die sie meiner Meinung nach haben sollte. Vielmehr heißt es nicht mehr und nicht weniger, als einen Text genau und sorgfältig in seinem direkten und weiteren Kontext zu verstehen. Den Kontext beachten ist ebenso grundlegend wie beobachten (was steht dort?) und deuten (was bedeutete das für die ursprünglichen Adressaten?). Wir alle brauchen das richtige Werkzeug, um dies gut zu bewerkstelligen; aber durch geduldiges und häufiges Lesen können wir alle dem Text gerecht werden, indem wir ihm entnehmen, was dessen göttliche und menschliche Verfasser ursprünglich meinten, anstatt unsere eigenen Gedanken dort hineinzulesen.

Genau diese Erfahrung habe ich mit meiner Gruppe Sechstklässler gemacht. Mit Geduld und Übung haben sie Schritt für Schritt einige ihrer schlimmsten Angewohnheiten der Auslegung abgelegt. Jetzt sind sie jeden Mittwochmorgen immer eifriger bemüht, das zu erfassen, was der Text des Markusevangeliums eigentlich bedeutet, und darüber nachzudenken, was Markus mit den Worten meinte, zu denen der Heilige Geist ihn inspirierte. Gerade haben wir vergangene Woche Markus 1,40-2,12 studiert, die Heilung des Aussätzigen und des Gelähmten. Ich fragte die Jungen, ob Jesu Dienst zum Ziel hatte, Menschen körperlich zu heilen. Einer der Jungen verneinte dies, und ich fragte ihn warum. Es war schon mehrere Wochen her, dass wir Markus 1,35-39 gelesen hatten, aber er verwies umgehend darauf (Kontext!) und zeigte, dass Jesus nicht gekommen war, um Wunder zu tun, sondern um das Evangelium zu predigen. Ich fragte die Jungen deshalb, warum Jesus überhaupt Aussätzige geheilt hat. Sie waren sich zuerst unsicher; darum dachten wir gemeinsam darüber im gesamtbiblischen Kontext nach. Nachdem wir zuerst geklärt hatten, was genau Aussatz ist (die Jungen sind schließlich erst in der sechsten Klasse), erinnerten sich manche daran, dass man als Aussätziger weder in den Tempel noch nach Hause gehen durfte, sondern von Gott und den Menschen abgeschnitten war.

Dann betrachteten wir die Heilung des Gelähmten. Ich fragte sie, warum Jesus den Mann geheilt hatte. Sie wiesen sofort auf Vers 10 hin und sagten: »Um zu beweisen, dass Jesus Sünden vergeben kann.« An diesem Punkt war es, als wäre ihnen buchstäblich ein Licht aufgegangen. Aussatz war ein Bild für die Sünde. Die Sünde schneidet uns von Gott und den Menschen ab. Als Jesus Aussätzige und Lahme heilte, bewies er damit nicht einfach, wie mächtig er war; er zeigte uns, wozu er gekommen war: nicht um unseren Leib zu heilen, sondern um unser Herz rein zu machen und uns so in die Gemeinschaft mit Gott zurückzubringen.

Wenn Sechstklässler lernen können, die Schrift auszulegen, dann können auch wir das, und dann können das auch die Mitglieder unserer Gemeinden. Wenn wir uns die Zeit nehmen, dies gut zu tun und dies auch andere lehren, dann wird auch für uns das gelten, was Petrus schreibt: »umso fester steht uns nun das prophetische Wort … als Licht, das an einem dunklen Ort scheint, bis der volle Tag anbricht und der Morgenstern in unseren Herzen aufgeht« (2Pet 1,19 MEN).

KAPITEL ZWEI

Werkzeuge der Biblischen Theologie, Teil 1: Bündnisse, Epochen und der Kanon

Nachdem wir über die Kunst und Wissenschaft der Auslegung nachgedacht haben, fragen wir uns: Sind wir nun bereit, den Text zu erforschen und eine biblische Theologie zu erarbeiten – eine Theologie, die sowohl sinngetreu ist als auch die ganze biblische Geschichte unverkürzt wiedergibt? Noch nicht ganz. Es gibt noch zwei weitere »Werkzeugkästen«, die jeder Bibelleser braucht, wenn er alles sinngetreu auf einen gemeinsamen Nenner bringen soll. Wir brauchen nicht nur exegetisches Werkzeug, sondern auch solches für Biblische und Systematische Theologie. In diesem und im nächsten Kapitel werden wir über das Werkzeug für die Biblische Theologie nachdenken und darüber, wie man es anwendet. In den nachfolgenden Kapiteln werden wir dann zum Werkzeug für die Systematische Theologie übergehen. Erst ab diesem Punkt sind wir bereit dazu, eine Theologie aufzubauen.

Einleitung

Ich möchte mit einer Frage beginnen: Warum lesen Sie die Bibel? Es gibt zwar viele Gründe dafür; im Grunde aber lesen wir die Bibel, um Gott kennenzulernen.

Gott kennenzulernen ist gewissermaßen wie irgendwen sonst kennenzulernen. Um Gott kennenzulernen, müssen wir wissen, was ihn erfreut und was ihn erzürnt, was ihm wichtig und was ihm weniger wichtig ist. Wir müssen sein Wesen erkennen, wie er als Person ist und wie er auf verschiedene Situationen reagiert. Dennoch genügt es nicht, allein seine Persönlichkeit und sein Wesen zu erkennen. Wie bei allen anderen Personen müssen wir etwas über seine Geschichte wissen: Was war mit ihm, bevor wir ihn kennenlernten? Wir müssen auch etwas darüber wissen, was seine Pläne sind: Worauf steuert er zu, und welchem Ziel hat er sich verschrieben? Zuletzt möchten wir auch etwas über seine Familie und Freunde erfahren. Schließlich kann man jemanden nur dann richtig kennenlernen, wenn man weiß, mit wem er gerne zusammen ist und wen er wirklich liebt.

Doch bei alledem, wie man Gott auf ähnliche Weise wie einen Menschen kennenlernen kann, gibt es doch einen bedeutenden Unterschied. Wir werden Gott niemals erkennen, solange er nicht die Antworten auf alle diese Fragen offenbart, die ich oben gestellt habe (und noch mehr als diese). Wie ich schon zu Anfang dieses Buches sagte: Wenn Gott sich selbst offenbart, offenbart er dabei auch zwangsläufig, wer wir sind. Solange Gott uns nicht sagt, wer er ist und was er tut, tappen wir im Dunkeln.

Wie sehr unterscheidet sich das doch von unseren heutigen Erfahrungen, wie wir einen anderen Menschen kennenlernen! Fakt ist doch: Ob ich es will oder nicht, Sie können eine ganze Menge über mich erfahren, wenn Sie wissen wie. Sie können Google, Facebook und eine ganze Reihe anderer Internetseiten benutzen, um zu erfahren, was ich tue, wen ich kenne und wo ich gewesen bin. Sie würden das von mir kennenlernen, was man die »Ebene der öffentlichen Wahrnehmung« von Michael Lawrence nennen könnte.

Doch so gut diese Wahrnehmungsebene auch sein mag, so verrät sie Ihnen doch nicht alles, was man über mich wissen kann. Wenn Sie mich besser kennenlernen wollten, könnten Sie nach Washington DC ziehen und sich meiner Gemeinde anschließen. Angefangen bei meinen Predigten, über mein Benehmen auf unseren Mitgliederversammlungen, bis dahin, wie ich mit den Leuten im Flur unseres Gemeindehauses rede: Sie würden dadurch erfahren, was für ein Mensch ich bin. Bin ich gütig oder grob? Geduldig oder nicht? Bin ich eine Frohnatur, ernst oder launisch? All dies könnten Sie erfahren, wenn Sie eine Zeitlang in meiner Gemeinde wären. Wir könnten dies die »Ebene der persönlichen Wahrnehmung« von Michael Lawrence nennen.

Aber wenn Sie mich wirklich kennenlernen wollen, müssten Sie nicht nur Mitglied meiner Gemeinde, sondern zu einem Vertrauten oder zu einem Mitglied meiner Familie werden. Hier werden Sie weit mehr erfahren, als Ihnen lieb ist. Sie werden mich ungeschützte Bemerkungen sagen hören und mich unbedachte Dinge tun sehen. Sie werden erkennen, wie ich bin, bevor ich morgens meine erste Tasse Kaffee getrunken habe, oder wie ich mich benehme, wenn ich mit meinen Kindern herumalbere. Dies ist die »Ebene der privaten Wahrnehmung« von Michael Lawrence, und nur Gott kann noch tiefer gehen.

Ist eine dieser Wahrnehmungsebenen »wahrhaftiger« als die andere? Nein. Sie alle sagen etwas über mich aus. Wir neigen zu der Ansicht, die private Wahrnehmungsebene komme der Realität am nächsten; aber wenn das schon alles wäre, was Sie über mich wissen, würden Sie mich nicht besonders gut kennen. Darüber hinaus sagen Ihnen nicht nur alle drei Wahrnehmungsebenen etwas über mich; sie stehen auch alle in Wechselwirkung zueinander, und jede steuert Informationen zur anderen bei. Wenn Sie dieses Buch lesen, dann wissen Sie jetzt schon etwas über die Ebene, auf der man mich öffentlich wahrnimmt. Wenn Sie aber meine Gemeinde besuchen und dann dieses Buch lesen, werden Sie feststellen, dass es widerspiegelt, welche Prioritäten ich in meinem Dienst setze, und dass es das Ergebnis zahlreicher Predigten ist. Und wenn Sie dieses Buch lesen, nachdem Sie in meinem Haus gewohnt und meine Gemeinde besucht haben, dann werden Sie feststellen, dass die Prioritäten, die ich in meinem Dienst setze, meine Predigten und auch dieses Buch sich daraus ergeben, dass ich morgens vor allem anderen die Bibel studiere.

Wir können Gott nicht mit Google finden. Und seit den Ereignissen von 1. Mose 3 können wir auch nicht mehr im selben Haus mit ihm leben. Das heißt: Wir können Gott auf keiner einzigen dieser Ebenen wahrnehmen, wenn er es uns nicht offenbart. Doch die Schrift lehrt die überaus erstaunliche Tatsache, dass Gott sich in der Bibel selbst offenbart hat. Dabei hat er nicht nur die »Ebene der öffentlichen Wahrnehmung« seiner selbst offenbart, sondern er hat uns seinen Sohn offenbart, Jesus Christus; und Sie können mit Gott nicht vertrauter werden als auf diese Weise.

Wenn wir uns der Bibel zuwenden, wenden wir uns der Selbstoffenbarung Gottes zu. Auf gewisse Weise kann man dies mit den Wahrnehmungsebenen vergleichen, auf denen Sie mich kennen können: Ähnlich muss man auch jede Stelle der Schrift innerhalb vielfältiger Bedeutungsebenen verstehen. Diese Ebenen sind nicht das öffentliche Bild, die Persönlichkeit und das Privatleben, sondern umfassen eine Reihe von Kontexten, die sich immer weiter ausdehnen. Und mit jedem neuen Kontext, mit jeder neuen Ebene, lernen wir immer umfassender, die Bedeutung des Textes zu würdigen und ihn auf unser Leben und unseren Dienst anzuwenden. Dieses Kapitel soll uns helfen, die Bibel im Licht dieser Bedeutungsebenen zu verstehen und dadurch zuletzt die Bibel schriftgemäß zu verstehen.

Die drei Ebenen der Selbstoffenbarung Gottes in der Schrift

Die drei Ebenen der Schrift sind die Textebene, die heilsgeschichtliche Ebene und die kanonische Ebene.[34] Im vorherigen Kapitel ging es tatsächlich allein um die Textebene. Dort versuchten wir die Frage zu beantworten: Wie können wir verstehen, was ein Text in seinem direkten Kontext aussagt? Dies ist möglich, indem wir geduldig und mit Bedacht die Werkzeuge der Exegese benutzen. Aber: einen Text in seinem direkten Kontext zu verstehen wäre ungefähr so, als würde man mich nur auf privater Ebene kennen. Man kommt dem Text nahe und erkennt zahlreiche Details, aber was hat er mit all dem anderen zu tun, was sonst noch geschieht? Hierzu müssen wir einen Schritt zurücktreten und den Text im weiteren Kontext von Heilsgeschichte und Kanon betrachten. Um diese beiden Ebenen zu erörtern müssen wir ein weiteres Thema aus der Einführung aufgreifen: Wir müssen über Bündnisse reden.

Als Gott sich herabließ, sich der Menschheit zu offenbaren und in eine Beziehung zu uns zu treten, strukturierte er diese Beziehung auf eine Weise, die wir als Bund bezeichnen würden. Gott benutzt Bündnisse als außergewöhnliche Methode, um sich auf eine menschliche Kommunikationsebene herab zu begeben. Und wie wir noch sehen werden, müssen wir noch ein paar andere wichtige Konzepte begreifen, wenn wir die biblische Gesamthandlung und alle ihre Teile verstehen wollen.

---

34 Eine hervorragende Einführung und Erörterung hierzu siehe bei Richard Lints, *The Fabric of Theology: A Prolegomenon to Evangelical Theology* (Grand Rapids, MI: Eerdmans, 1993), S. 293-310. Lints baut auf einem früheren Werk von Edmund Clowney auf.

Was ist ein Bund?[35]

Wie wir bereits in der Einführung betrachtet haben, waren internationale Beziehungen im Alten Vorderen Orient von Verträgen zwischen Großkönigen und Vasallenkönigen geprägt, welche in der besonderen Form von Bündnissen formuliert waren. Der Großkönig versprach seinen Schutz und Segen als Gegenleistung für die Loyalität und den Gehorsam des Vasallen. Darüber hinaus hatte der Gehorsam oder Ungehorsam des Vasallenkönigs nicht nur für ihn selbst persönlich Konsequenzen, sondern auch für alle, deren Repräsentant er als ihr Herrscher war.

Hinsichtlich ihrer literarischen Form bediente man sich bei Bundesverträgen im zweiten Jahrtausend v. Chr. einer einheitlichen, normierten Ausdrucksweise. Sie begannen mit einer *Präambel*, die den Großkönig, der den Bund gestiftet hatte, beim Namen nannte. Darauf folgte ein kurzer *historischer Prolog*, der kurz umriss, was der Großkönig bereits für den Vasallenkönig getan hatte. Dieser Prolog bildete die Grundlage für den Gehorsam des Vasallen. Dann wurden die *Bedingungen* des Bundes genannt (was vom Vasallen erwartet wurde), sowohl in einer Zusammenfassung als auch im Detail. Im Anschluss an die Bedingungen enthielten Bündnisse auch oft eine *Dokumentationsklausel*, d. h. ein Abschnitt, der verlangte, dass Kopien des Bundes jeweils in den Tempeln der betreffenden Könige deponiert würden und dass der Vasallenkönig den Bundesvertrag regelmäßig öffentlich verlesen und ihn an seine Söhne weitergeben werde. Als nächstes wurden Zeugen angerufen – gewöhnlich die Götter beider Könige. Zuletzt schloss der Bund mit einer Aufzählung von *Segnungen,* die bei Einhaltung des Bundes eintreten würden, und einer Aufzählung von *Flüchen,* die hereinbrechen sollten, würde der Bund gebrochen. Nachdem der Bundesvertrag niedergeschrieben worden war, musste er durch einen Eid ratifiziert werden, wozu auch ein blutiges Opfer gehörte.

Wie schon gesagt, benutzte Gott diese Struktur, um sich als *der* Großkönig schlechthin zu offenbaren und um sein Volk zu lehren,

---

35 Der gesamte folgende Abschnitt, besonders die ersten beiden Absätze, wurde zum großen Teil übernommen aus Meredith Kline, *Treaty of the Great King* (Grand Rapids, MI: Eerdmans, 1965). Eine neuere und leichter erhältliche Abhandlung zum Thema findet man bei O. Palmer Robertson, *The Christ of the Covenants* (Phillipsburg, NJ: P&R, 1980), S. 167-170.

dass sie seine Mitregenten oder Vasallenkönige des gewaltigen Königs des Himmels sind. Tatsächlich erkennt man im Wortlaut der Zehn Gebote bereits die Hälfte dieser Bündnisstruktur in zusammengefasster Form:

2. Mose 20,2-17

Präambel:	2 Ich bin der HERR, dein Gott,
Historischer Prolog:	der ich dich aus dem Land Ägypten, aus dem Sklavenhaus herausgeführt habe.
Bedingungen:	3 Du sollst keine andern Götter haben neben mir.
	4 Du sollst dir kein Götterbild machen …
	7 Du sollst den Namen des HERRN, deines Gottes, nicht missbrauchen …
	8 Denke an den Sabbattag, um ihn heilig zu halten …
	12 Du sollst deinen Vater und deine Mutter ehren …
	13 Du sollst nicht töten.
	14 Du sollst nicht ehebrechen.
	15 Du sollst nicht stehlen.
	16 Du sollst gegen deinen Nächsten nicht als falscher Zeuge aussagen.
	17 Du sollst nicht begehren …

In 2. Mose 21-23 werden die Bedingungen dann noch detaillierter formuliert. Anschließend wird in 2. Mose 24,1-11 der Bundesvertrag öffentlich verlesen, wobei Gott und das Volk als Zeugen dienen. 2. Mose 25,21 sagt, dass der Bundesvertrag in der Bundeslade im Allerheiligsten aufbewahrt werden soll, das zugleich Gottes Thronsaal und Israels Tempel ist. Wo bleiben Segen und Fluch? Nun, Israel bricht allen Ernstes den Bund, noch bevor sie überhaupt die Möglichkeit haben, Segen und Fluch zu nennen. Wir erfahren sie erst in 5. Mose 27 und 28.

Der mosaische Bund ist nicht die einzige Stelle, an der wir diese Bündnisstruktur erkennen können. Ich habe mir aber die Zeit genommen, dieses Beispiel zu entfalten, damit Sie sehen können, dass dieser Bund mehr ist als nur ein »Vertrag« oder »Versprechen« in dem Sinne, wie wir dies heute verstehen. Vielmehr handelt es sich um einen Bund, der eine allumfassende Beziehung aufrichtet. Ein Bund ist mehr als ein Kreditvertrag oder ein Militärbündnis. Er beansprucht die vollkommene Loyalität und Untertanentreue des Bundespartners. Die Legitimation dazu drückt der Bund durch seine Struktur aus, die nachfolgend Bedingungen, Segen und Fluch nennt. Darüber hinaus ist er generationsübergreifend. Als Israel in den Bund eintrat, tat das Volk dies auch für die damals noch künftigen Generationen.

Ein Bund wurde aber nicht nur schriftlich formuliert, er wurde auch »geschnitten«. Der alttestamentliche Ausdruck für einen Bundesschluss lautet wortwörtlich »einen Bund schneiden«. Dies deshalb, weil Bündnisse fast immer blutige Opfer einschlossen, die den Bund sowohl symbolisierten als auch besiegelten. In 2. Mose 24 opferte Mose junge Stiere, nahm ihr Blut und sprengte dieses als »das Blut des Bundes« auf den Altar wie auch auf das Volk. Im Alten Vorderen Orient wurden nicht nur Tiere geopfert, man zerteilte sie auch mitten entzwei, oder steckte dem geopferten Tier eines seiner Beine in den Hals, um allen bildhaft klarzumachen, was mit dem Vasallen und seinem Volk geschähe, sollten sie den Bund brechen. Wie Palmer Robertson treffend sagt, ist ein Bund nicht nur ein Abkommen; er ist ein Abkommen, das mit Blut geschlossen wird,[36] eine Verpflichtung zu Loyalität und Untertanentreue, für die der Mittler des Bundes, der Vasallenkönig, mit seinem Leben einstehen musste. Natürlich starb er nicht selbst, um den Bund zu sichern, sondern an seiner Stelle standen die geopferten und zerteilten Tiere. Vielleicht erkennen Sie schon, wie wichtig dies ist, um nicht nur 2. Mose 20 zu verstehen, sondern auch Markus 14 und Hebräer 9.

Zwei Arten von Bündnissen

Wenn die grundlegende Struktur eines Bundes in der Bibel so aussieht, dann muss ich eine wichtige Variante beschreiben. Manchmal entschloss sich ein Großkönig aus lauter Großherzigkeit, einen Bund ohne Bedingungen zu schließen. In diesem Bund gab es keine Bedingungen oder Verpflichtungen, die der Vasall einzuhalten hatte, kein »gehorche, und ich segne dich; sei ungehorsam, und ich werde dich verfluchen«. Stattdessen setzte der Großkönig einfach sich selbst, sein Wort und seine Eigenmittel als Garantie für den Bundessegen ein. Im Gegensatz zum Standardbund der Werke ist diese Art von Bund das, was man einen Bund der Gnade nennt.

36 Robertson, *The Christ of the Covenants*, S. 7ff.

Im Alten Vorderen Orient kann man solche Bündnisse der Gnade dort finden, wo ein Großkönig einem Kriegshelden oder einem treuen Diener ein unveräußerliches Erbe garantiert. Diese Art von Bund findet man auch im Alten Testament. 1. Mose 15,9-21 ist vielleicht das beste Beispiel dafür. Dort verheißt Gott Abraham ein Erbe; und um alles zu bekräftigen, besiegelte Gott seine Verheißung mit einem Eid. Tiere wurden entzwei geschnitten, und einer der beiden Bundesgenossen ging mitten durch sie hindurch. Doch es ist nicht Abraham, sondern Gott, der dies tut. Damit sagt Gott praktisch: Was diesen Tieren geschehen ist, soll mir geschehen, sollte ich mein Versprechen an Abraham brechen. Was muss Abraham im Gegenzug tun? Nichts, außer weiter an Gott zu glauben.

Es gibt also zwei Arten von Bündnissen: Bündnisse der Werke und Bündnisse der Gnade.[37] Beide folgen demselben Muster, aber der entscheidende Unterschied liegt darin, wer den Eid leistet und dadurch im Falle des Bundesbruchs die Flüche auf sich nimmt. Wie wir noch sehen werden, ist dieser Unterschied der Unterschied zwischen Errettung und Verdammnis, zwischen Himmel und Hölle. Wir alle verdienen es, die Folgen dafür zu tragen, dass wir einen Bund mit Gott gebrochen haben. Jesus aber erlitt diese Folgen für uns – wenn wir wie Abraham Buße tun und an Gottes Verheißung glauben.

Die Bündnisse der Schrift

Ich nannte bereits den Bund, den wir in 2. Mose 20 sehen, und wies darauf hin, dass Jesus den Neuen Bund mit seinem eigenen Blut schloss. Doch diese beiden Bündnisse sind nicht die einzigen Bünd-

37 Ich bin mir natürlich bewusst, dass der Kontext eines jeden einzelnen Bundes weit komplexer ist als diese simple binäre Einteilung, die ich hier nenne. Diese Komplexität ergibt sich daraus, dass jeder Bund zwischen Gott und Menschen einschließt, dass Gott sich gnädig herablässt und dass zuvor die Initiative von seiner Seite ausging. Gottes Gnade verändert uns auch und definiert uns neu; dadurch legt sie auch den Empfängern der Gnade neue Pflichten und Erwartungen auf. Nichts desto weniger hilft uns diese Unterscheidung bei all ihrer Unzulänglichkeit, die einseitige Natur der Erlösung in Worte zu fassen: Es ist Gott allein in der Person des fleischgewordenen Sohnes, der die Bedingungen des Bundes der Werke einhält und dessen Fluch auf sich nimmt. Der Lohn, den er dadurch erwirbt, ist eine erlöste Menschheit, die allein aus Gnade gerettet wird.

nisse in der Schrift. Tatsächlich sind Bündnisse ein recht hervorstechendes Merkmal der ganzen Bibel. Ich möchte die sieben wichtigsten Beispiele für Bündnisse in der Bibel kurz darstellen. Einige ihrer entscheidenden Merkmale fasse ich in der Tabelle auf Seite 74 kurz zusammen. Diese Bündnisse bilden einen Rahmen der gesamten Erzählung. Das Wort »Bund« wird dabei nicht jedes Mal ausdrücklich genannt, aber ich folge einer alten hermeneutischen Regel: Wenn etwas wie eine Ente aussieht und wie eine Ente quakt, dann ist es wahrscheinlich eine Ente.

Der Bund der Schöpfung

Dies ist der erste Bund, den Gott schloss, und zwar mit Adam in 1. Mose 2,15-17. Wie Römer 5 erklärt, trat Adam als Stellvertreter der gesamten Menschheit in diesen Bund ein; sein Fluch würde über uns alle kommen. Sein Segen war implizit die Verheißung ewigen, sündlosen Lebens. Der Fluch war der Tod. Die Bedingung lautete, nicht vom Baum der Erkenntnis des Guten und des Bösen zu essen sowie den Garten Eden zu bebauen und zu bewahren. In 1. Mose 3 wurde Adams und Evas Loyalität gegenüber Gott geprüft. Sie versagten und brachen die Bundesbedingungen. Der Fluch folgte auf dem Fuß und wirkt seitdem weiter fort – im Laufe der ganzen Menschheitsgeschichte sowie im Leben eines jeden einzelnen von uns.

Der Bund der Erlösung

Dies ist ein innertrinitarischer Bund, in dem der Vater, der Sohn und der Heilige Geist übereinkamen, ein Volk zu erlösen. Dieser Bund ist in 1. Mose 3,15 inbegriffen; andere alt- und neutestamentliche Stellen verweisen darauf (vgl. Jesaja 49, Psalm 2, Psalm 110, Johannes 5 und Offenbarung 5). Interessant an 1. Mose 3,15 (wie auch ein Hinweis darauf, dass hinter diesen Worten ein Bund steht) ist dies: Inmitten des Fluchs über die Schlange legt Gott sich selbst Verpflichtungen auf und gibt Verheißungen. Dieser Bund wird zur Grundlage des Bundes der Gnade in all seinen verschiedenen Erscheinungsformen. Im weiteren Verlauf der Schrift gewinnt er immer mehr an Profil.

Der Bund mit Noah

Dieser Bund wird in 1. Mose 9,8-17 mit Noah und allen Lebewesen geschlossen. Er ist ein Gnadenbund, weil Gott darin einseitig eine

Verheißung gibt. Er ist ein Bund allgemeiner Gnade, weil er allen Menschen gilt, ob sie an Gott glauben oder nicht. Der Zweck dieses Bundes ist, den Weg für die nachfolgende Heilsgeschichte zu bereiten. Das Gericht wird aufgeschoben, bis das Erlösungswerk im vollen Umfang ausgeführt ist. Das Zeichen dieses Bundes ist daher recht angemessen: der Regenbogen ist ein Symbol für Gottes Kriegsbogen; dieser ruht bis auf Weiteres.

Der Bund mit Abraham

Von diesem Bund berichtet 1. Mose 15,1-21. Dort wird Gottes ursprünglicher Plan für Adam wieder aufgegriffen: Gott will ein Volk schaffen, das als sein stellvertretender Herrscher und als sein Ebenbild auf Erden seine Herrlichkeit widerspiegelt. Allerdings wird der Bund nicht mit allen Menschen geschlossen, sondern allein mit Abraham und seinem Samen. Gott fordert zwar Gehorsam von Abraham, aber grundsätzlich handelt es sich um einen Gnadenbund. Gott verheißt Abraham ein Volk, ein Land unter Gottes guter Herrschaft und dass der Segen dieses Bundes letzten Endes die ganze Erde erfüllen wird. Das Zeichen des Bundes, die Beschneidung, wird in 1. Mose 17 verordnet.[38]

Der mosaische Bund

Dieser Bund wird in 2. Mose 20-25 eingeführt und im 5. Buch Mose wiederholt. Er gründet auf den Bund mit Abraham, indem er detailliert ausführt, wie Gottes stellvertretendes Herrschervolk aussehen sollen: Es bildet ein heiliges Königtum, das – im Gegensatz zum Samen der Schlange – der Welt gerade dadurch zum Segen wird, dass es anders ist (5Mo 4,5-8; vgl. 2Mo 19,4-6). Allerdings ist dieser Bund – anders als der Bund mit Abraham – ein Bund der Werke. Die Nachfolger Moses, die Richter, sind die beständigen Mittler des Bundes. Obwohl das Zeichen der Beschneidung weiter Bestand hat, erklärt Gott in 2. Mose 31,12-18 den Sabbat zum gemeinsamen Zeichen dieses Bundes. Der Segen dieses Bundes bestand im dauerhaften Besitz des Verheißenen Landes; der Fluch des Bundes war das Exil.

---

38 Unter Gelehrten gehen die Meinungen darüber auseinander, ob es sich hier um zwei verschiedene Bündnisse handelt oder nicht.

Der Bund mit David
Dieser Bund wird in 2. Samuel 7 aufgerichtet und macht insbesondere den König dafür verantwortlich, der Pflicht des Volkes nachzukommen, Gottes Herrlichkeit widerzuspiegeln. Er steht nun für das Volk als Ganzes und wird daher »Sohn Gottes« genannt – ebenso wie Israel beim Auszug aus Ägypten und Adam am Anfang der Welt. Die stellvertretende Herrschaft bündelt sich erneut in einer einzigen Person. Diese ist berufen, den mosaischen Bund zu erfüllen (5Mo 17,18-20), und der Bund mit David droht ihm Züchtigung an, wenn er dem nicht nachkommt (2Sam 7,14). Dennoch bleibt der Bund weiterhin ein einseitiger Gnadenbund, da Gott selbst garantiert, dass stets ein Nachkomme Davids auf dem Thron Israels regieren wird. Das Zeichen des Bundes ist die Geburt eines Sohnes.

Der Neue Bund
Dieser abschließende Gnadenbund wird in Jeremia 31,27-34 und Hesekiel 36,24-28 verheißen (vergl. 5Mo 30,6-8). Er wird weder erfüllt noch errichtet, bevor Christus kommt, der die verschiedenen Stränge der vorherigen Bündnisse aufgreift und erfüllt. Er ist das vollkommene Ebenbild Gottes (Kolosser 1), der verheißene Same (Galater 3), der wahre Sohn (Matthäus 3) und der messianische König (Matthäus 21).

Die Propheten stellen diesen Bund ausdrücklich in Gegensatz zum alten mosaischen Bund. Anders als der Alte Bund wird der Neue Bund nicht gebrochen. Dies ist der Bund, von dem Jesus in Matthäus 26,27-30 erklärt, dass er ihn aufrichtet, indem er sein Blut am Kreuz vergießt. Tatsächlich ist Jesus der Mittler dieses Bundes, indem er vor Gott als unser Repräsentant und Stellvertreter steht (Römer 5). Er garantiert den Bund, indem er den Fluch von 1. Mose 3 und den des mosaischen Bundes durch seinen Tod am Kreuz auf sich nimmt (Gal 3,13). Diejenigen, die an Christus glauben, stehen daher nicht mehr unter dem Fluch des Alten Bundes, sondern sind befreit, um sich des Segens der Vergebung und der Versöhnung mit Gott zu erfreuen. Dementsprechend ist die Taufe das Zeichen für das neue Leben, das dieser Bund gibt (Römer 6).

Diese Bündnisse zu studieren, bedeutet Gottes Offenbarung darüber zu studieren, in welcher Beziehung zu seinem Volk er im Laufe der Geschichte steht. Wenn wir das begreifen, erkennen wir auch so-

Eine Übersicht der wichtigsten Bündnisse in der Bibel

Name	Typ	Segen	Fluch	Zeichen	Text
Schöpfung	Werke	ewiges sündloses Leben	geistlicher und leiblicher Tod	der Baum des Lebens (?)	1Mo 2,15-17
Erlösung	Werke (innertrinitarisch)	Erlösung des Samens der Frau	Gericht über den Samen der Schlange	Feindschaft zwischen beiden	1Mo 3,15
Noah	Gnade	Aufschub des Gerichts	keiner	der Regenbogen	1Mo 9,8-17
Abraham	Gnade	ein Land und Volk unter Gottes Herrschaft, Segen für die Völker	keiner	die Beschneidung	1Mo 15, 17
Mose	Werke	Besitz des Landes	Exil	der Sabbat	2Mo 20ff.
David	Gnade	ein ewiges Königreich	keiner	ein Sohn	2Sam 7
Neuer Bund	Gnade	Vergebung und ewiges Leben im Königreich Gottes	keiner	die Taufe	Jer 31,27-34; Mt 26,27-30

fort, wie überaus wichtig das Verhältnis dieser verschiedenen Bündnisse dafür ist, den Inhalt der Bibel zu verstehen. Wir erkennen auch, dass es wichtig ist zu verstehen, zu welchem Bund wir als neutestamentliche Gläubige gehören und zu welchem Bund ein Bibeltext zuzuordnen ist, den wir gerade lesen. Sonst riskieren wir, die Stellung, in der wir uns in unserem Bund befinden, in unangemessener Weise in einen Text hineinzulesen oder umgekehrt eine Ordnung aus einem früheren Bund auf uns anzuwenden.

Nachdem wir uns mit Bündnissen befasst haben, können wir uns nun abschließend wieder den drei Ebenen der Selbstoffenbarung Gottes in der Schrift zuwenden, womit wir dieses Kapitel begonnen haben. Wie ich schon gesagt, behandelte Kapitel 1 die erste Ebene, d. i. die Textebene. Es gibt eine weitere Ebene, nämlich die der heilsgeschichtlichen Epochen; diese ist weithin durch Bündnisse geprägt. Im Verlauf der Entfaltung der biblischen Botschaft erkennen wir: Gott ändert seine Bundesordnungen an Wendepunkten der Heilsgeschichte; er ändert auch sein Verhalten gegenüber seinem Volk, wenn die Heilsgeschichte von einer Bundesepoche in eine andere übergeht.

Die Epochen

Bis hierher haben wir Texte in ihrem direkten Zusammenhang betrachtet. Zum Beispiel kann man die Geschichte des Bundes Gottes mit Abraham in 1. Mose 15 ausschließlich in Bezug darauf verstehen und deuten, wie Gott gegenüber Abraham handelt. Wenn wir aber nochmals ein wenig darüber nachdenken, erkennen wir: Die Berufung Abrahams und der Bund, den Gott mit ihm schließt, bilden einen Wendepunkt dieser Geschichte; alles weitere baut darauf auf. Die gesamte Erzählung von 1. Mose 12 bis 2. Mose 2 dreht sich darum, dass wir verstehen, wie Gott seiner Verheißung an Abraham treu bleibt. Dann aber bricht in 2. Mose 2 mit der Geburt Moses eine neue Epoche an. Gottes Volk ist jetzt eine Nation, die durch die Ereignisse beim Auszug aus Ägypten definiert wird, und ihre Beziehung zu Gott wird auf eine neue Grundlage gestellt. Diese Beziehung wird im mosaischen Bund umrissen. Der Bund mit Abraham ist weder vergangen noch widerrufen, wie Paulus später in Galater 3 zeigt; aber hier geschieht etwas Neues, und bei den nachfolgenden Teilen der Geschichte muss man berücksichtigen, dass der sich entfaltende Heilsplan Gottes jetzt in eine neue Epoche übergegangen ist.

Wenn ich auf verschiedene Epochen hinweise, die durch verschiedene Bündnisse mit verschiedenen Bedingungen definiert werden, will ich damit nicht wie manche Dispensationalisten der alten Schule behaupten, Gott hätte Menschen zu verschiedenen Zeiten auf unterschiedliche Weise gerettet. Nichts könnte weiter von der Wahrheit entfernt sein als das. Gott ändert sich nicht, und ebenso wenig ändern sich seine Heilsverheißungen. Jeder, der gerettet ist, ist durch den Glauben an die Gnadenverheißungen Gottes gerettet, so weit wie sie ihm bis zu diesem Zeitpunkt der Geschichte offenbart wurden. Und alle diese Verheißungen werden in Tod und Auferstehung Jesu Christi erfüllt (2Kor 1,20). Allerdings will ich damit sagen, dass die Art und Weise, wie Gott dieses Heil offenbart, sich entwickelt – so wie ein Samenkorn zu einem Baum heranwächst. Und es ist entscheidend für die Auslegung eines Bibelabschnitts, dass man erkennt, zu welchem Zeitpunkt in jener Entwicklung dieser Text gehört.

Zum Beispiel verbietet 3. Mose 17, außerhalb des Zeltes der Begegnung Opfer darzubringen. Man durfte nicht einfach irgendwo anders opfern. Hingegen berichtet uns das 1. Buch Mose, dass Abraham einen Altar baute und darauf opferte, wohin auch immer er kam. Brach also Abraham das Gesetz von 3. Mose 17? Und nebenbei bemerkt, wo bringen wir heutzutage unsere Opfergaben dar?

Sie sehen, worauf ich hinaus will. Wollen wir die Einschränkung von 3. Mose 17 richtig verstehen wie auch die Freiheit Abrahams und die noch größere Freiheit des Christen, dann müssen wir jede Schriftstelle in ihrem heilsgeschichtlichen Kontext verstehen. Abraham war ein Fremder und ohne Bürgerrecht in Kanaan; er hatte das Verheißene Land noch nicht empfangen. Jedes Mal, wenn er einen Altar baute, gab er damit seiner Hoffnung Ausdruck: Dies ist Gottes Land! Israel hingegen nahm ein Land in Besitz, das voller lokaler Altäre aller nur vorstellbaren Götzen war. Gott wollte jedem Israeliten klarmachen, dass sie ein einziges Volk mit nur einem einzigen Gott waren. Darüber hinaus hatte dieser einzige Gott geoffenbart, wie, wann und wo genau er angebetet werden wollte. Der öffentliche Gottesdienst sollte somit eine Handlung sein, die das Volk als Nation von Priestern in eins versammeln sollte. Andernfalls wäre es zersplittert und zerstreut und hätte Gott dort angebetet, wo es ihnen recht schiene. Als Christen bringen wir überhaupt keine Schlachtopfer mehr dar, denn Christus ist das vollkommene und endgültige Opfer, das ein für alle Mal dargebracht wurde (Hebräer 10).

Es ist wichtig, um welche Epoche es jeweils geht. Es ist wichtig, um den Text richtig auszulegen; es ist noch weit wichtiger, um ihn richtig anzuwenden.

Die Einteilung der Epochen

Wie sollen wir feststellen, wo eine Epoche endet und eine andere beginnt? Wie bereits gesagt, dienen die Bündnisse als Wegmarken, aber wir haben noch mehr Anhaltspunkte. Die Verfasser der Bibel liefern uns die Unterscheidungshilfen. Der deutlichste Einschnitt verläuft zwischen dem Alten und dem Neuen Testament. In Römer 5 teilt Paulus die Zeit in die vor und nach der Gesetzgebung durch Mose ein wie auch in die Zeit vor und nach dem Sündenfall. In Galater 3 beschreibt er die Epoche des mosaischen Gesetzes als Zeit unter einem »Zuchtmeister«: sie diente zur Vorbereitung der Menschheit auf das Heil, brachte dieses Heil als solches aber noch nicht. Petrus betont in 2. Petrus 3,6-7, dass die Sintflut einen der bedeutendsten Einschnitte der Weltgeschichte darstellt und fährt dann fort, von der Vorfreude auf eine weitere, neue Welt zu sprechen, die noch kommen wird. In Apostelgeschichte 7 teilt Stephanus die Geschichte in die Epochen der Patriarchen, Moses und der Könige ein. In Jesaja 63-64 stellt Jesaja die Zeit Abrahams und Moses der Zeit des Exils gegenüber und schließt mit dem Gebet um ein weiteres Ereignis wie das am Sinai, bei dem Gott den Himmel aufreißt und herabkommt, um sein Volk zu erlösen.

Wir müssen aber nicht nur die Unterschiede verstehen, sondern auch die Hauptthemen und -belange der jeweiligen Epoche beachten. In der Epoche der Patriarchen geht es sehr oft um den Glauben an die Verheißungen Gottes. Andererseits liegt in der Epoche des mosaischen Bundes – ohne dass dadurch der Glaube hinfällig würde – die Betonung weit deutlicher darauf, dass Gottes Volk heilig ist und sich als solches von der Welt unterscheiden soll. Das Gesetz begründet auch das Thema Gericht. Die Zeit der Könige führt diese Themen fort, fügt ihnen aber ein weiteres hinzu: den messianischen König, den Sachwalter und Stellvertreter des Volkes. Er wird so sehr mit dem Volk identifiziert, dass es keine Übertreibung ist zu sagen: wie der König, so das Volk.

Wollen wir also zusammenfassen, was wir bislang abgedeckt haben: Wenn wir einen Bibeltext recht verstehen wollen, müssen wir mittels der grammatisch-historischen Methode verstehen, was seine Worte, Sätze und Abschnitte bedeuten. Nachdem dies geschehen ist, müssen wir die Frage stellen: Unter welchem Bund oder welchen Bündnissen steht das Volk Gottes zu diesem Zeitpunkt? Die Antwort auf diese Frage wird uns helfen zu verstehen, zu welcher Epoche dieser Text gehört. Erst von hier an werden wir verstehen, wie der Text zu jener Zeit in die bis dahin geschehene Selbstoffenbarung Gottes passt und wie er dem Glauben und Gehorsam des Volkes Gottes diente.

Der Kanon

Es gibt noch eine weitere Ebene, die wir berücksichtigen müssen, wenn wir einen Text in seinem vollumfänglichen Kontext verstehen wollen: seine Stellung im Kanon. Von Mose bis Johannes sind alle Verfasser der Bibel davon überzeugt, dass Gott treu ist. Er gibt in einer Epoche Verheißungen und erfüllt sie in einer anderen. Die Erfüllung kann anders aussehen als Menschen erwarten, aber grundsätzlich zieht sich durch die gesamte Geschichte eine Kontinuität, weil Gott sein Wort erfüllt.

Im Rahmen dieser letzten Auslegungsebene lautet die Aufgabe: Wie ist ein Text in diesem abschließenden Kontext zu verstehen, und wie passt alles zusammen? Wenden wir uns wieder 1. Mose 15 und dem Bund mit Abraham zu. Im Rahmen der Textebene fragen wir uns zum Beispiel: Was bedeutet es, dass Tiere entzwei geschnitten werden, und was heißt das für Abraham? Oder wir fragen uns aus heilsgeschichtlicher Sicht: Wie wurde diese Verheißung im Leben Isaaks, Jakobs und Josefs erfüllt, und wie hängt sie damit zusammen, dass der Patriarch mit seiner Familie nach Ägypten zog und schließlich damit, dass Israel von dort wieder auszog? Aus dem Blickwinkel des Kanons fragen wir uns beispielsweise: In welcher Beziehung steht diese Verheißung zum Neuen Bund, der durch das Blut Christi geschlossen wurde? In welchem Sinn sind die Christen der Same Abrahams und somit Teilhaber dieser Verheißung? Sollten wir erwarten, das Land Kanaan zu erobern, oder zeigt die spätere Offenbarung, dass die Verheißungen von Land und Ruhe auf andere Weise in Christus erfüllt werden?

Wenn wir die Schrift richtig auf uns anwenden wollen – besonders das Alte Testament und die Evangelien –, dann müssen wir die kanonische Perspektive beachten. Schließlich leben wir nicht nur in der Epoche des Neuen Bundes im Gegensatz zu der des Alten Bundes, sondern wir sehen das Kreuz auch von der Seite der Auferstehung her. Warum ist dieser Unterschied bedeutsam? Denken Sie zum Beispiel nur an Lukas 17,14, wo Jesus zu den zehn vom Aussatz Geheilten sagt: »Geht hin und zeigt euch den Priestern!« Egal wie wir darüber denken, ob Wunderheilungen auch heute noch geschehen: Wir können diesen Text nicht direkt auf uns anwenden – aus dem einfachen Grund, dass wir anders als Jesus und jene Männer nicht mehr unter dem mosaischen Gesetz leben, das für den Aussatz galt.

Die kanonische Perspektive bedeutet aber auch, dass wir Jesus und das übrige Neue Testament keineswegs verstehen können, es sei denn im Licht des Alten Testaments. Mehrfach wird Jesus als zweiter Adam (Römer 5), als zweiter Mose (Markus 6; Johannes 5), als zweiter David (Matthäus 12) und als zweiter Salomo dargestellt (Lukas 11). Das Heil, das er bringt, wird als zweiter Exodus dargestellt (Hebräer 12) und als Rückkehr aus dem Exil (Lukas 4); die Gemeinde wird als lebendiger Tempel (1. Petrus 2) und als das Israel Gottes beschrieben (Galater 6). Wie sollen wir diese neutestamentlichen Texte verstehen und anwenden, wenn wir uns noch nicht mit dem gesamtkanonischen Kontext auseinandergesetzt und die Gesamthandlung verstanden haben? Ebenso wäre auch das ganze Alte Testament – wenn wir diesen größeren Kontext nicht erfassen – lediglich eine chronologische Abfolge, die zu Jesus führt. Wenn Sie so etwas mögen, mag das interessante Geschichtsschreibung sein, aber ansonsten wäre es größtenteils irrelevant. Wenn Sie jedoch das Alte Testament aus kanonischer Sicht lesen, beginnen Sie zu verstehen, dass jede Seite des Alten Testaments mit Jesus zu tun hat.

Zusammenfassung

Ich möchte mit einer kurzen Präsentation schließen, wie diese drei Ebenen zusammenlaufen. Schauen wir uns dazu einen Text aus der Schrift an; wir wollen Psalm 18 als Beispiel nehmen. Bitte schlagen

Sie diesen Psalm jetzt am besten in Ihrer Bibel auf, um meinen Ausführungen folgen zu können.

Der Psalm beschreibt Davids Not und wie Gott ihn daraus gerettet hat. Er beginnt mit einer Zusammenfassung dieses Themas und schildert dann Davids Todeskampf und Gottes Heilshandeln. Im weiteren Verlauf des Psalms sinnt David dann darüber nach, warum Gott ihn gerettet hat, was dies über Gottes Wesen offenbart und wie Gott ihn als König erhöht hat – all dies, um Gott für seine Bundestreue zu preisen.

Auf der Textebene fällt uns sofort die lebhafte Bildsprache auf. David wurde überwältigt wie ein Mann, den eine Sturzflut überrascht; Gott aber erwies sich als treu. Die Verse 5 und 6 liefern ein schönes Beispiel für den hebräischen Parallelismus und heben hervor, in welch äußerster Not David war und wie groß daher das Heilshandeln Gottes war. Auf dieser Ebene ist Psalm 18 ein persönliches Danklied für die Errettung vor Feinden und dafür, dass seine Berufung zum König nun erfolgreich in die Tat umgesetzt wurde. Würden wir hier die Lektüre beenden, könnten wir als Christen auf die Idee kommen, diesen Psalm zu verwenden, um Gott unseren Dank dafür auszudrücken, wenn er uns durch Prüfungen getragen hat. Wie wir noch sehen werden, ist diese Anwendung zwar nicht völlig unangemessen, aber offen gesagt verfehlt sie die Hauptaussage des Psalms und damit auch seine Hauptanwendung.

Auf heilsgeschichtlicher Ebene können wir unmöglich übersehen, dass David in den Versen 7 bis 20 eine Bildsprache verwendet, die der Gotteserscheinung am Berg Sinai sowie anderen Ereignissen beim Exodus und der Eroberung Kanaans entlehnt ist. Dies erscheint ein wenig pompös und übertrieben poetisch, wenn wir nicht bedenken, dass der König von Israel zur Zeit der Monarchie das Volk repräsentierte. Hier aber spricht David von seiner Beziehung zu Gott in dieser Hinsicht und nicht lediglich als Privatperson in Israel. Dies hilft uns auch zu verstehen, warum er in den Versen 21 bis 30 von Bundestreue spricht. David behauptet nicht, er wäre sündlos, sondern dass er um des Volkes willen den Bund treu gehalten hat. Auch sein Triumph über seine Feinde (V. 38-43) wird eindeutig nach dem Muster des heiligen Krieges formuliert, wie es im Buch Josua vorliegt. Darum sei nochmals gesagt: Bei dem, was wir hier hören, geht es nicht um persönliche Rachsucht, sondern um Bundestreue. Zuletzt weisen die

Verse 44ff weit über den Kontext des mosaischen Bundes hinaus auf den davidischen Bund von 2. Samuel 7 hin. David jubelt nicht aus persönlichem Hochmut darüber, dass sein Thron aufgerichtet wurde, sondern um die Treue Gottes zu rühmen, der seine Verheißungen erfüllt. Somit ist dieser Psalm weit entfernt davon, nur ein persönliches Danklied zu sein; vielmehr ist er ein Zeugnis der Bundestreue Gottes, der nach wie vor sein Volk rettet, wie er es beim Exodus tat, indem er seinem Gesalbten Recht verschafft.

Auf der kanonischen Ebene erkennen wir, dass dieser Psalm letzten Endes in Jesus Christus erfüllt ist, dem gesalbten König, der die Fesseln des Todes nicht bloß bildlich, sondern buchstäblich erfuhr. Und er war nicht nur gegenüber dem mosaischen Bund treu, sondern auch gegenüber dem Bund Gottes mit Adam. Psalm 18 erfüllt sich im umfassendsten Sinne, wenn er von den Lippen Jesu kommt: Er kam buchstäblich als Gott vom Himmel herab, um sein Volk zu retten, hat diese Errettung aber erstaunlicherweise dadurch vollbracht, dass er die Schmerzen des Todes erlitt, den wir verdient haben. Doch wie David vor ihm, dessen Vorbild er sowohl erfüllt als auch übertrifft, wird Jesus von Gott gerechtfertigt, indem er ihn von den Toten auferweckt und über all seine Feinde triumphieren lässt. Er wurde für immer zum König über alle Völker ausgerufen, und der Tag ist nahe, an dem sich jedes Knie vor ihm beugen und jede Zunge bekennen wird, »dass Jesus Christus Herr ist, zur Ehre Gottes, des Vaters« (Phil 2,10-11). Letztlich ist Psalm 18 mehr als nur Davids persönliches Loblied oder Israels nationales Danklied. Er ist eine prophetische Beschreibung dessen, dass Gott seinen Sohn rechtfertigen wird, und eine prophetische Verheißung, dass er auf immer und ewig über die Völker herrschen wird. Mit anderen Worten: Psalm 18 ist ein Psalm, durch den wir Jesus erkennen, unseren Retter und König.

Wendet man diesen Psalm auf den christlichen Verkündiungsdienst an, dann gehört zu seinem Nutzen sicherlich, dass er den Gläubigen auffordert, Gott dafür zu danken, wenn er uns aus unseren persönlichen irdischen Versuchungen rettet. Wenn wir ihn aber im Licht des gesamtbiblischen Kanons verstehen, können wir nicht bei einer solch engen, selbstzentrierten Anwendung stehen bleiben. Vielmehr lenkt er unseren Blick von uns selbst weg auf Jesus hin, auf das, was er am Kreuz erlitt und darauf, dass er durch die Auferstehung Rettung erfuhr. Wir erkennen auch, dass sein Leiden und seine Rettung nicht nur zur Vergebung unserer Sünden dienten, sondern auch dazu, dass er die Königsherrschaft erlangte.

Erst nachdem wir dies erkannt haben, dürfen wir den Blick wieder auf uns richten. Doch jetzt sehen wir uns in einem anderen Licht, denn wir wurden daran erinnert, dass alle Nöte, die wir in diesem Erdenleben je erfahren mögen, im Vergleich zur herrlichen Erlösung vom Tod, die Jesus für uns bewirkt hat, wie nichts erscheinen. Wir werden daran erinnert: Wenngleich wir auch jetzt den Widerstand erleiden mögen, so kommt doch der Tag, an dem es heißen wird: »Die Königsherrschaft über diese Welt ist unserem Herrn und seinem Christus zuteil geworden« (Offb 11,15). Wenn wir die Bibel im Licht des Gesamtzusammenhangs lesen, verhilft dies nicht nur unserer Auslegung zu Tiefgang, sondern erweitert ebenso auch unseren eigenen Horizont.

KAPITEL DREI

Werkzeuge der Biblischen Theologie, Teil 2: Prophetie, Typologie und Kontinuität

Wie fühlen Sie sich, wenn Sie über alttestamentliche Texte predigen? Wenn es Ihnen wie vielen evangelikalen Predigern geht, liegen Ihnen die Paulusbriefe wahrscheinlich weit mehr als die Kleinen Propheten, und das nicht nur deshalb, weil sich Ihre Hebräischkenntnisse in bescheidenen Grenzen halten. Wann haben Sie zuletzt eine evangelistische Predigt nicht auf Grundlage der Evangelien, sondern anhand eines alttestamentlichen Textes gehalten? Wenn Ihre Antwort »Noch nie« lautet, dann seien Sie nicht bekümmert, denn das geht nicht nur Ihnen so.

Sollte man Sie hingegen bitten, einen sechswöchigen Kurs über biblische Leiterschaft auszuarbeiten, könnten Sie sich hierzu einen besser geeigneten Text vorstellen als Nehemia? Oder wie wäre es, wenn Sie eine Wochenendtagung über den schriftgemäßen Umgang mit Geld planen sollten? Sicher gibt es eine Menge Texte, auf die man sich beziehen könnte; aber das Buch der Sprüche würde sicher eine gute Hauptquelle hergeben, oder etwa nicht? Oder könnten Sie sich auch nur im Traum vorstellen, einen Kurs über Kindererziehung zu geben, der nicht bei 5. Mose 6 anfängt?

Ich denke, die meisten von uns, die eine Gemeinde leiten, besonders diejenigen, die im Lehrdienst tätig sind, teilen die Bibel fein säuberlich in die Teile ein, die das Evangelium verkünden und die Gemeinde erbauen, und in die, die uns lehren, wie man ein hochmoralisches frommes Leben führt. Und wenn es auch gewisse Überschneidungen zwischen beiden Bereichen gibt, so scheint die Grenze doch meist zwischen dem Alten und dem Neuen Testament zu verlaufen. Es gibt eine Menge Gründe für diese Aufteilung; manche sind historischer, andere theologischer Natur. Ich will dieses Phänomen hier nicht erklären, sondern schlicht und einfach nur anmerken, wie weit verbreitet es ist. Kürzlich hörte ich sogar, wie der sehr bekannte Pastor einer bibeltreuen Gemeinde unterstrich, dass er am Sonntagmorgen noch nie aus dem Alten Testament gepredigt habe und auch nicht vorhabe, dies je zu tun – und zwar aus dem einfachen Grund, dass er ein Prediger des Evangeliums sei. Das Alte Testament wird in seiner Gemeinde ausschließlich am Sonntagabend und zu anderen Gelegenheiten verkündigt.

Ich muss sein Engagement als Prediger des Evangeliums ausdrücklich loben, muss aber seine Annahme (die er mit sehr vielen evangelikalen Gemeindeleitern teilt), das Evangelium zu predigen und zu lehren bedeute, das Neue Testament zu predigen und zu lehren, durchaus in Frage stellen. Gleich vorweg: Gott gab uns die ganze Bibel, nicht nur das Neue Testament. Sicher wollte er nicht, dass die ersten drei Viertel der Bibel zu nichts anderem benutzt würden, um moralische Geschichten und den historischen Hintergrund zu liefern! Um es noch mehr auf den Punkt zu bringen: Jesus und die Apostel verkündigten das Evangelium ausschließlich anhand des Alten Testaments. Natürlich war das Ergebnis davon auch, dass die Apostel das Neue Testament verfassten; ich bin aber überzeugt, dass sie das Evangelium nicht allein deshalb anhand des Alten Testaments verkündigten, weil sie das Neue Testament noch nicht geschrieben hatten. Ich meine, sie waren imstande, das Evangelium anhand des Gesetzes und der Propheten zu predigen, weil sie es darin vorfanden. In diesem Kapitel möchte ich Ihnen helfen, es dort ebenfalls zu finden und dadurch die ganze Bibel als Quelle für die Verkündigung des Evangeliums zu entdecken.

Im vorherigen Kapitel betrachteten wir die Details der Geschichte sowie die verschiedenen Bündnisse und Epochen, die sie prägten. Wie aber sollen wir die Details zusammenfügen? Welche Werkzeuge helfen uns, die Geschichte als einheitliche Geschichte über Christus und das Evangelium zu verstehen?

Zuerst einmal: Wenn ich sage, dass wir das Evangelium im Alten Testament finden können, meine ich damit nicht, dass das Neue Testament überflüssig wäre. So sagt auch Hebräer 1,2: Gott hat »in diesen letzten Tagen zu uns geredet durch den Sohn«. Entscheidend daran ist, dass diese Offenbarung maßgeblich und endgültig ist. Petrus sagt uns: Durch die Offenbarung Christi »besitzen wir das prophetische Wort umso fester« (2Pet 1,19). Und doch: Ist es nicht interessant, dass Petrus die Offenbarung Christi mit dem Wort der Propheten verbindet? Und ist es nicht bezeichnend, dass der Hebräerbrief fortfährt, Person und Werk Jesu Christi durch eine ausführliche Predigt über den Pentateuch zu erläutern? Beide Verfasser veranschaulichen damit: Das Evangelium wird im Alten Testament verheißen, im Voraus erzählt und ist in Keimform dort bereits enthalten. Im Neuen Testament entfaltet sich dieser Keim dann vollständig, während Gott seine Verheißungen einhält und die Prophetien erfüllt.

Das Verhältnis zwischen Verheißungen im Alten Testament und deren Erfüllung im Neuen Testament führt uns zu dem entscheidenden Problem, dem wir begegnen, wenn wir die ganze Schrift als christliche Heilige Schrift ansehen wollen: Wie sollen wir die biblische Dynamik bei der Verheißung und der Erfüllung von Prophetie verstehen? Nur wenn wir dieses Verhältnis begreifen und recht verstehen, können wir jeden Text als etwas ansehen, das nicht nur für die Leute damals geschrieben wurde, sondern ebenso auch für uns heute. Aufgrund dessen können wir behaupten, dass Paulus nicht nur das Neue Testament im Sinn hatte, sondern auch das Alte Testament, als er schrieb: »Alle Schrift ist von Gott eingegeben und nützlich zur Lehre, zur Überführung, zur Zurechtweisung, zur Unterweisung in der Gerechtigkeit« (2Tim 3,16). Er meinte damit sogar die Stammbäume und Ahnenreihen!

Das prophetische Wesen der Schrift: Verheißung und Erfüllung

Wenn Sie die Bibel lesen, begegnen sie sehr früh einem der wichtigsten Merkmale der Selbstoffenbarung Gottes: Er ist nicht nur ein Gott, der redet, sondern auch ein Gott, der Verheißungen gibt. Vom verheißenen Gericht in 1. Mose 2,17 über die Verheißung des Heils durch Gericht in 1. Mose 3,15, über die Verheißungen an Noah, Abraham, Mose und David bis hin zu Jesu Abschiedsworten in Matthäus 28,20 an seine Jünger, bevor er in den Himmel auffuhr, gibt Gott seinem Volk immer wieder Verheißungen.

Gott hält, was er verspricht

Wäre Gott wie wir, dann wären alle diese Verheißungen nichts anderes als bloße Merkwürdigkeiten. Allerdings ist Gott nicht wie wir. Er hält immer, was er verspricht. Und dies lag dem Denken der Verfasser der Bibel zu Grunde, als sie schrieben: Sie waren überzeugt, dass Gott treu ist. Sie verstanden sich nicht nur als Chronisten der Orakel und Verheißungen Gottes, sondern auch als Zeugen dafür, dass Gott diese Verheißungen treu erfüllt. Und eben diese Perspektive verlieh ihnen Glaube und Hoffnung in Bezug auf die noch ausstehenden Verheißungen – und zu diesem Glauben rufen sie auch uns auf.

Hier, im Wesen Gottes, findet sich der »Leim«, der die Einzelteile des Kanons zusammenhält; und ihr Vertrauen auf diesen »Leim« ermöglichte den Verfassern der Schrift, die Bibel in der Erwartung zu schreiben (wie auch uns, sie mit dieser Hoffnung zu lesen), dass Gott die Verheißungen, die er einmal gab (oder eines Tages noch geben werde), auch erfüllt.

Gott erfüllt seine Pläne nach einem bestimmten Muster

Es gibt viele Dinge, die wir in Bezug auf Gottes Verheißungen verstehen müssen. Erstens: Seine Verheißungen sind nicht bloß irgendwelche zufälligen guten Absichten. Vielmehr weisen alle Verheißungen Gottes gemeinsam auf seinen Plan für die Weltgeschichte hin und skizzieren diesen: Gott plante, zum Ruhm seiner Herrlichkeit ein Volk zu retten und diese Rettung, dieses Heil durch ein Gericht zu bewirken, das er selbst an unserer Stelle auf sich nehmen werde. Anders gesagt: Die Geschichte verläuft nicht zyklisch als »bloße Wiederholung« archetypischer Muster,[39] sondern vielmehr auf ein bestimmtes Ziel hin. Sie ist linear. Sie entfaltet und bewegt sich auf ein Ziel hin, das Gott schon vorbereitet hat.

Zweitens: Gottes Pläne erfüllen sich nach verschiedenen Mustern. Mit anderen Worten: die lineare Natur der Weltgeschichte bedeutet nicht, dass sie unberechenbar wäre. Es gibt nur einen einzigen Gott und einen einzigen Plan, um dem einzigen vorhandenen Problem mit einer einzigen Lösung zu begegnen. Die Weltgeschichte, so wie

---

39 Richard Lints, *The Fabric of Theology: A Prolegomenon to Evangelical Theology* (Grand Rapids, MI: Eerdmans, 1993), S. 303.

die Schrift sie darstellt, folgt einem Muster oder Rahmen. Sie schreitet fort und entfaltet sich, aber nicht zufällig. Ja, Gott führt seine *Pläne* aus; aber da sich seine Wege nicht wandeln, tut er dies nach bestimmten *Mustern*. Das heißt: In der Schrift ist die Gegenwart mit der Vergangenheit verknüpft, aber nicht als ein endloser Kreislauf des Karmas. Vielmehr ist die Verbindung von Vergangenheit und Gegenwart eher wie die Entfaltung einer Fuge von Bach oder die Errichtung eines Wolkenkratzers. Die Anfangsthematik, die geplante Gestalt, ist von Beginn an da. Am Ende jedoch hat sie sich entfaltet, so dass das Endergebnis weit mehr ist als das Anfangsthema zu versprechen schien.

Lassen Sie mich verdeutlichen, was ich damit meine. In 1. Mose 2,17 verhieß Gott, dass die Sünde den Tod bringen würde, was auch angefangen mit der Sünde Adams und Evas der Fall war. Gott sei Dank verhieß er auch in 1. Mose 3,15, die Frau und ihre Nachkommen zu retten. Wie würde er dies tun? Zur rechten Zeit würde er seinem Volk die Einrichtung der Tieropfer als stellvertretende Sühne für ihre Sünden geben. Dies sehen wir bei Abraham und Isaak in 1. Mose 22, bei der Passanacht in Ägypten in 2. Mose 11-12 und beim gesamten levitischen Opfersystem.[40]

Doch halten wir kurz inne: Erkennen Sie das Muster, das hier vorliegt? Es gibt eine Verheißung des Gerichts und eine des Heils; aber um beide zu erfüllen, richtet Gott folgendes Muster auf: Sünde hat den Tod zur Folge, wenn kein stellvertretendes Opfer geschieht. Letztlich jedoch erfüllen sich sowohl dieses Muster als auch der Heilsplan durch das Sühneopfer Jesu Christi am Kreuz. Dort wurde, wie Hebräer 9 uns sagt, ein besseres Opfer dargebracht, eines, das nicht mehr wiederholt werden muss, weil es vollkommen und völlig ausreichend war. Am Kreuz wurde also Gottes *Plan* der Errettung vollbracht und erfüllt, aber ebenso auch das *Muster* des Opfers, das dem Plan Bedeutung verleiht. Tieropfer und alles, was damit verbunden ist, hören in der neutestamentlichen Gemeinde auf – nicht, weil sie nicht notwendig wären, sondern weil sie in Christus erfüllt wurden. Das in den Tieropfern enthaltene Versprechen, dass es für Gottes Volk ein stellvertretendes Opfer geben wird, wurde gehalten.

---

40 Martin Luther meinte, dies sei schon durch den Tod jener Tiere offenkundig, welche die Fellkleider für Adam und Eva in 1. Mose 3,21 lieferten.

Mehrfache Ebenen der Erfüllung

Dass die Schrift eine Aufzeichnung der Heilsgeschichte ist, die nicht nur linear verläuft, sondern auch nach einem bestimmten Muster voranschreitet, hilft uns zu erkennen, dass Gottes Verheißungen (Prophetien im weitesten Sinne des Wortes) gewöhnlich mehrfache Ebenen der Erfüllung besitzen. Darüber hinaus geschieht jede nachfolgende Erfüllung nicht nur zu einem späteren Zeitpunkt, sondern ist auch theologisch sowie historisch von größerer Bedeutung (siehe Schaubild 3.1).

Dieses Muster der Erfüllung hilft uns in mindestens zweierlei Hinsicht, die Bibel im kanonischen Zusammenhang zu verstehen: einerseits helfen uns die mehrfachen Erfüllungen zu erkennen, auf welche Weise sich das Muster entfaltet und der Heilsplan voranschreitet; andererseits sensibilisieren uns die mehrfachen Erfüllungen dafür, dass während des Zeitverlaufs je nach Epoche unterschiedliche Schwerpunkte gesetzt wurden. Dies bewahrt uns davor, eine falsche Erfüllungshoffnung für unsere eigene Epoche zu entwickeln.

Ich möchte anhand eines Beispiels veranschaulichen: Es gibt nicht nur mehrfache Erfüllungsebenen, sondern Gott zeichnet sich auch noch weit mehr dadurch aus, dass er hält, was er verspricht. Betrachten wir Gottes Verheißung an Abraham in 1. Mose 12,1-3.

Schaubild 3.1: Mehrfache Ebenen der Erfüllung von Prophetie

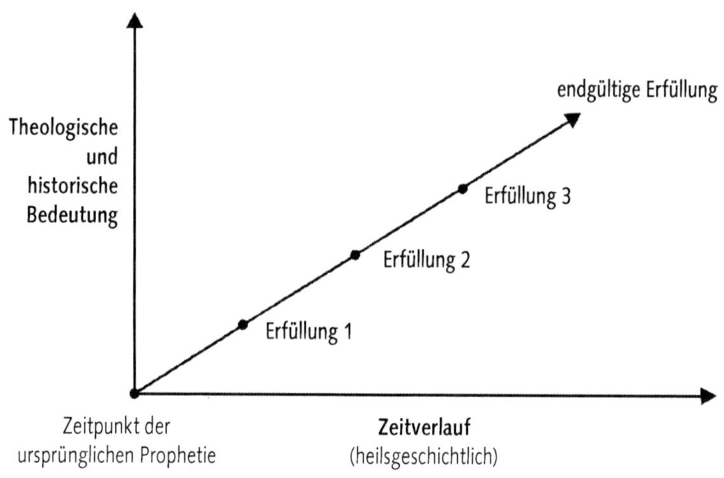

> Der HERR hatte zu Abram gesagt: »Geh aus deinem Land und aus deiner Verwandtschaft und aus dem Haus deines Vaters in das Land, das ich dir zeigen werde! Und ich will dich zu einer großen Nation machen, und ich will dich segnen, und ich will deinen Namen groß machen, und du sollst ein Segen sein! Und ich will segnen, die dich segnen, und wer dir flucht, den werde ich verfluchen; und in dir sollen gesegnet werden alle Geschlechter der Erde!«

Gott verhieß dem kinderlosen Abram, er würde zum Vater eines großen Volkes, das den Völkern der Erde zum Segen sein werde. Wenige Verse später versprach Gott in 1. Mose 12,7, den Nachkommen Abrams das Land Kanaan zu geben. So lauten die Verheißungen, die wir uns nun gut gemerkt haben. Nun beachten wir, wie Gott seine Verheißungen im Laufe der Heilsgeschichte erfüllt:

- Die Verheißung von Nachkommen und einem großen Volk beginnt sich mit der wunderbaren Geburt Isaaks zu erfüllen und nimmt dann mit Jakob und dessen zwölf Söhnen an Fahrt auf. Danach vergehen Jahrhunderte, aber Gott ist noch nicht damit fertig, seine Verheißung zu erfüllen.
- Mit Mose und dem Sinai-Bund bricht eine neue Epoche an. Am Sinai wird Israel, die Nachkommenschaft Abrahams, von Gott nicht nur als Abrahams Familie, sondern als Nation gegründet, die Gott heilig ist. Das Buch Josua zeichnet dann auf, wie sich Gottes Landverheißung erstmals erfüllte, als das Volk dort einzog und das Land eroberte. Aber Gott ist immer noch nicht fertig.
- Sowohl die Landverheißung wie auch die Verheißung, anderen Völkern zum Segen zu sein, erfüllen sich noch umfangreicher und gewaltiger unter König Salomo. Wir erfahren, wie unter Salomo Völker durch seine Weisheit gesegnet werden, und erstmals sehen wir hier, dass das gesamte Gelobte Land vom Euphrat bis zum Mittelmeer, vom Libanon bis zum Sinai unter der Herrschaft Israels steht. Überall ist Friede. Aber Gott ist *immer noch nicht* fertig.
- Wie Paulus im Galaterbrief und im Römerbrief erklärt, war der wahre verheißene Nachkomme weder Isaak, noch Jakob, David oder Salomo. Es war Jesus. Und durch den Glauben an Jesus werden Menschen aus allen Völkern gesegnet, indem sie Kinder Abrahams werden. Diese geistliche Familie ist auch ein geistliches

Volk (1Pet 2,9), das sich buchstäblich bis ans äußerste Ende der Erde ausbreitet. Und doch ist – wie Abraham – dieses Volk wieder heimatlos und lebt als »Fremde und ohne Bürgerrecht auf der Erde« (Hebr 11,13). Wenn das Erfüllungsmuster zutrifft, dann wissen wir, dass da noch mehr sein muss. Selbst nach dem Kreuz und der Auferstehung Jesu, ja selbst nach Pfingsten und der weltweiten Verbreitung des Evangeliums ist Gott immer noch nicht fertig.

- Tatsächlich gibt es noch mehr. In Hebräer 4 und Offenbarung 21-22 sehen wir: Die Verheißung eines großen Volkes in einem Land der verheißenen Ruhe unter Gottes Segen und Herrschaft findet ihre endgültige Erfüllung in einem neuen Himmel und einer neuen Erde, wo das ganze Volk Gottes des Alten und Neuen Testaments in Gottes vollkommener neuer Schöpfung eine einzige neue Menschheit bildet (Eph 2,14-22; siehe Schaubild 3.2).

Schaubild 3.2: Ein Beispiel, wie sich Prophetie über mehrere Ebenen hinweg erfüllt

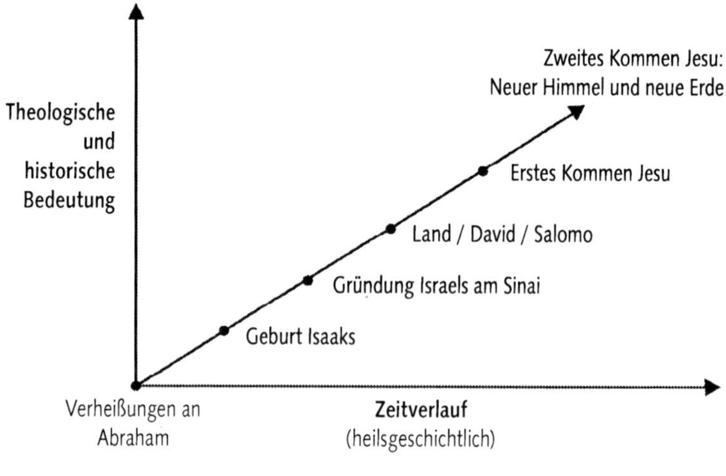

Ich frage nun: Wie oft hat Gott die Verheißung erfüllt, die er Abram in 1. Mose 12 gab? Ich bin mir meiner mathematischen Künste nicht sicher, aber wenn ich mich nicht verzähle: fünf Mal, und jedes Mal identifziert die Schrift dies als Erfüllung. Jede Erfüllung ist eine echte Erfüllung, und jede Erfüllung ist größer als die vorherige.

Typologie

In Bezug auf den prophetischen Charakter der Schrift gibt es noch mehr als die direkte Erfüllung ausdrücklicher Verheißungen. Gott redet nicht nur, er ist auch der Herr der Geschichte. Das heißt: Gott ordnet in seiner Vorsehung Ereignisse und individuelle Lebensläufe so an, dass sie als Vorbild dafür dienen, was noch kommen soll. Die Schrift dokumentiert deshalb das Leben realer Menschen und reale Ereignisse, und doch dienen diese Menschen und Ereignisse als historische Analogien, die einer zukünftigen Erfüllung entsprechen.

Was Typoi sind und was nicht

Der biblische Ausdruck hierfür ist »Typos« (Einzahl) oder »Typoi« (Mehrzahl), was schlicht »Muster« oder »Vorbilder« bedeutet.[41] Ein Theologe beschreibt dies folgendermaßen: »Typologie ist schlicht Symbolik, die vorausblickend einen Bezugspunkt auf eine Erfüllung in einer späteren Epoche biblischer Geschichte enthält. Sie beinhaltet, dass grundsätzlich eine organische Beziehung zwischen Ereignissen, Personen und Einrichtungen (als Typoi) in der einen Epoche und ihrem jeweiligen Gegenstück (Antitypos) zu späteren Zeiten besteht.«[42]

Doch wenn man Typoi als Symbole bezeichnet, heißt das nicht, sie wären lediglich phantasievolle, willkürliche Allegorien oder vager Ausdruck von Binsenweisheiten. Man könnte zum Beispiel das Gleichnis vom barmherzigen Samariter allegorisieren, indem man sagt: die Herberge ist die Gemeinde, der Wirt ist Paulus, und Öl und Wein sind die Sakramente. Mit anderen Worten: Man zieht willkürlich Verbindungen zwischen Symbolen und den Dingen, für die sie angeblich stehen. Bei einem schriftgemäßen Verständnis der Typologie jedoch gibt es eine organische »Beziehung zwischen einem ›wesentlichen‹ Aspekt des Typos und des Antitypos.«[43] Darüber hinaus hat der Autor – anders als bei einer Fabel – den Typos nicht erfunden, um eine symbolische Aussage zu treffen. Vielmehr ist ein

41 Eine gute Einführung in dieses Thema findet sich bei David L. Baker, *Two Testaments, One Bible: A Study of the Theological Relationship Between the Old and New Testaments*, rev. ed. (Downers Grove, IL: InterVarsity Press, 1991), S. 185-189.

42 Lints, S. 304.

43 Ebd., S. 304, Fußn. 17.

Typos eine echte historische Person oder Begebenheit, die Gott in seiner Vorsehung so einrichtete, damit diese Person oder Begebenheit über sich selbst hinaus weisen sollte. In der Beziehung von Typos und Antitypos gibt es einen Vergleichspunkt echter *historischer* Begebenheiten, die eine Analogie oder ein Muster begründen, die oder das sich dann organisch entfaltet und ausweitet.

Wollen wir ein weiteres biblisches Beispiel betrachten. In Römer 5 versucht Paulus zu erklären, wie es sein kann, dass Christi Gehorsam bis zum Tod am Kreuz Sündern wie uns die Gabe des Lebens bringen konnte. In Vers 14 verweist er auf Adam als ein Vorbild oder Typos Christi:

> Dennoch herrschte der Tod von Adam an bis Mose auch über die, die nicht gesündigt hatten durch die gleiche Übertretung wie Adam, welcher ein Bild [Typos] dessen ist, der kommen sollte.

Dies ist weder eine zufällige Übereinstimmung, noch zwingt Paulus hier historischen Zufallsereignissen etwas auf. Paulus behauptet, dass Gott all dies so eingerichtet hat. Und an genau dieser typologischen Grundlage, sagt Paulus, hängt das Evangelium! Lesen wir, wie er die Aussage in den nachfolgenden Versen entfaltet:

> Aber nicht verhält sich's mit der Gabe wie mit der Sünde. Denn wenn durch die Sünde des Einen die Vielen gestorben sind, um wie viel mehr ist Gottes Gnade und Gabe den vielen überreich zuteil geworden durch die Gnade des einen Menschen Jesus Christus. Und nicht verhält es sich mit der Gabe wie mit dem, was durch den einen Sünder geschehen ist. Denn das Urteil hat von dem Einen her zur Verdammnis geführt, die Gnade aber hilft aus vielen Sünden zur Gerechtigkeit. Denn wenn wegen der Sünde des Einen der Tod geherrscht hat durch den Einen, um wie viel mehr werden die, welche die Fülle der Gnade und der Gabe der Gerechtigkeit empfangen, herrschen im Leben durch den Einen, Jesus Christus.

Paulus sagt: Genau wie Adam die gesamte Menschheit repräsentierte und so die gesamte Menschheit durch seinen Akt des Ungehorsam ins Verderben stürzte, so ist auch Christus, der zweite Adam, im Rahmen des Bundes der Stellvertreter oder Repräsentant. Christus rebellierte aber nicht gegen Gott, sondern war gehorsam. Und dieser Gehorsam bringt jetzt denen, die in Christus sind, Leben und Vergebung.

Paulus zieht weder einfach einen Vergleich mit Adam, noch benutzt er ihn als Allegorie. Er legt dar, dass es eine historische Entsprechung gibt, mit welcher der Typos, Adam, auf den Antitypos, Christus, vorausweist und in ihm seine heilsbezogene Erfüllung findet. Der Frühere hilft uns, Werk und Bedeutung des Späteren zu verstehen, ja sogar zu definieren. Doch Christus ist nicht bloß eine Wiederholung Adams. Wie bei den mehrfachen Ebenen, die wir schon oben betrachtet haben, gehört zur Erfüllung im Antitypos ein gradueller Unterschied: Der Typos weist auf etwas voraus, das von größerer Bedeutung ist als er selbst (siehe Schaubild 3.3)!

Wir könnten diese Beispiele noch vermehren – um Mose, Josua, David, Salomo, Simson und Jona, um nur einige zu nennen. Alle diese dienen auf diese oder jene Weise als Typoi für Christus und werden in der Schrift ausdrücklich als Hinweis auf Christus bezeichnet. Durch diese Verbindungen verknüpften die Verfasser des Neuen Testaments vergangene Epochen mit der Gegenwart und umgekehrt. Typoi verbinden die Bibel zu einem einzigen Erzählstrang; sie heften ihre Seiten buchstäblich zusammen.

Schaubild 3.3: Typologische Erfüllung

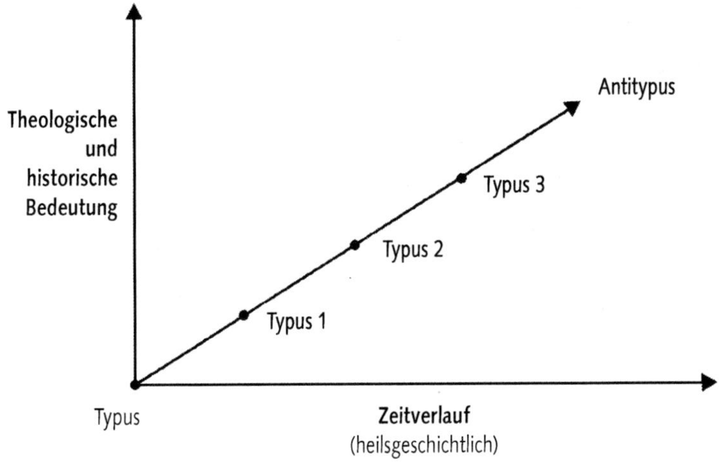

Doch nicht nur das Neue Testament verwendet Typologie; auch das Alte Testament erklärt sich selbst auf diese Weise. Die Propheten zum Beispiel erläutern die Babylonische Gefangenschaft und die anschließende Rückkehr aus dem Exil wiederholt mit Begriffen aus dem Exodus (z. B. Jesaja 49 und Jeremia 16). Noch bedeutender ist, dass die Evangelien wie auch die Apostel bei ihrer Verkündigung Christi das Heilswerk Jesu als zweiten Exodus beschreiben (z. B. Markus 6 und 2. Korinther 3). Wie Gottes direkte prophetische Verheißungen erfüllt sich der Typos in der Schrift oft in zahlreichen Antitypoi, von denen jeder über sich selbst hinaus auf etwas bzw. jemand Größeres hinweist, das bzw. der noch kommen soll. Und das trifft zu, bis wir zu Jesus gelangen, der erklärte, dass er die Erfüllung und der Mittelpunkt des Gesetzes und der Propheten sei (Mt 5,17; Lk 24,27).

Wie man Typoi identifiziert

Gibt es Grenzen für die Identifizierung von Typoi? Ja, die gibt es. Gibt es Auslegungsregeln, um über alle Epochen der Schrift hinweg das Verhältnis zwischen Typos und Antitypos zu erkennen und recht zu deuten? Ja, die gibt es. Natürlich knüpfen die Verfasser der Bibel manchmal selbst die Verbindung zwischen Typos und Antitypos. Genau das geschieht über weite Strecken des Hebräerbriefs, wenn er erklärt, wie der alttestamentliche Tempel, das Priestertum und das Opfersystem allesamt als Typoi auf Christus hinweisen. Das tut Paulus in Römer 5 und 1. Korinther 10. Sobald der Verfasser einer biblischen Schrift in einem Text ausdrücklich eine typologische Verbindung knüpft, ist es nur angemessen, diese Verbindung auch in jedem anderen Vorkommen des Typos zu sehen.

Besitzen wir hingegen überhaupt eine Grundlage dafür, Typoi zu erkennen, die kein Verfasser einer biblischen Schrift ausdrücklich benennt? Ich denke schon, aber nur, wenn wir dem Muster folgen, das die Schrift selbst vorgibt. Der Pastor und Gelehrte Gordon Hugenberger bietet dazu in Anlehnung an Louis Berkhof folgende Richtlinien:[44]

---

44 Gordon Hugenberger, »Introductory Notes on Typology«, in G. K. Beale (Hg.), *The Right Doctrine from the Wrong Texts? Essays on the Use of the Old Testament in the New* (Grand Rapids, MI: Baker, 1994): 338.

1. Es muss eine reale, historische und wesentliche Ähnlichkeit oder Analogie zwischen Typos und Antitypos geben.
   BEISPIEL: David, der tatsächlich der von Gott gesalbte König über Gottes alttestamentliches Volk war, und Jesus, welcher der König der Könige ist, Gottes gesalbter König über dessen weltweites Volk. Jesus stammt von David ab und ist Erbe der Verheißungen des davidischen Bundes in 2. Samuel 7.
2. Der Typos muss dergestalt sein, dass er Gottes endgültiges Heilshandeln in Christus gezielt widerspiegelt. D.h. eine zufällige, ja selbst eine thematische Ähnlichkeit genügt nicht, um eine Beziehung von Typos und Antitypos zu begründen. Es muss schon irgendein Schriftbeweis dafür vorliegen, dass Gott es so eingerichtet hatte.
   BEISPIEL: Bileams Esel wies einen Irrlehrer zurecht; Jesus wies Irrlehrer zurecht. Aber das an sich macht Bileams Esel noch nicht zu einem Typos für Christus. Der Zweck dessen, warum der Esel in 4. Mose 22 spricht, besteht darin, die Torheit Bileams hervorzuheben und nicht irgendwie nebulös auf Jesus hinzuweisen.
3. Anders als ein bloßes Symbol, das eine allgemeine Wahrheit oder Idee widerspiegelt, muss ein Typos an und für sich schon auf seine bestimmte und umfassendere Erfüllung im Antitypos hinweisen.
   BEISPIEL: Im Alten Testament ist Blut ein Symbol für Leben allgemein. Christus gibt Leben, aber Blut ist kein Typos für Christus. Es bleibt ein Symbol für Leben. Das Opferlamm jedoch, dessen Blut stellvertretend für den Sünder vergossen wird, ist ein Typos, und zwar deshalb, weil – wie der Hebräerbrief zeigt – der Typos auf ein größeres Opfer hinweist, das tatsächlich wirksam sein und endgültig genügen würde.

Wie man vom Text zur Anwendung kommt – und wie nicht

Ein weiterer Nutzen recht verstandener Typologie ist, dass sie uns davor bewahrt, das Alte Testament zu moralisieren und zu allegorisieren. Jedes Mal, wenn wir einen alttestamentlichen Text auslegen, haben wir grundsätzlich vier Möglichkeiten, um ihn anzuwenden. Die erste lautet, dass es keine Anwendung gibt. Dieser Text galt allein den Leuten damals. Es sollte bereits klar sein, dass ich das für falsch halte. Die anderen drei Möglichkeiten sind Moralisieren, Allegorisieren und Typologie. Ich möchte diese drei Möglichkeiten in den nachfolgenden Abbildungen graphisch darstellen. Mir wurde dies erstmals unter dem Begriff »Clowneys Rechteck« bekannt gemacht,[45] und ich habe es im Laufe der Jahre wiederholt benutzt, um zu zeigen, wie tief Typologie im Text wurzelt.

Allzu oft wendet man sich vom alttestamentlichen Typos vorschnell der persönlichen Anwendung zu, indem man moralisiert. Zum Beispiel wird aus David und Goliat eine Fabel mit der Moral, dass Gott mutig macht. Man versucht erst gar nicht, den Text in seinem ursprünglichen Zusammenhang zu verstehen oder ihn in Beziehung zu Christus zu setzen, sondern wendet den alttestamentlichen Text direkt auf uns heute an (siehe Schaubild 3.4).

Schaubild 3.4: Persönliche Anwendung durch Moralisieren

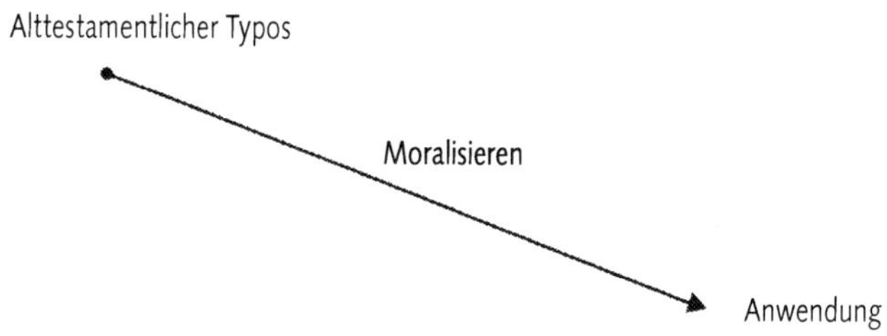

Ein anderer Ansatz, der im Mittelalter weit verbreitet war, aber auch heute noch vorkommt, ist das Allegorisieren. In diesem Fall gehen wir an die alttestamentliche Geschichte mit vorgefassten Ideen heran, wie wir diese anwenden wollen, und machen dann aus ihren Details Symbole, auf die unsere Anwendung aufbaut. Zum Beispiel werden aus Davids fünf Kieselsteinen in seinem Kampf gegen Goliat fünf Werkzeuge eines treuen Pastors: die Schrift, das Gebet, die Sakramente und noch zwei weitere Dinge, die (so meint man) für einen Pastor nützlich wären! Man bewegt sich von heute ausgehend zum Text zurück mittels willkürlicher Symbole, die für die ursprüngliche Leser gar keine Bedeutung hatten (siehe Schaubild 3.5).

45 Ebd. Dies bezieht sich auf Edmund Clowney, der etwas Derartiges zuerst für Gordon Hugenberger zeichnete, der es dann mir zeigte. Es wurde inzwischen in Hugenberger: 339-341 veröffentlicht (dort finden sich die Abb. 3.4 – 3.6 zusammengefasst zu einem einzigen Rechteck, daher »Clowneys Rechteck«).

Schaubild 3.5: Persönliche Anwendung durch Allegorie

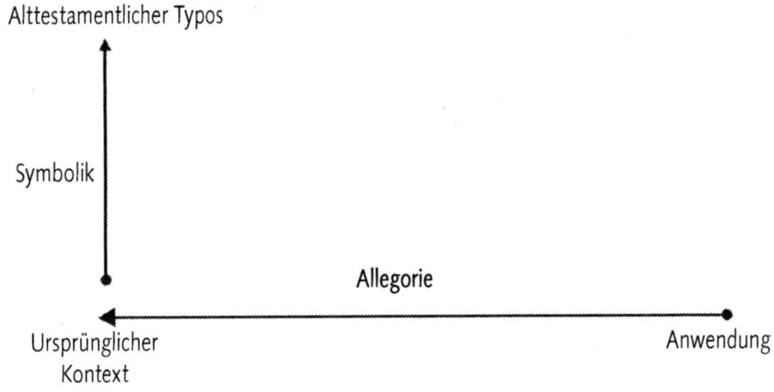

Tatsächlich bewahrt uns die Typologie vor Moralisieren und Allegorisieren ebenso wie sie sicherstellt, dass das Alte Testament nicht nur für die Leute damals geschrieben wurde. Dem ist so, weil sie ausgehend vom Alten Testament versucht, die Typoi in ihrem ursprünglichen Kontext zu verstehen, und zwar in Begrifflichkeiten, die für die ursprünglichen Leser von Bedeutung waren. Dann wendet sie sich nicht direkt uns zu, sondern der Erfüllung des Typos in Christus und seinem Heilswerk als Antitypos. Erst dann fährt die Typologie mit der Anwendung auf uns heute fort (siehe Schaubild 3.6).

Schaubild 3.6: Persönliche Anwendung durch Typologie

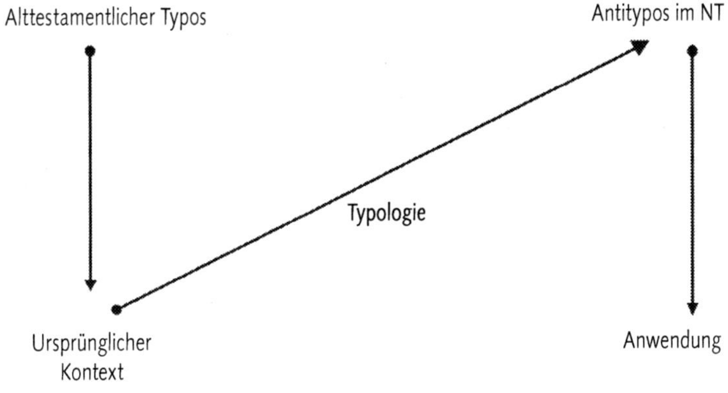

Schaubild 3.7: »Clowneys Rechteck« zusammengefasst[46]

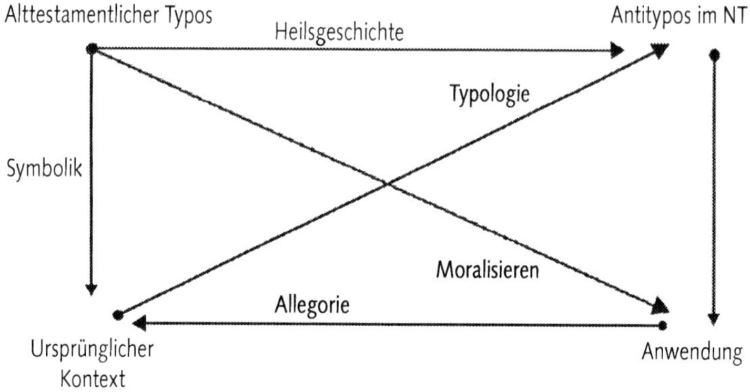

Die Geschichte von David und Goliat ist somit weder eine Allegorie noch eine Fabel darüber, wie Pastoren leiten sollen, geschweige denn ein Stück interessanter, aber letztlich unnützer Geschichtsschreibung des Altertums. Vielmehr vermittelt uns dieses reale alttestamentliche Ereignis ein Verständnis davon, was Christus bei unserer Errettung für uns bewirkt hat: als Gottes gesalbter König, aber noch nicht als solcher offenbart, und als Mittler, der Gottes Volk erlöst, nämlich durch seinen eigenen mutigen Todeskampf gegen unseren größten Feind. Der Schwerpunkt der Anwendung verlagert sich daher von einem moralischen Nutzen für uns dahin, dass wir Christus, den Sieger, anbeten und an ihn glauben.

Kontinuität und Diskontinuität

Bislang habe ich betont, dass die Gesamthandlung der Schrift sich grundsätzlich durch Einheit auszeichnet, da Gott seine prophetischen Verheißungen hält und die Typoi sich in den Antitypoi erfüllen. Wenn Sie aufmerksam gewesen sind, werden Sie aber auch bemerkt haben, dass ich auch wiederholt erwähnt habe: Diese Bewegung von der Verheißung zu ihrer Erfüllung, vom Typos zum Antitypos ist eine organische Bewegung, in der die Erfüllung immer das überragt, was ursprünglich verheißen wurde oder als Typos vorliegt.

46 Vom dt. Herausgeber nach der Vorlage von Lawrences Quelle ergänzt.

Allerdings kann man den Unterschied zwischen Verheißung und Erfüllung auch nicht einfach nur als graduellen Unterschied erklären. Obwohl die Geschichte des Heilplans und Heilshandelns Gottes sich durch Kontinuität auszeichnet, beschreibt die Schrift doch das Fortschreiten von der Verheißung zur Erfüllung als ein Fortschreiten vom Schatten zur Realität (Kol 2,17) und unterscheidet zwischen dem bloßen Abbild und dem wirklich vorhandenen Gegenstand (Hebr 8,5). Das heißt, dass es neben der Kontinuität eine bedeutende Diskontinuität gibt, wenn wir uns im Laufe der Epochen von einer Erfüllungsebene zur nächsten bewegen.

Manchmal ist die Diskontinuität, der wir begegnen, notwendig, um die Verheißung letzten Endes erfüllen zu können. Zum Beispiel verheißt Gott in 2. Samuel 7 David, dass einer seiner leiblichen Nachfahren für immer auf seinem Thron sitzen werde. Im ursprünglichen Kontext könnte man dies leicht so verstehen, dass eine immerwährende Dynastie gemeint sei. In seiner endgültigen Erfüllung ist der verheißene Sohn aber nicht nur ein Nachkomme Davids, sondern der ewige Sohn Gottes, der durch die Jungfrau Maria Fleisch wurde, der in einem unsterblichen Leib auferweckt wurde, dem als zum Himmel aufgefahrenem König ein ewiges Reich gegeben wurde und der jetzt zur Rechten Gottes des Vaters thront. Es zeigt sich, dass die Verheißung einer immerwährenden Dynastie letztlich durch die Herrschaft eines unsterblichen Königs erfüllt wird.

In anderen Fällen stellt die Diskontinuität an sich die Erfüllung der Verheißung dar. Zum Beispiel sagt Jeremia in seiner Prophezeiung des Neuen Bundes ausdrücklich, der Neue Bund werde »nicht wie der Bund [sein], den ich mit ihren Vätern geschlossen habe an dem Tag, als ich sie bei der Hand fasste, um sie aus dem Land Ägypten herauszuführen« (Jer 31,32). Inwiefern? Erstens kann er nicht gebrochen werden (V. 32). Zweitens sind alle Angehörigen dieses Bundes wiedergeboren: das Gesetz ist ihnen ins Herz geschrieben (V. 33). Ein weiterer Unterschied ist: die Bundeszugehörigkeit beruht nicht auf natürlicher Abstammung und Geburt, sondern auf einer geistlichen Geburt (V. 29-30).

Hier weist der Neue Bund eine enorme Diskontinuität zum mosaischen Bund auf: er ist ein Bund der Gnade, nicht der Werke; ein Bund der neu macht, statt zu töten; ein Bund, dem man durch geistliche statt durch natürliche Geburt zugehört. Und doch sagt Jeremia bei aller Diskontinuität eindeutig, dass dieser Neue Bund die endgültige Erfüllung der Verheißungen Gottes an Israel ist, die er ihrem Stammvater Abraham gab.

Wie sollen wir Diskontinuität verstehen? Das Neue Testament gibt uns den Schlüssel dazu. Einerseits konnte der Alte Bund kein Leben bringen (Gal 3,21). Er war wirkungslos. Darum musste ein besserer, wirksamerer Bund geschlossen werden. Andererseits ist der Neue Bund nicht nur wirksamer, sondern auch dem Alten Bund überlegen, weil er die Realität ist. So herrlich der Alte Bund war, so ist Jesus doch Mose überlegen, und der Bund in seinem Blut ist dem Bund überlegen, der mit dem Blut von Tieren besiegelt wurde (siehe Hebräer 9). Diese Dinge waren nur Schatten, die auf die Wirklichkeit hinwiesen. Jesus erfüllte alles, was vor ihm kam und offenbart dadurch die Fülle der Herrlichkeit Gottes. Er ist das letzte und abschließende Wort Gottes, weil er der wahre Hohepriester und das wahre Lamm Gottes ist. Er ist überlegen, weil er der wahre Tempel ist, wo Gott und Mensch tatsächlich einander begegnen. Er ist überlegen, weil er uns in die wahre Ruhe Gottes führt – in eine ewige Ruhe, nicht ins Land Kanaan, sondern in nichts Geringeres als in die neue Schöpfung.

Wenn wir über den groben Umriss der Heilsgeschichte nachdenken, erkennen wir: Gäbe es keine Diskontinuität zwischen Verheißung und Erfüllung, würde die Grundlage unserer Hoffnung inmitten der Prüfungen und Drangsale dieser Welt dahinschwinden, wie Paulus sagt: »Hoffen wir allein in diesem Leben auf Christus, so sind wir die elendesten unter allen Menschen« (1Kor 15,19). Doch so steht es nicht um uns. Das Priestertum der Nachkommen Aarons weist auf Christus hin, aber Jesus stammt nicht aus dieser Ahnenreihe. Warum? Weil sie versagt hat. Die Opfer, die sie darbrachten, konnten kein Leben bringen. Der Bund, dessen Mittler sie waren, konnte nicht retten. Stattdessen erklärt der Hebräerbrief: »aufgrund der Kraft unauflöslichen Lebens … bezeugt [Gott der Vater über Jesus]: ›Du bist Priester in Ewigkeit nach der Weise Melchisedeks‹, und aufgrund dieses Priestertums, das er innehat, »nahen wir Gott« (Hebr 7,16-19).

Gelobt sei Gott dafür, dass er seine Verheißungen hält, und dafür, dass er sie sogar noch weit über das hinaus hält, was wir erwarten oder uns auch nur vorstellen können!

Fazit

Wir haben in den letzten beiden Kapiteln ein weites Feld abgedeckt, und manches davon war ziemlich harter Boden. Es ist darum an der Zeit, innezuhalten und zu überlegen, wie weit wir darin vorangeschritten sind, eine Biblische Theologie aufzubauen, die für den Dienst in der Gemeinde wirklich von Nutzen ist. Ich begann dieses Kapitel mit der Frage: Wie gehen Sie Ihrer Meinung nach an das Alte und Neue Testament heran? Was Sie davon (so hoffe ich) hauptsächlich behalten werden, ist offensichtlich: Die Werkzeuge Biblischer Theologie geben Ihnen die ganze Bibel – vom 1. Buch Mose bis zur Offenbarung – als machtvolles Mittel zu tiefgründiger christlicher Predigt und Lehre zurück. Zum Beispiel bereite ich gerade eine Predigtreihe durch das 4. Buch Mose vor, die ich in meiner Gemeinde halten will. Der Titel der Reihe lautet: »Unterwegs zum Himmel / auf Erden wandeln«. Und meine erste Predigt befasst sich mit 4. Mose 1 bis 10. Sie haben richtig gelesen: mit den Stammbäumen, der Lager- und Marschordnung und den Reinheitsgesetzen! Wie predigen Sie als Christ über Texte wie diese? Sie tun es nur dann, wenn Sie erkennen, wie Mose und Christus sowie Israel und die Gemeinde typologisch miteinander verbunden sind. Hebräer 4, 1. Korinther 10 und viele andere Stellen sollten dabei unseren exegetischen Ansatz prägen. Wir können daher erkennen, dass diese Dinge nicht dazu niedergeschrieben wurden, um uns zu lehren, wie man einen Schlachtplan für Harmageddon entwirft, sondern um uns auf Christus und den Sieg hinzuweisen, den er für uns errungen hat – einen Sieg, durch den er für sein Volk weit mehr erworben hat als Grundbesitz im Nahen Osten, nämlich nichts Geringeres als den Himmel.

Ich möchte aber auch, dass Sie erkennen: Die Werkzeuge Biblischer Theologie geben uns nicht nur die ganze Bibel als Quelle für unsere Predigten, sondern auch die ganze Bibel als Grundlage für unseren ganzen Dienst. Wenn also ein Gemeindemitglied, das mit Ängsten zu kämpfen hat, bei Ihnen Rat sucht, können Sie die Geschichte von David und Goliat aufschlagen. Doch statt David als moralische Keule zu missbrauchen, um jemanden zum Mut zu zwingen (was seine Schuldgefühle wahrscheinlich nur noch verstärken wird), verwenden Sie David, um auf Christus hinzuweisen, der unsere grausamsten Feinde besiegt hat: die Sünde und den Tod.

Oder wenn ein Teenager zu Ihnen kommt und Fragen über sexuelle Reinheit hat, können Sie ihm die Geschichte von David und Batseba zeigen. Doch statt die schrecklichen Folgen dieser Begebenheit zur taktischen Einschüchterung zu missbrauchen, um Reinheit einzufordern, können Sie ihm erklären, dass Davids Versagen – wie auch unser eigenes – zeigt, dass wir einen besseren König brauchen, der nicht versagt, sondern der vielmehr aufgrund seiner Reinheit uns von unserer Unreinheit rettet. Aus der Sicht des Evangeliums können Sie anhand Davids Versagen und der Gerechtigkeit Christi erklären, welch unglaubliches Vorrecht wir als Gemeinde genießen, die Braut Christi zu sein – und dass wir deshalb durch unseren Leib, sei es als Alleinstehender oder als Verheirateter, die reine und ausschließliche Liebe Christi zu seinem Volk widerspiegeln sollen.

Biblische Theologie ist Praktische Theologie, weil sie uns die ganze Bibel gibt, um sie so zu anzuwenden, wie Gott es beabsichtigt: als Heilige Schrift, deren Mittelpunkt das Evangelium ist, die Christus verherrlicht und die das Leben verändert. Praktischer und nützlicher geht es nicht.

KAPITEL VIER

Biblische und Systematische Theologie: Brauchen wir wirklich beide?

In den ersten drei Kapiteln haben wir einige Werkzeuge betrachtet, die besonders zum Aufbau einer Biblischen Theologie nötig sind. Wir behandelten dabei die Themen –

- der *Exegese,* d. h. einen Text in seinem Kontext zu verstehen;
- der *Gattung,* d. h. welche Bedeutung verschiedene literarische Formen für die Bedeutung und Auslegung haben;
- der *Bündnisse* in der Schrift, d. h. welche Struktur sie der Bibel geben, sowohl historisch als auch theologisch;
- der *verschiedenen Auslegungsebenen:* Textebene, Heilsgeschichte und Kanon;
- des »Leims«, der die Geschichte als Ganze zusammenhält: der *prophetischen Natur der Schrift* und ihrer *Dynamik von Verheißung und Erfüllung;*
- der *Typologie*, die darin gründet, dass Gottes Vorsehung die Weltgeschichte an sich prophetisch gegliedert hat;
- der *Spannung zwischen Kontinuität und Diskontinuität,* da Gottes Offenbarung sich fortschreitend, aber zugleich organisch entfaltet und sich vom Keim zur vollen Blüte entwickelt.

Wir haben noch viel zu tun!

Wir haben bereits viel geleistet, und die Versuchung ist groß, zu denken, die Vorbereitungsphase sei vorbei und wir könnten mit dem Aufbau beginnen. Wenn wir alle diese Werkzeuge anwenden, so dass wir die biblische Gesamthandlung verstehen und begreifen, wie alle ihre Teile miteinander zusammenhängen und in Christus gipfeln, haben wir dann nicht schon eine schriftgemäße Biblische Theologie? Haben wir dann nicht schon alles, was wir brauchen, um im Licht der biblischen Gesamthandlung im Glauben zu wandeln und anderen zu helfen, dasselbe zu tun? Nein, keineswegs. Wir brauchen ebenso wie die Biblische Theologie auch die Systematische Theologie, wenn wir etwas zustande bringen wollen, was für den Dienst wirklich von Nutzen ist.

Manche glauben, Systematische Theologie sei nicht nur überflüssig, sondern sogar regelrecht schädlich. Nehmen wir etwa Rob Bells Buch *Velvet Elvis.*[47] Überall im Buch bekennt sich Bell zu vielen rechtgläubigen christlichen Glaubenssätzen; aber es wird ebenso deutlich, dass ihm das, was man »aussagekräftige Geschichte« nennt, weit wichtiger ist als die Kategorie »Lehrsätze«. Für Bell und viele anderen in der Emerging-Church-Bewegung, die sich durch eine postmoderne Geisteshaltung auszeichnen, ist allein schon der Gedanke an Lehrsätze eine Beleidigung. Man hält sie für überaus engstirnig, starr und endgültig; und mehr brauche man darüber nicht zu sagen. Stattdessen verweist man auf den offenen, dynamischen und beziehungsorientierten Charakter von Geschichten. Geschichten enthalten Sinn und Wahrheit, fordern uns aber auch zu Reaktionen heraus, so dass unsere Reaktion Teil dessen wird, was die Geschichte bedeutet. Ein und dieselbe Geschichte kann von verschiedenen Leuten zu verschiedenen Zeiten verschieden verstanden werden, und das hieße nicht, dass ein Verständnis besser oder richtiger wäre als das andere. Vielmehr hieße das, so sagt man, dass Geschichten und Erzählungen – im Gegensatz zu Lehrsätzen – ein Gespräch anstoßen, das zu neuen und tieferen Erkenntnissen führe. Lehrsätze hingegen seien nicht zielführend und würden allgemein nur zu Streit, Spaltung und Unterdrückung führen, da man damit versuche, andere zu zwingen, einem beizupflichten oder umgekehrt.

Deshalb nennt Bell sein Buch *Velvet Elvis* (d. h. »Kitschbild-Elvis«): In diesem Buch geht es um Jesus, das Evangelium und christlichen Lebensstil. Aber so wie kein Maler eines Elvis-Kitschbildes denkt, er würde das maßgebliche Porträt von Elvis schaffen, so wenig behauptet Bell, er würde etwas Maßgebliches über Jesus oder den christlichen

47 Rob Bell, *Velvet Elvis: Repainting the Christian Faith* (Grand Rapids, MI: Zondervan, 2005). Deutsche Ausgabe: Velvet Elvis – ein neues Bild des Glaubens malen (Gießen: Brunnen, 2007).

Lebensstil sagen. Es ist einfach nur seine persönliche Sicht, und er lädt uns ein, auch unsere Sicht zum Gespräch beizutragen.[48] Das klingt sehr demütig, und wenn Sie ein intellektuelles Temperament wie ich haben, dann klingt das sogar äußerst attraktiv.

Wenn Rob Bells *Velvet Elvis* irgendetwas über unseren kulturellen Kontext besagt (und ich denke, das tut es durchaus), dann können Sie sich vorstellen, warum man oft die Biblische Theologie der Systematischen Theologie vorzieht und die beiden gegeneinander ausspielt. Bei der Biblischen Theologie geht es unter Strich um die Gesamtaussage der biblischen Erzählung. Systematische Theologie, welche die Lehrsätze aus dieser Erzählung ableitet, hält man für engstirnig und rechthaberisch. Viele Leute von heute verweisen gerne darauf, dass Gott sich nicht in Form einer Systematischen Theologie offenbart hat, sondern durch Geschichtsschreibung. Sie weisen darauf hin, dass der überwiegende Teil der Bibel in Erzählform vorliegt und dass viele Fragen der Systematischen Theologie scheinbar mit den biblischen Texten herzlich wenig zu tun haben. Darum behauptet man, wir könnten Gott weder erkennen noch verstehen, indem wir seine Eigenschaften auswendig lernen, die uns die Systematische Theologie umreißt. Wir würden ihn erkennen und verstehen, indem wir ihm in den Geschichten von Exodus und Exil begegnen – Geschichten, durch die wir seine Macht, Treue, Liebe und seinen schrecklichen Zorn erfahren könnten.

Nun, so attraktiv dies auch klingt, und obwohl darin durchaus einiges an Wahrheit liegt, so war es doch von Anfang an die Überzeugung der Christen, dass Biblische Theologie alleine nicht genügt, wenn wir Gott erkennen und so leben wollen, dass wir seiner Selbstoffenbarung in der Bibel gewissenhaft folgen. Selbst wenn Sie noch nie darüber nachgedacht haben sollten, so erleben Sie doch jeden Tag in Ihrem Dienst neu, dass Systematische Theologie nötig ist. Es ist Systematische Theologie, derer Sie sich bedienen, wenn Sie

- ein schwangeres minderjähriges Mädchen in der Seelsorge überzeugen müssen, sein Kind auszutragen statt es abzutreiben;
- darüber lehren, dass wir die Verantwortung haben, gute Haushalter in der von Gott geschaffenen Welt zu sein;

48 Ebd., S. 10-14.

- Eltern trösten, deren erwachsenes Kind dem Glauben entsagt hat, in welchem es erzogen wurde;
- andere Gemeindeleiter darin schulen, wie die örtliche Gemeinde zu organisieren und zu leiten ist;
- einem Besucher erklären, dass Jesus will, dass wir Mitglieder einer örtlichen Gemeinde sein sollen und nicht nur der universellen Gemeinde;
- erklären, was Taufe und Abendmahl bedeuten;
- dem Parlamentsabgeordneten Ihres Wahlkreises erklären, warum er auf der nächsten Hauptversammlung der Gemeinde nicht einfach eine politische Ansprache an die Mitglieder halten kann, und seien es auch nur zehn Minuten;
- Ihren Mitältesten dabei helfen zu überlegen, ob und wie man den illegalen Einwanderern in der Nachbarschaft helfen kann.

Sie verstehen, was ich meine. Ich könnte diese Liste noch nahezu endlos fortsetzen. All diesen Fragen können wir jederzeit begegnen, aber es gibt keine einfache Erzählung in der Bibel, in der wir nach einer Antwort suchen können. Nein; wenn wir eine Theologie haben sollen, die biblisch und zugleich auf alle Lebensbereiche und auf alles menschliche Denken und Streben anwendbar ist, dann brauchen wir mehr als nur die Werkzeuge der Biblischen Theologie. Wir brauchen auch die Werkzeuge der Systematischen Theologie.

Wie Biblische und Systematische Theologie miteinander zusammenhängen

Bevor wir fortfahren, müssen wir einige Definitionen klarstellen. Was ist Biblische Theologie? Was ist Systematische Theologie? Worin ähneln sie sich? Worin unterscheiden sie sich? Wie sollten wir sie in Beziehung zueinander setzen?

Biblische Theologie

Fangen wir mit der Biblischen Theologie an, denn seit der Einleitung haben wir praktisch nur über sie gesprochen. Ich sagte bereits, dass es bei Biblischer Theologie nicht nur darum geht, was die Bibel lehrt, sondern auch darum, wie diese Lehre fortschreitend offenbart wird und sich fortschreitend im Laufe der Geschichte entfaltet. Nun ist es an der Zeit, dies genauer und formeller zu definieren. Wenn das nur so einfach wäre! Wenn Sie die Geschichte dieses Begriffes erforschen, werden Sie feststellen, dass fast genauso viel darüber geschrieben wurde, was Biblische Theologie ist, wie an Biblischer Theologie selbst verfasst wurde.

Ich werde Sie nicht mit den Definitionen langweilen, die sich weitgehend auf gelehrte Debatten in akademischen Kreisen beschränken. Wenn es das ist, was Sie interessiert, sollten Sie sich das *New Dictionary of Biblical Theology* zulegen.[49] Stattdessen möchte ich Ihnen nur ein paar Definitionen bieten, die zeigen, wo die Wasserscheide zwischen denen verläuft, die die Schrift hoch in Ehren halten. Jede dieser Definitionen zeigt uns etwas Wichtiges darüber, was Biblische Theologie ist.

Der Urvater der Biblischen Theologie unter den Evangelikalen, Geerhardus Vos, definiert sie so: »Biblische Theologie ist jener Zweig der Exegese, der sich mit dem Prozess der Selbstoffenbarung Gottes befasst, wie er in der Bibel überliefert ist.«[50] Nun, was heißt das? Es heißt, dass das Hauptaugenmerk Biblischer Theologie nicht auf den 66 Büchern der Bibel liegt – »dem Endergebnis der Selbstoffenbarung Gottes«, sondern vielmehr auf dem tatsächlichen »göttlichen Handeln«, wie es sich in der Geschichte entfaltet (und in jenen 66 Büchern aufgezeichnet wurde). Diese Definition Biblischer Theologie besagt, dass Offenbarung in erster Linie darin bestünde, was Gott in der Geschichte sagt und tut – und erst in zweiter Linie darin, was er uns in Buchform gegeben hat. D. h. eines der grundlegenden Merkmale Biblischer Theologie sei, dass sie grundsätzlich historisch aufgebaut ist. Biblische Theologie bewege sich entlang des Zeitstrahls der Heilsgeschichte. Sie befasse sich besonders mit einer Entwicklung und daher mit Fragen der Kontinuität und Diskontinuität, der Entwicklung vom Samen zum Baum.

Hier eine weitere Definition. Don Carson sagt: »Biblische Theologie versucht, die Einheit der Gesamtheit aller biblischen Texte sichtbar zu machen und auszudrücken, wobei sie sich vorwiegend auf

49 T. Desmond Alexander, Brian S. Rosner, D.A. Carson, Graeme Goldsworthy (Hgg.), *New Dictionary of Biblical Theology* (Downers Grove, IL: InterVarsity Press, 2000).

50 Zitiert in Vern Poythress, »Kinds of Biblical Theology«, *Westminster Journal of Theology* 70 (2008): 130.

diese Texte an sich beschränkt.«[51] Nun, was heißt das? Es heißt, dass das Hauptaugenmerk Biblischer Theologie auf den verschiedenen literarischen und historischen Kontexten der Erzählung liegt und sie daher versucht, die Bedeutung der Erzählung mit deren eigenen Begriffen auszudrücken. Zum Beispiel zeichnet Biblische Theologie die Entwicklung von Opfer und Bund nicht etwa deshalb nach, weil diese Begriffe heutzutage besonders relevant wären, sondern weil sie die Ausdrucksweise und Agenda sind, welche die Erzählung selbst vorgibt. Thomas Schreiner fasst dies so zusammen: Biblische Theologie »fragt, welche Themen für die Verfasser der Bibel in ihrem historischen Kontext von zentraler Bedeutung sind, und versucht die Zusammengehörigkeit derartiger Themen zu ermitteln«.[52]

Und noch eine weitere Definition. Steve Wellum sagt: Biblische Theologie »tritt dafür ein, dass das Lesen der Bibel als zusammenhängende Schrift nicht bloß eine von vielen möglichen Interpretationen ist, sondern jene Interpretation, die dem Wesen des Textes am besten entspricht, wenn man von seiner göttlichen Inspiration ausgeht. [Biblische Theologie] als solche, d. h. als Disziplin, liefert nicht nur die Verständnisgrundlage dafür, wie Texte in einem Teil der Schrift mit alle anderen Texten zusammenhängen; sie dient auch als Grundlage und Untermauerung aller theologischen Arbeit …«[53] Was ist der Kern dieser Definition? Sie besagt, dass Biblische Theologie nicht nur an Tatsachen wie prophetischer Verheißung und Erfüllung oder Typos und Antitypos interessiert ist, sondern auch daran, diese Dinge nachzuweisen, so dass – trotz der Vielzahl literarischer Formen, historischer Hintergründe und menschlicher Verfasser – daraus für jedermann offensichtlich wird: Bei der Bibel handelt es sich tatsächlich um eine einheitliche Geschichte, die einem einzigen göttlichen Geist entspringt und nach seinem göttlichen und souveränen Willen verläuft. So stellt Don Carson richtigerweise fest: Dies bedeutet, dass die Biblische (wie auch die Systematische) Theologie nicht bloß beschreibend ist; vielmehr formuliert sie »synthetische Lehrsätze über Wesen, Willen und Plan Gottes in Schöpfung und Erlösung, was

---

51 D.A. Carson, »Systematic Theology and Biblical Theology«, in: *NDBT*, 100.

52 Thomas Schreiner, »Preaching and Biblical Theology«, *The Southern Baptist Journal of Theology* 10 (2006): 22.

53 Stephen J. Wellum, »Editorial: Preaching and Teaching the Whole Counsel of God«, *SBJT* 10 (2006): 2-3.

folglich auch Wesen, Bestimmung und ›Geschichte‹ der Menschheit einschließt«.[54]

Wie wir sehen, schließt keine dieser Definitionen die andere aus, sondern jede unterstreicht einen anderen Aspekt dessen, was wir Biblische Theologie nennen. Vielleicht bringt es uns am besten weiter, wenn wir an der einfachsten Definition festhalten, die ich kenne (sie ist es deshalb, weil sie von mir stammt): Biblische Theologie ist der Versuch, die ganze Geschichte der ganzen Bibel als christlicher Heiliger Schrift nachzuerzählen. Sie ist somit eine Erzählung, die beansprucht, auch für unseren Lebenswandel maßgeblich und normativ zu sein, weil sie erzählt, wie Gott sich verherrlicht, indem er mittels Gericht Heil schafft.

Systematische Theologie

Worum geht es bei der Systematischen Theologie? Hier fällt eine Definition schon etwas leichter.

Die einfachste Definition ist vielleicht die, die ich im Unterricht über dieses Thema benutze. Systematische Theologie ist *der Versuch, geordnet und ausführlich zusammenzufassen, was die ganze Bibel über ein bestimmtes Thema zu sagen hat.* Mit anderen Worten: Systematische Theologie befasst sich nicht damit, wie sich ein Thema im Laufe der Zeit oder der biblischen Geschichte entwickelt hat. Sie befasst sich damit, alles zu berücksichtigen, was zum Thema gesagt wurde, es zu sammeln, zu vergleichen, in Beziehung zueinander zu setzen und dann ausführlich zusammenzufassen. Systematische Theologie befasst sich weniger mit der Handlung der Geschichte als vielmehr damit, worauf sie im Endeffekt hinausläuft.

Natürlich aber geht es bei der Systematischen Theologie um mehr als darum, die biblische Lehre über zufällig gewählte Themen zusammenzufassen. Wären es bloß rein zufällig gewählte Themen, dann könnte man sie auch Unsystematische Theologie nennen.[55] Die Systematische Theologie versucht jedoch seit jeher, die Themen als solche zu ordnen. Dabei versucht sie möglichst alle Hauptthemen und die meisten Nebenthemen der Schrift abzudecken und

54 Carson, *NDBT*, 100.

55 Wayne Grudem, *Systematic Theology: An Introduction to Biblical Doctrine* (Grand Rapids, MI: Zondervan, 1994), S. 24.

anschließend alle Themen in eine logische Beziehung zueinander zu stellen, so dass ein vollständiges Gedankengebäude entsteht. In diesem Sinn ist die Systematische Theologie kein Bibellexikon, das uns Artikel über jedes erdenkliche Thema bietet; vielmehr versucht sie das zum Ausdruck zu bringen, was wir die biblische Weltsicht nennen können.[56] Wenn erst einmal ein solcher Rahmen dafür gegeben ist, dass wir verstehen, wer Gott ist, wer wir sind, woher wir kommen und wohin wir gehen, dann wird schnell deutlich: die Systematische Theologie versetzt uns in die Lage, biblisch über alle möglichen Dinge zu denken, welche die Bibel nicht direkt anspricht. Was zum Beispiel lehrt die Bibel über Psychologie, Elektrizität oder den Sozialstaat? Nun, direkt nichts. Aber sie lehrt indirekt durchaus etwas darüber, weil die Bibel uns mittels der Systematischen Theologie eine Weltsicht gibt, aufgrund derer wir solche Fragen durchdenken können.

Wir können sogar noch einen Schritt weiter gehen: Die Systematische Theologie fasst nicht nur zusammen, was die Bibel über jedes beliebige Thema lehrt, und ordnet dann diese Themen in ein stimmiges Gefüge oder Weltbild ein; sie versucht auch, diese Zusammenfassungen in präzisen und akkuraten Lehrsätzen auszudrücken, die den Unterschied zwischen Wahrheit und Irrtum, zwischen rechter Lehre und Irrlehre definieren. Die Systematische Theologie versucht, normative Aussagen zu treffen. Dazu ein Beispiel aus der Systematischen Theologie von Wayne Grudem. Der Satz: »Die Bibel sagt: ›Jeder, der an Jesus Christus glaubt, wird gerettet werden‹«, ist eine »vollkommen richtige Zusammenfassung« dessen, was die Bibel über Errettung lehrt.[57] Aber wenn das schon alles wäre, was wir zum Thema zu sagen hätten, dann könnte sich jeder zu dieser Aussage bekennen – angefangen bei Evangelikalen über Katholiken und Mormonen bis hin zu nachdenklichen Moslems. Warum? Weil wir nicht definiert haben, wer Jesus Christus ist, was Errettung ist, wovor und wozu wir gerettet werden und was es bedeutet, an Jesus zu glauben.[58]

---

56 Stephen J. Wellum, unveröffentlichte Vorlesung in Systematischer Theologie Teil 1 (2006).

57 Grudem, S. 24.

58 Der Ausdruck »an jemanden glauben« u.Ä. wird im Deutschen fast ausschließlich im religiösen bzw. soteriologischen Sinn verwendet, während das englische »believe in« weiter gefasst ist, etwa i.S.v. jemandem vertrauen, seinen Worten glauben usw.

Um gegen Irrtum gefeit zu sein und die Wahrheit zu vermitteln, die tatsächlich rettet, geht die Systematische Theologie über allgemeine Zusammenfassungen hinaus und formuliert präzise, detaillierte Lehrsätze. Damit versucht sie nicht, die Bibel zu verbessern, sondern dem vollkommen gerecht zu werden, was die Bibel lehrt.

Zuletzt: Die Systematische Theologie fasst nicht nur zusammen und ordnet und definiert, sondern versucht auch, diese Lehren auf unseren heutigen Alltag anzuwenden. John Frame definiert Systematische Theologie als »die *Anwendung* des Wortes Gottes durch Menschen auf die Welt und alle Bereiche des menschlichen Lebens«.[59] Wayne Grudem merkt an: »Die Anwendung auf den Alltag ist notwendiger Bestandteil einer Systematischen Theologie, die ihrem Zweck gerecht werden soll.«[60] Don Carson drückt es so aus: »Systematische Theologie, die diese Bezeichnung auch verdient, … versucht auszudrücken, was die Bibel sagt, und zwar so, dass sie in unserem kulturellen Umfeld etwas zu sagen hat, ja regelrecht prophetisch ist.« Ihr Interesse ist weder antiquiert noch traditionalistisch;[61] vielmehr ist die Systematische Theologie ernsthaft darum bestrebt, für die Gegenwart von Bedeutung zu sein. Ihr Ziel ist, uns nicht nur zeitlose Wahrheit zu lehren, sondern auch was es bedeutet, dieser zeitlosen Wahrheit heute zu glauben und zu gehorchen.

Warum ist die praktische Anwendung nach Meinung von Theologen der Kern der Systematischen Theologie? Aus folgendem einfachen Grund: »Nirgends in der Schrift entdecken wir, dass man die Lehre um ihrer selbst willen erforscht.«[62] In diesem Sinn ist die Systematische Theologie tatsächlich nichts anderes als ein Versuch, dem Missionsbefehl gehorsam zu sein. Wenn die Biblische Theologie zu verstehen versucht, wie der Missionsbefehl sich in Gottes allumfas-

---

In diesem Sinn können, wie der Verfasser oben sagt und was manchen Leser verwundern dürfte, auch Moslems »an Jesus glauben«, nämlich indem sie dem Koran nach glauben, dass er ein Prophet Gottes sei, aber geleugnet habe, Gott oder Gottes Sohn zu sein (Sure 5,116f), oder dass er nicht gekreuzigt worden sei (Sure 4,157f). Dass solcher »Glaube« nicht das ist, was die Bibel unter rettendem Glauben versteht, liegt auf der Hand; Anm. d. Übers.

59 John Frame, *Salvation Belongs to the Lord: An Introduction to Systematic Theology* (Philipsburg, NJ: P&R, 2006), S. 79.

60 Grudem, S. 23.

61 Carson, S. 101.

62 Grudem, S. 23.

senden Erlösungsplan einfügt, dann versucht die Systematische Theologie schlicht das beim Namen zu nennen, was es für uns bedeutet, alles zu lehren und zu halten, was Jesus geboten hat.

Wie beide zusammenhängen

Wenn die Biblische und die Systematische Theologie so zu definieren sind, wie verhalten sie sich dann zueinander? Wenn wir darüber nachdenken, dann auf mindestens zweierlei verschiedene, aber nützliche Weise.

Erstens hängen sie durch einen maßgeblichen roten Faden zusammen. Dieser rote Faden beginnt in der Schrift, der maßgeblichen und normativen Quelle aller unserer Theologie. Er bewegt sich dann von der Schrift ausgehend über unsere Auslegung der jeweiligen Bibelstelle fort. Wenn wir alle Bibelstellen zusammenfügen, nimmt er in unserer Biblischen Theologie Gestalt an. Zuletzt mündet der rote Faden in der Systematischen Theologie, indem wir versuchen, die Lehre der Schrift zusammenzufassen und auf unseren heutigen Alltag anzuwenden. In diesem Sinn neigt die Biblische Theologie eher dazu, sich mit den Grundlagen zu befassen, während die Systematische Theologie sowohl auf den Ergebnissen der Biblischen Theologie aufbaut als auch an sich durch die Auslegungsebenen geleitet wird, welche die Biblische Theologie etabliert. So sagt Carson sehr treffend: »Im Gegensatz zur Biblischen Theologie ist die Systematische Theologie weniger eine Disziplin, die Wissen vermittelt, als vielmehr eine, in der dieses Wissen gipfelt.« Und dennoch gilt: Da beide die Basis ihrer Vollmacht allein in der Schrift finden, bilden auch beide normative Theologie für die christliche Gemeinde.[63]

Zweitens aber sind beide auch durch einen roten Faden verbunden, der ihren Nutzen oder ihr Ziel betrifft. Die Biblische Theologie führt uns in die Handlung der Bibel ein, um deren Lehre mit ihren eigenen Worten zu schildern. Sie ist eine hermeneutische Disziplin, bei der es um die Art und Weise geht, die Bibel zu lesen und zu erforschen. Das Ziel der Biblischen Theologie ist somit, ein innerlich zusammenhängendes Verständnis der Bibel zu finden; die Systematische Theologie fasst die Weltsicht der Bibel zusammen. Sie ist eine Disziplin, bei der es um die praktische Anwendung geht; sie fasst

63 Ebd., S. 101-102. Vgl. Schreiner, S. 23.

zusammen und legt dar, was die Bibel darüber lehrt, wie wir uns »selbstbewusst mit [unserer] Kultur auseinandersetzen«.[64] Das Ziel der Systematischen Theologie besteht somit darin, die Wahrheit nach außen hin vernünftig zum Ausdruck zu bringen.

Letztendlich kann es die eine nicht ohne die andere geben. Bei der Biblischen Theologie geht es darum, wie wir die Bibel verstehen; bei der Systematischen Theologie geht es darum, wie man nachweist, dass die biblische Geschichte für unseren Alltag normativ ist. Wer sagt, dass er die eine haben möchte, die andere aber nicht, zeigt damit, dass er nichts von beidem verstanden hat. Jeder hat sowohl eine Systematische als auch eine Biblische Theologie, ob er es weiß oder nicht. Wir wollen allerdings, dass beide schriftgemäß sind: die biblische Geschichte wie auch die biblische Weltsicht. Wir werden diese Weltsicht nicht erfassen, wenn wir die Geschichte nicht verstehen, aus der sie hervorgeht. Doch wenn wir nichts als nur eine Geschichte haben, wie soll diese dann jemals unsere heutigen Lebensbelange betreffen?

Warum Systematische Theologie für die Biblische Theologie wichtig ist

Als ich erstmals eine schriftgemäße Biblische Theologie entdeckte, war ich völlig baff. Sie verdeutlichte mir ganz neu, wie lebendig die Bibel ist und zeigte mir, wie viele Dinge zusammenhängen. Ich muss zugeben, dass ich von der Biblischen Theologie so sehr angetan war, dass ich eine Zeitlang für Systematische Theologie kaum noch Zeit oder Interesse hatte. Nicht, dass ich sie für überflüssig gehalten hätte; ich meinte nur, ich wäre darüber hinaus zu etwas Besserem fortgeschritten.

Mit dieser Idee war ich nicht allein. Vom Missionsfeld bis zur postmodernen Gemeindeszene stimmten immer mehr Stimmen in einen gemischten Chor ein, der zunehmend die Systematische Theologie zugunsten der »sagenumwobenen Geschichten« der Biblischen Theologie verwirft. Manche weisen darauf hin, dass Jesus Geschichten (Gleich-

64 Carson, S. 102-103. Ich bin auch Stephen Wellum für den befruchtenden und hilfreichen Dialog zu Dank verpflichtet, der die Frage betrifft, wie beide Disziplinen miteinander zusammenhängen.

nisse) benutzte, wenn er lehrte, und keine theologischen Vorlesungen hielt. Andere erklären: Als es Gott gefiel, sich durch die Schrift zu offenbaren, tat er dies nicht in Form Systematischer Theologie, sondern vorwiegend in Form von Erzählungen. Noch andere meinen, Sprache wäre schlicht unfähig, in Lehrsätzen zu erfassen, wer Gott ist, und doch ermöglichten ihm die Erzählungen der Schrift, vieles über sein Wesen umfangreich, tiefschürfend und vielschichtig zu vermitteln. Zuletzt wird oft behauptet, unsere postmodernen Zeitgenossen würden Theologie einfach nicht so sehr mögen wie Geschichten.

Erfreulicherweise war in meinem Fall die Vernachlässigung Systematischer Theologie zugunsten Biblischer Theologie nur relativ kurzlebig. Ich kam zur Besinnung, bevor mein Pastoraldienst ernsthaften Schaden nahm. Doch für diejenigen von Ihnen, die sich immer noch darüber wundern, möchte ich versuchen klarzustellen: So gut Biblische Theologie an sich auch ist, so wird doch unser Dienst in der örtlichen Gemeinde unzureichend und armselig sein, wenn wir nicht ebenso über eine gesunde Systematische Theologie verfügen.

Ligon Duncan leitet aus der Schrift sechs Dinge ab, für die gesunde Lehre als Frucht Systematischer Theologie unverzichtbar ist:

1) Johannes 17,13-17 sagt, dass Lehre zu Freude und Wachstum führt.
2) Matthäus 28,18-20 sagt, dass man Jünger (unter anderem) dadurch macht, dass man die Wahrheit lehrt.
3) 1. Timotheus 1,3-5 sagt, dass schlechte Lehre zersetzend wirkt, gute Lehre hingegen Liebe hervorbringt.
4) 1. Timotheus 1,8-11 sagt, dass Lehre und Ethik untrennbar miteinander verbunden sind.
5) 1. Timotheus 6,2-4 sagt, dass Lehre die Frömmigkeit fördert.
6) Titus 1,1 sagt, dass Lehre für die Frömmigkeit von entscheidender Bedeutung ist.[65]

An Duncans Liste fällt mir einiges auf. Beachten wir erstens, woher all diese Zitate stammen: entweder aus den Pastoralbriefen – den An-

65 J. Ligon Duncan III, »Sound Doctrine: Essential to Faithful Pastoral Ministry: A Joyful Defense and Declaration of the Necessity and Practicality of Systematic Theology for the Life and Ministry of the Church«, in Mark Dever, J. Ligon Duncan III, R. Albert Mohler Jr., C.J. Mahaney, *Proclaiming a Cross-centered Theology* (Wheaton, IL: Crossway, 2009), S. 36-44.

weisungen des Paulus an Gemeindemitarbeiter, was sie tun sollen – oder aus dem Gebet Jesu für die Apostel bzw. seinen Anweisungen an sie, worum es in ihrem Dienst gehen soll. Ich weiß nicht, wie es Ihnen geht, aber ich wäre erstaunt, wenn mein Dienst auch nur entfernt an den der Apostel heranreichte. Wenn also Paulus wie auch Jesus sagten, dass wir Lehre vermitteln sollen, egal ob wir das mögen oder was unsere postmodernen Zeitgenossen unserer Meinung nach darüber denken mögen, so scheint mir, dass wir wohl tatsächlich Lehre vermitteln sollen.

Ebenso aber bin ich auch völlig baff, wenn ich sehe, was Jesus und Paulus darüber sagen, wozu Lehre gut ist (und wie auch Duncan es herausgestellt hat): zu Freude, Wachstum, Frömmigkeit, Jüngerschaft, Liebe, Leben: anscheinend zu allem! Genau das ist es, wonach zu streben man von mir als Pastor erwartet, und Lehre fördert all dies ebenso wie sie die negativen Dinge abwehrt: Unmoral, Irrlehre, Spaltung, Entmutigung usw. – genau das, was Freude, Wachstum, Frömmigkeit usw. zunichte zu machen droht.

Nun garantiere ich Ihnen: Duncan nennt keinen einzigen Vers, der verheißt, gesunde Lehre würde dazu führen, dass immer größere Massen in Ihre Gemeinde strömen! Er bietet auch keine einzige Zusage der Schrift, gesunde Lehre würde die Leute unterhalten, ihnen ein besseres Selbstwertgefühl vermitteln oder bewirken, dass man Sie als Pastor mehr mag (ich meine jedoch, eine Stelle gefunden zu haben, die das Gegenteil andeutet: 2. Timotheus 4,3-4). Und soweit ich sagen kann, sorgt gesunde Lehre garantiert nicht für bessere Programme, effizientere Management-Strukturen oder für eine Antwort auf die uralte schwierige Frage, was zuerst da war: der größere Tempel oder der größere Parkplatz. Wenn Sie Antworten auf Fragen wie diese suchen, dann müssen Sie sich anderweitig umschauen. Lehre ist für einen Dienst in Sachen Massenmanagement nicht besonders hilfreich.

Wenn Sie aber praktische Hilfe dafür suchen, die Gottesfurcht in Ihrer Gemeinde voranzubringen, Liebe und Einheit zu fördern, Jünger zu machen und in der Gnade zu wachsen, dann gibt es nichts Praktischeres als gesunde Theologie. Könnte es sein, dass manche von uns im geistlichen Dienst das Interesse an gesunder Theologie deshalb verloren haben, weil wir in Wahrheit gar keinen christlichen Dienst mehr ausüben?

Testfall: das Evangelium

Betrachten wir für einen Moment, wie sowohl die Biblische als auch die Systematische Theologie wichtig und aufeinander bezogen sind, indem wir uns die wichtigste aller Fragen für den Pastoraldienst stellen: Was ist das Evangelium? Wie lautet die gute Botschaft, die die Bibel uns offenbart?

Wenn die Biblische Theologie zu dieser Frage kommt, spannt sie einen großen Bogen, um Gottes Handeln in der Geschichte darzulegen. Diesen Bogen kann man als Verlauf von der Schöpfung über den Sündenfall und das Erlösungswerk bis hin zur neuen Schöpfung beschreiben. Ich werde mir hier nicht die Zeit nehmen, um jetzt diese ganze Geschichte zu erzählen. Das werden wir in Kapitel 6 bis 10 tun. Ich möchte aber, dass Sie feststellen, dass dieser Grundriss der Erzählung folgt, welche die Schrift selbst bietet. Er erklärt, was Gott während der ganzen Heilsgeschichte tut, während sie vom Garten Eden zum neuen Himmel und der neuen Erde hin fortschreitet.

Biblische Theologie spricht über das Evangelium auch mit Begriffen wie dem Königreich Gottes. George Eldon Ladd hat unser Denken über dieses Königreich entscheidend geprägt.[66] Wie Ladd feststellt, verwendet die Bibel die Rede vom Königreich Gottes im Allgemeinen nicht, um über Gottes Wohnsitz zu sprechen, sondern über seine Herrschaft. Natürlich regiert Gott schon seit jeher und für immer. Er ist der souveräne Herrscher des Universums, das er gemacht hat. Wenn die Schrift aber vom Königreich Gottes spricht, dann bezeichnet sie damit gewöhnlich Gottes Heilshandeln. Dieses Reich Gottes sehen wir unter denen bestehen, an denen er handelt und die wahrhaftig sein Volk sind – nämlich jenen, die ihm gehorchen.

Wenn Markus 1,14-15 sagt, dass Jesus auftrat und das Evangelium Gottes predigte, dass das Königreich Gottes nahe herbeigekommen sei, dann sagt die Biblische Theologie: Genau das ist es, worum es beim Evangelium geht. Es ist die weltumspannende gute Botschaft darüber, was Gott durch Jesus Christus tut. Wir verloren dieses Königreich beim Sündenfall, und Gott skizzierte es uns schattenhaft neu mit der Geschichte Israels. Jetzt aber, durch Leben, Tod und

66 George Eldon Ladd, *The Gospel of the Kingdom: Scriptural Studies in the Kingdom of God* (Grand Rapids, MI: Eerdmans, 1959).

Auferstehung Jesu, wurde das Königreich Gottes wieder aufgerichtet. Die Sünde wurde besiegt. Die Gemeinde lebt durch die Kraft des Geistes aus dem Leben, welches das Königreich gibt. Und wir freuen uns auf den Tag, an dem der König wiederkehrt und seine Herrschaft vollendet – eine Herrschaft, die kein Ende hat.

Das ist eine fantastische Botschaft. Sie ist eine außergewöhnliche Geschichte, wie wir in den folgenden Kapiteln noch sehen werden. Sie sprengt unser Vorstellungsvermögen und bewirkt, dass wir alles in einem neuen Licht sehen. Sie ist eine unglaublich gute Botschaft!

Da gibt es nur eine einzige Ausnahme.

Mich. Und Sie.

Wo ist unser Platz in dieser Geschichte?

Die große Geschichte von Schöpfung, Sündenfall, Erlösung und Vollendung, die Geschichte des kommenden Königreichs Gottes, sagt mir, was Gott tut und wie er es tut. Wie aber kann dies eine gute Botschaft für Sünder wie Sie und mich sein? Das kommende Königreich Gottes könnte eine gute Botschaft für die Welt sein, aber sie ist eine schlechte Botschaft für Sünder, weil das Kommen des Reiches ebenso Zorn und Gericht bedeutet wie auch Erneuerung und Neuschöpfung. Ist daher die Geschichte des kommenden Reiches Gottes auch für mich persönlich eine gute Botschaft?

Um diese Frage beantworten zu können, brauchen wir die Systematische Theologie. Wenn sie die Frage beantwortet: »Was ist das Evangelium?«, dann spricht sie in den vier Kategorien Gott, Mensch, Christus und Reaktion. Dadurch wird die weltumspannende gute Botschaft zu einer persönlichen guten Botschaft für Sie und mich. Das Kommen des Königreichs Gottes (das Evangelium aus Sicht der Biblischen Theologie) ist eine schlechte Botschaft für Sünder. Doch angesichts des Erlösungswerks Christi am Kreuz als stellvertretendem Opfer und angesichts der Vorsehung Gottes, dass dieses Werk uns durch Umkehr und Glaube zu Gute kommt (das Evangelium aus Sicht der Systematischen Theologie), wird daraus für uns nun eine gute Botschaft. Dies ist eine Botschaft, die nicht bloß beschreibt, wie wunderbar das Königreich ist; nein, es ist eine Botschaft, die Sie und mich persönlich in dieses Königreich hineinbringt! Manche Leute von heute verunglimpfen eine solche Ausdrucksweise als allzu individualistisch, allzu sehr bestimmt durch westliche juristische Vorstellungen von Schuld und Strafe. Doch Fakt ist: Solange das Evangelium mir nichts über mein persönliches Heil zu sagen hat, bleibt es nur eine Geschichte, die uns zwar zu guten Taten und noblen Gedanken anregen kann, nicht aber vor dem Zorn Gottes zu retten vermag (was auch immer sie ansonsten darüber zu sagen hat, wie Gott die Welt rettet). Die Systematische Theologie bringt die Sache auf den Punkt:[67] Sie verbindet die Geschichte vom Königreich Gottes mit Ihrer und meiner Lebensgeschichte.

Heißt das, dass wir die Biblische Theologie dann überhaupt nicht brauchen? Keineswegs! Sobald ich das Wort »Königreich« ausspreche, sind wir schon wieder beim Evangelium aus Sicht der Biblischen Theologie und der Hoffnung auf Erlösung, die durch ein ewiges Königreich definiert wird. Ohne die Biblische Theologie wäre ich weit mehr geneigt, Erlösung auf eine persönliche, existenzielle Erfahrung zu reduzieren, die völlig von dem losgelöst ist, wie Gott an seinem Volk als Körperschaft handelt. Ohne die Biblische Theologie dürfte ich kaum begreifen, welche kommende Hoffnung mit der neuen Schöpfung auf uns wartet. Ohne die Biblische Theologie wäre ich versucht, den Heilsplan so zu verstehen, als ginge es dabei um mich statt um Gottes Ehre. Wir sehen: Ich brauche beide, und beide brauchen einander. Paulus sagt, dass es nichts nützt, wenn wir nur in diesem Leben auf Gott hoffen (1Kor 15,19). Die Hoffnung, die das Evangelium uns »durch die Auferstehung Jesu Christi von den Toten« vermittelt, ist »eine lebendige Hoffnung und Aussicht auf ein unzerstörbares, unbeflecktes und unverderbliches Erbe, das im Himmel aufbewahrt ist für euch. Auf dieses Heil hin, das bereitliegt, um am Ende der Zeit offenbart zu werden, bewahrt euch Gottes Kraft durch den Glauben« (1Pet 1,3-5 ZÜR).

Fazit

Ich habe Ihnen noch keine Werkzeuge der Systematischen Theologie an die Hand gegeben; stattdessen habe ich zuerst einfach nur begründet, warum wir Biblisch Theologie brauchen. Nachdem ich nun bislang in diesem Buch weithin ein Loblied auf die Biblische

---

67 Jonathan Leeman, »Biblical and Systematic Confusion Yields Gospel Delusions«, 9Marks e-journal (November/Dezember 2006), http://www.9marks.org/ejournal/biblical-and-systematic-confusion-yields-gospel-delusions (letzter Zugriff am 13.12.2012).

Theologie gesungen habe, möchte ich nicht, dass Sie die Werkzeuge der Systematischen Theologie stiefmütterlich behandeln. So herrlich und wichtig die Biblische Theologie auch ist, sie allein reicht nicht aus, wenn wir eine Biblische Theologie haben wollen, die wirklich praktisch und jederzeit lebensnah ist. Hierzu brauchen wir ebenso die Systematische Theologie.

Ich wurde erst kürzlich daran erinnert, als ich in Ruhe über einen Familienstreit bei uns nachsann. Die offenkundige Frage lautete: Wie kann eine Gruppe Erwachsener (allesamt nahe Verwandte) miteinander umgehen, ohne in Streit zu geraten? Dabei hatte ich all das im Hinterkopf (und es bildete die Grundlage all meiner Worte), was die Bibel biblisch-theologisch zum Thema »Reden« zu sagen hat – und das ist viel. Gott ist derjenige, der in der Schrift zuerst spricht, und unsere Worte und Sprache folgen diesem Muster. Sein Wort erschafft, überführt und tröstet sein Volk. Sein Wort offenbart ihn und schafft die Beziehung und Vertrautheit zu seinem Volk. Sein Wort ist allezeit wahr, allezeit liebevoll und allezeit recht. Und es ist abschließend und vollkommen in dem Wort geoffenbart, das Fleisch wurde: Jesus Christus. Diese Perspektive war wichtig, ja entscheidend dafür, wenn ich auch nur die geringste Hoffnung haben wollte, dass mein Einsatz zu einer Lösung führen würde.

Doch offen gesagt war das nicht genug, um das äußerst praktische Thema anzusprechen, wie man seine Zunge im Zaum hält. Ich brauchte nicht nur eine Biblische Theologie über das Reden, sondern auch eine Systematische Theologie über das Reden, die in meiner Biblischen Theologie wurzelt. In dem Wissen, dass wir im Ebenbild Gottes geschaffen sind, dessen Reden allezeit sein Wesen widerspiegelt, musste ich jeden am Streit Beteiligten daran erinnern, dass unsere Zunge stets das ausspricht, was unser Herz erfüllt (Mk 7; Jak 3). In dem Wissen, dass unser Leben den Sündenfall beständig rekapituliert und ihn immer wieder bestätigt, musste ich die Streithähne daran erinnern: Wenn wir zornig, manipulierend oder verführend reden, dann sprechen wir die Sprache der Schlange aus Eden und offenbaren unsere gefallene Natur (Joh 8,44). Der erste Schritt der Konfliktbewältigung bestand somit nicht in besseren Kommunikationsstrategien, sondern in Selbstprüfung und Buße.

Ich musste auch jeden belehren, wozu Gott uns die Sprache gegeben hat. Den Hintergrund liefern hier erneut die Biblische Theologie und die Offenbarung des Wortes Gottes, wie es schließlich in Jesus Christus sichtbar wurde. Jesus selbst offenbart das Vorbild dessen, zu welchem Zweck Gott uns die Sprache gab: nicht, damit wir bekommen, was wir haben wollen (Jak 4,1ff), sondern um andere zu erbauen, je nachdem sie es bedürfen und wie es ihrem Besten dient (Eph 4,29). Auf diese Weise spiegelt unser Reden das Reden Gottes wider, indem wir durch seine Gnade in sein Ebenbild verwandelt werden, das »nach Gott geschaffen ist in wahrhaftiger Gerechtigkeit und Heiligkeit« (Eph 4,24). Von hier an – nachdem wir anerkannt hatten, dass das Problem nicht äußerer Natur war (»Mein Verwandter ist schuld!«), sondern innerer (»Mein Herz ist schuld!«), und dass wir davon abhängig sind, dass die Gnade Gottes in Christus uns erneuert und verändert – konnten wir konkrete Schritte ansprechen, die die Streitenden jeweils unternehmen mussten.

Genau hier setzt die Systematische Theologie an. Diese wandte die Wahrheit des Wortes Gottes – durchweg von der Biblischen Theologie unterstützt und umgeben – auf die konkrete aktuelle Situation eines Familienkonflikts an. Ohne Biblische Theologie hätte ich leicht versucht sein können, ihnen bloß Regeln und moralische Richtlinien zu geben; doch ohne Systematische Theologie hätte ich ihnen nicht mehr geben können, als nur eine Geschichte zu erzählen.

KAPITEL FÜNF

Werkzeuge der Systematischen Theologie: Wie und warum man theologisch denken muss

Der Diakon, der für unsere Gemeindebibliothek verantwortlich ist, führt eine Statistik darüber, welche Abteilung der Bibliothek am meisten genutzt wird. Theologie steht nicht an der Spitze dieser Liste.

Das überrascht mich nicht. Obwohl ich promoviert habe, stürze ich mich nicht bei jeder sich bietender Gelegenheit auf alle Neuerscheinungen im Bereich Systematischer Theologie. Theologiebücher scheinen mir nämlich vor philosophischer Komplexität und trockenem Fachchinesisch nur so zu triefen. Die meisten von uns kennen keinen hauptberuflichen Theologen persönlich, aber wir alle haben ein Bild davon, wie ein solcher aussehen muss: verdorrt und etwas runzlig, die Mundwinkel stets herabgezogen, trägt er eine Brille mit Drahtgestell, muffige Kleidung und nur noch dünne Haarsträhnen auf einem immer kahler werdenden Haupt. Zusammengefasst sieht so meine Vorstellung aus.

Doch selbst wenn wir keinen hauptberuflichen Theologen kennen, treffen wir doch immer wieder auf Leute, die gerne theologisch reden; und die meisten von uns haben gelernt, um solche Zeitgenossen einen weiten Bogen zu machen. Mit ihnen zu sprechen scheint regelrecht weh zu tun.

Doch ich muss Ihnen sagen: Zwar verspüren Sie vielleicht ein vages Unbehagen und fühlen sich eingeschüchtert, wenn Sie sich vorstellen, Sie müssten sich mit Systematischer Theologie befassen; auch mögen Theologen Ihnen vielleicht exotisch vorkommen. Ungeachtet dessen aber haben Sie tatsächlich schon Ihr ganzes Leben als Christ mit Theologen verbracht. Mehr noch: Seit dem Tag, an dem Sie Christ wurden, sind Sie an theologischen Diskussionen beteiligt.

Jeder hat eine Systematische Theologie

Warum kann ich dies so sicher sagen? Weil ich sicher bin, dass Sie schon einmal die Frage gestellt oder zu beantworten versucht haben: »Was sagt uns die Bibel über … (dieses oder jenes Thema)?« Ja, ob Sie es mögen oder nicht, ob Sie es wollen oder nicht: Sie betreiben immer dann mehr oder weniger Systematische Theologie, wenn Sie eine Aussage darüber treffen, was die Bibel lehrt, was Christen glauben oder in welcher Beziehung das Christentum zu seiner Umwelt steht. Sie können einfach nicht bewusst Christ sein, ohne Systematischer Theologe zu sein. Und wenn das auf Sie als Gemeindemitarbeiter zutrifft, dann auch auf jedes andere Mitglied Ihrer Gemeinde!

Das war zumindest die Überzeugung eines der frühesten christlichen Theologen, des Apostels Paulus. Es ist altbekannt, dass die meisten Paulusbriefe sich in zwei Teile gliedern: Gewöhnlich eröffnet er seine Briefe mit einer ausführlichen theologischen Betrachtung; dann schließt er sie mit zahlreichen praktischen Ratschlägen und Anweisungen. Aber diese beiden Hälften stehen nicht ohne Bezug zueinander da. Fast jedes Mal setzt Paulus hier ein wichtiges Bindeglied im Brief: ein überdeutliches »*darum*« zwischen der zunächst vorgestellten Theologie und der darauf folgenden praktischen Unterweisung.

Was diesen Aufbau so bemerkenswert macht: die Gründe, die Paulus jeweils zum Schreiben seiner Briefe führten, sind fast immer in der zweiten Briefhälfte zu finden. Paulus mag zwar ein Theologe gewesen sein, aber er setzte sich nicht eines Tages hin und sagte: »Wisst ihr – ich denke, ich sollte den Ephesern eine ausführliche Abhandlung über unsere Erwählung in Christus schreiben, und die Philipper könnten wirklich eine Betrachtung über die Gottheit und Menschheit Jesu gebrauchen.« Nein! Er schrieb an die Epheser, weil sie mit der Frage rangen, in welcher Beziehung Juden und Heiden in der Gemeinde zueinander stehen, und an die Philipper, weil sie unter Verfolgung von außen und Streit von innen litten.

Es waren im Grunde recht irdische Probleme, die Paulus veranlassten, diesen Gemeinden zu schreiben. Doch was er ihnen bot, war kein rein praktischer Rat über Konfliktbewältigung oder das Gemeinschaftsleben. Vielmehr bot er ihnen tiefgründige Theologie. Ein Theologe drückt dies folgendermaßen aus:

> [Paulus ist überzeugt, dass] die tiefgründigste Theologie auf die irdischsten und alltäglichsten Probleme anwendbar ist … [Paulus] sagt ihnen: Ihr habt diese praktischen Probleme; die Lösung ist eine theologische. Denkt an eure Theologie und richtet euer Verhalten an dieser Theologie aus! Ordnet eure kleinen Probleme im Lichte der großen Theologie ein! Wir, die wir zum geistlichen Dienst berufen sind, müssen uns dessen bewusst sein. Unsere Lehre darf nie im luftleeren Raum schweben, noch dürfen wir zögern, den allereinfachsten christlichen Pflichten durch die erhabensten Lehren Geltung zu verschaffen.[68]

Die Lösung praktischer Probleme ist theologischer Natur. Die Frage lautet daher nicht, ob Sie ein Theologe sein werden oder nicht, sondern was für ein Theologe Sie sein werden. Werden Sie ein guter Theologe sein oder ein schlechter, ein konsequenter oder ein inkonsequenter, ein systematischer oder ein planloser? Ich möchte Ihnen helfen, ein besserer Theologe zu sein! Dazu werde ich kurz betrachten, was Lehre ist, wie man theologisch denkt und warum wir uns im Zusammenhang mit der örtlichen Gemeinde mit solchen Studien befassen müssen. Hier nun endlich die Werkzeuge der Systematischen Theologie:

Was ist Lehre?

Im vorherigen Kapitel sagte ich, Lehre sei schlicht eine präzise und akkurate Zusammenfassung dessen, was die Bibel über ein Thema sagt, und dass sie dazu dient, den Unterschied zwischen Wahrheit und Irrtum, zwischen rechtem Glauben und Irrlehre zu definieren.

68 Donald Macleod, *The Humiliated and Exalted Lord: Studies in Philippians 2 and Christology* (Greenville, SC: Reformed Academic Press, 1994), S. 4. Zitiert nach J. Ligon Duncan III, »Sound Doctrine: Essential to Faithful Pastoral Ministry: A Joyful Defense and Declaration of the Necessity and Practicality of Systematic Theology for the Life and Ministry of the Church«, in Mark Dever, J. Ligon Duncan III, R. Albert Mohler jun. und C.J. Mahaney, *Proclaiming a Cross-centered Theology* (Wheaton, IL: Crossway, 2009), S. 43.

Nun ist es an der Zeit, dem ein wenig mehr Gestalt zu verleihen. In der Tat weist Lehre diesbezüglich mindestens drei Aspekte auf, die alle wichtig sind, wenn wir verstehen wollen, was es bedeutet, theologisch zu denken.[69]

Bibelkenntnis

Grundsätzlich ist unter theologischer Erkenntnis zu verstehen, dass man Gott erkennt. So wie die Schrift diesen Begriff darstellt, ist Gotteserkenntnis mehr als nur den Kopf voller Fakten über Gott zu haben. Gott ist nicht wie ein Käfer, den wir als Forschungsobjekt unter die Lupe nehmen können. Gott ist eine Person. Gott zu erkennen, heißt somit, ihn so kennenzulernen wie einen anderen Menschen, sei es ein Freund oder ein Familienmitglied. Aber Gott ist kein Mensch wie Sie und ich; somit ist unsere Gotteserkenntnis weder durch Lässigkeit noch durch plumpe Vertrautheit geprägt. Noch weit wichtiger ist: Wir erkennen Gott nicht intuitiv. Wir können nicht aus dem, was wir mögen, ableiten, wer Gott ist. Gott ist Geist; Gott ist heilig. Er ist unser Schöpfer und Herr. Das heißt: Gotteserkenntnis verlangt uns Ehrerbietung, Gehorsam und Anbetung ab. Es bedeutet auch, dass uns solche Erkenntnis gegeben werden muss. Wir sind nicht fähig, ihn auf eigene Faust zu erkennen. Wenn wir Gott erkennen sollen, dann muss er sich uns offenbaren. Und wo hat er dies getan? Durch die inspirierte Offenbarung der Schrift.

All dies führt uns zum ersten Aspekt der Lehre, welcher lautet: Lehre beginnt mit Bibelkenntnis. Wie bereits gesagt, ist die Bibel Gottes inspirierte Selbstoffenbarung. Sie ist daher nicht nur in Bezug auf Gott, sondern auch auf jede andere Frage maßgeblich, welche die Theologie stellt und zu beantworten versucht. Die Bibel gibt uns eine normative Perspektive über Gott, uns und die Welt. Und diese Perspektive gebietet uns, uns Gott unterzuordnen und ihm zu gehorchen. Gott aus der Perspektive biblischer Erkenntnis zu kennen,

69 Der folgende Abschnitt beruht in weiten Teilen auf John Frames Abhandlung über Erkenntnistheorie in *The Doctrine of the Knowledge of God* (Philipsburg, NJ: P&R, 1987). Ich stimme zwar nicht mit allen erkenntnistheoretischen Ansichten Frames überein (z. B. dass er darauf besteht, manche Aussagen über Gott hätten keine diesseitige Entsprechung), aber ich halte seine drei Kategorien der normativen, existenziellen und situationsbezogenen Perspektive für hilfreich und habe sie daher im Folgenden als biblische Erkenntnis, Selbsterkenntnis und situationsbezogene Erkenntnis übernommen.

heißt seiner Herrschaft untertan zu sein und alles Denken unter den Gehorsam gegenüber Christus gefangen zu nehmen (2Kor 10,5).

Um dies auf die Praxis zu übertragen, wollen wir ein Beispiel betrachten. Was sagt die Bibel über Stammzellenforschung? Nichts ausdrücklich, jedenfalls nicht mit genau diesem Begriff. Tatsächlich aber hat sie durchaus etwas dazu zu sagen, wenn wir anfangen, theologisch zu denken. Zuerst einmal sagt sie uns, dass Gott der Schöpfer und Spender allen Lebens ist (Ps 139,13-16) und dass der Mensch im Ebenbild Gottes gemacht wurde (1Mo 1,26f). Darum haben wir – wie gut unsere Motive auch sein mögen – kein Recht uns anzumaßen, wir hätten Vollmacht über menschliches Leben (2Mo 20,13); dies steht allein Gott zu. Die Erzeugung menschlicher Embryonen zu dem Zweck, ihre Stammzellen zu ernten, ist – da dies zu ihrer Zerstörung führt – Gottes Wort zufolge Mord. Selbst wenn wir dadurch versuchen, anderen Gutes zu tun, ist dies ein Affront gegenüber Gottes Anspruch, alleiniger Herr über Leben und Tod zu sein.

Doch wenn die Bibel uns sagt, dass wir im Ebenbild Gottes erschaffen wurden, sagt sie uns auch etwas über uns. Dies führt uns zum zweiten Aspekt theologischer Erkenntnis oder Lehre:

Selbsterkenntnis und Gotteserkenntnis

Wenn Theologie die Erkenntnis Gottes ist und solche Erkenntnis zuverlässig durch die Schrift gewonnen wird, könnten wir versucht sein zu meinen, theologische und biblische Erkenntnis wären dasselbe. Wenn wir eins haben, haben wir das andere. Tatsächlich aber ist es nicht ganz so einfach. Sobald wir davon sprechen, Gott zu erkennen, stellen wir zugleich fest, dass wir damit auch etwas über uns aussagen, die wir Gott kennen und die wir von Gott erkannt sind. Johannes Calvin verstand dies, wie man an der folgenden Aussage gleich zu Beginn seines Buches *Unterricht in der christlichen Religion* (»Institutio«) sieht:

> All unsere Weisheit, sofern sie wirklich den Namen Weisheit verdient und wahr und zuverlässig ist, umfasst im Grunde eigentlich zweierlei: die Erkenntnis Gottes und unsere Selbsterkenntnis. Diese beiden aber hängen vielfältig zusammen, und darum ist es nun doch nicht so einfach zu sagen, welche denn an erster Stelle steht und die andere aus sich heraus bewirkt. […] Wer sich also selbst erkennt, der wird da-

> durch nicht nur angeregt, Gott zu *suchen*, sondern gewissermaßen mit der Hand geleitet, ihn zu *finden*. Aber andererseits kann der Mensch auf keinen Fall dazu kommen, sich selbst wahrhaft zu erkennen, wenn er nicht zuvor Gottes Angesicht geschaut hat und dann von dieser Schau aus dazu übergeht, sich selbst anzusehen.[70]

Theologische Erkenntnis (und somit Lehre) beinhaltet für uns immer persönliche oder existenzielle Erkenntnis. Im Lichte dessen, wer Gott ist und was er über sich und seinen Willen offenbart hat, ergibt sich sofort die Frage: Wer bin ich? Wie hängen theologische und persönliche Erkenntnis zusammen? Dies ist das Bindeglied zwischen Theologie und Leben, von dem wir am Anfang sprachen: Gott zu erkennen heißt, sich seiner Autorität unterzuordnen und in seiner Gegenwart zu stehen. Wahre Theologie, die diese Bezeichnung auch wert ist, kann nie rein abstrakte, akademische, theoretische Sprache verwenden. Vielmehr schildert sie uns als solche, die Gott unterstellt sind, ihn anbeten und von ihm geschaffen wurden. Wenn wir uns bei diesem Aspekt der Theologie auf uns konzentrieren, tun wir das natürlich nicht losgelöst von der Schrift oder im Widerspruch zu ihr. Im Gegensatz zu liberalen Theologen, die die Offenbarung Gottes lieber durch Kategorien wie Existenzialphilosophie oder Gesellschaftswissenschaften ersetzen, bleibt bibeltreues theologisches Denken immer dem Wort Gottes unterworfen. Es hat aber nichts mit der Ansicht zu tun, wir könnten als unbeteiligte Dritte zur Gotteserkenntnis gelangen. Vielmehr konfrontiert uns unsere Gotteserkenntnis durch sein normatives Wort mit der Selbsterkenntnis: Wir sind sowohl geadelt, sein Ebenbild zu sein, als auch zugleich gemeine Rebellen gegen den Allerhöchsten.

Was sagt uns das darüber, was die Bibel über unser Beispiel der Stammzellenforschung zu sagen hat? Nun, es hilft uns zu verstehen, warum wir solche Dinge zu studieren und zu erforschen begehren. Wir sind Gottes Ebenbild – geschaffen, um die Welt zu erforschen und zu verstehen, die er gemacht hat, und dazu gehört auch unser Leib. Doch diese unsere Ebenbildlichkeit geht über Kreativität und Neugierde hinaus; zu ihr gehört auch Leidenschaft. Wir haben ein

70 Johannes Calvin, *Unterricht in der christlichen Religion / Institutio Christianae Religionis*, I.i.1-2.

Verlangen, die Kranken zu heilen, die Leidenden zu kurieren, weil wir Gottes Ebenbild in uns tragen.

Doch wir sind nicht nur Gottes Ebenbild, sondern auch sündige Rebellen. Das heißt, dass wir sogar unsere besten Absichten und größten Fertigkeiten sehr wahrscheinlich für selbstsüchtige und eigennützige Ziele missbrauchen. Als Sünder werden wir den Schaden, den wir anderen zufügen, kaum nach absoluten Werten und Grundsätzen bemessen, sondern gemäß einer politischen Abwägung von Risiko und Nutzen. Unsere Freunde, Nachbarn und Familienangehörigen mit unheilbaren Krankheiten scheinen wertvoller zu sein als Ungeborene. Brutal gesagt: Jene gehen wählen, verdienen Geld und bezahlen Steuern; Ungeborene hingegen tun das nicht. Wir lassen uns leicht durch Macht und Verführungskünste einseitig beeinflussen. Darüber hinaus motiviert uns der Hochmut, nach Anerkennung zu suchen – ein Hochmut, der keine Grenzen kennt. Wenn wir etwas tun *können*, dann *wollen* wir es tun.

So erkennen Sie, wie die Systematische Theologie anhand der Erkenntnis unserer selbst im Lichte der Gotteserkenntnis erklärt, warum manche Menschen andere Menschen als Nichtmenschen definieren wollen, um diese zum Eigennutz missbrauchen können – in einem Programm, das paradoxerweise dazu entworfen wurde, um zu heilen und wiederherzustellen! Die Systematische Theologie liefert auch den Maßstab, um zwischen embryonaler und adulter Stammzellenforschung einen moralischen Unterschied zu treffen. Sie erklärt sowohl unser Streben zu forschen und zu heilen, als auch warum wir diesem Streben Grenzen setzen müssen. Zuletzt gibt sie uns den Maßstab, um inmitten von Krankheit und Leid über Wert, Würde und Hoffnung des Menschen nachzudenken. Solche Werte und solche Hoffnung sind nämlich nicht in Kategorien wie Nützlichkeit oder Funktionalität zu finden, sondern in unserem Verhältnis zu Gott.

Somit umfasst Lehre oder theologische Erkenntnis sowohl biblische Erkenntnis, die eine normative Perspektive verleiht, als auch persönliche Erkenntnis, die eine existenzielle Perspektive verleiht; und beide stehen in Wechselbeziehung zueinander. Sie decken nicht unterschiedliche Erkenntnisbereiche ab, sondern betrachten den ganzen Bereich der Erkenntnis aus unterschiedlichen Blickwinkeln. Wenn Sie mir aber bisher aufmerksam gefolgt sind, werden Sie feststellen, dass es noch einen weiteren Aspekt theologischer Erkenntnis gibt. Wenn wir zur Erkenntnis Gottes und unserer selbst gelangen, dann tun wir dies nicht im luftleeren Raum. Vielmehr erkennen wir Gott inmitten dieser Welt, die er gemacht hat, an einem bestimmten Punkt der Weltgeschichte und in einem bestimmten kulturellen Kontext. Und das ist der dritte Aspekt, den wir beachten müssen:

Situationsbezogene Erkenntnis

Wir alle erkennen uns selbst und Gott nicht als zeitlose Abstrakta, sondern als Personen, die sich stets in einem Kontext befinden – einer Realität, die außerhalb von uns existiert. Paulus sagt uns in Römer 1, dass manches von dem, was von Gott erkennbar ist, durch die Naturordnung offenbart wird, d. h. dass wir zu dieser Gotteserkenntnis gelangen, indem wir die Welt um uns herum erkennen und beobachten. Wenn ich aber nun von situationsbezogener Erkenntnis spreche, habe ich dabei nicht allein das im Sinn, was Theologen »Natürliche Theologie« nennen – d. i. das, was über Gott durch die Schöpfung erkennbar ist. Ich meine damit auch das, was Soziologen »Kultur« nennen – d. i. die Art und Weise, auf die wir die Realität um uns herum verstehen, was uns selbst und Gott als solche einschließt, die innerhalb dieser Realität handeln.

Abraham Kuyper, ein niederländischer Theologe und Politiker des frühen 20. Jahrhunderts, prägte einmal den berühmten Ausspruch: »Im ganzen Bereich unserer menschlichen Existenz gibt es keinen Fußbreit Boden, worüber Christus, der Souverän über alles, nicht ausriefe: ›Es ist mein!‹«[71] Diese Wahrheit ist für die theologische Erkenntnis von großer Tragweite. Zuerst einmal: Etwas über die Welt und über menschliche Kultur zu erkennen, heißt etwas über den Schöpfer und souveränen König zu erkennen, der beides gemacht hat und über alles herrscht. Es heißt auch, etwas über uns selbst als Geschöpfe zu erkennen, die Gott kennen.

71 Abraham Kuyper, »Sphere Sovereignty: The Inaugural Address at the Opening of the Free University of Amsterdam, 1880«, in James D. Bratt (Hg.), *Abraham Kuyper: A Centennial Reader* (Grand Rapids, MI: Eerdmans, 1998), S. 488. – Anm. d. Übers.: Zwar ist dem hier zitierten Wort Kuypers zuzustimmen, doch möchten wir auch darauf hinweisen, dass die Sphären-Theologie Kuypers bzw. seiner Nachfolger durchaus kritisch zu hinterfragen ist. Ausführlich dazu vgl. Martin Erdmann, »Die Neo-Kuyperianischen Sphären«, in: *Gemeindegründung* Nr. 2/2009, abrufbar unter http://www.kfg.org/archiv/pdf/komplett/098.pdf..

Aber es gibt noch mehr. Unsere Situation zu erkennen heißt zu erkennen, dass die Welt gut erschaffen wurde, jetzt aber unter Gottes Fluch steht. Diese Welt ist verdorben, verhärtet und zeichnet sich durch Tragödien und Grauen aus. Und doch steht sie nicht nur unter Gottes Fluch: Sowohl die allgemeine Gnade als auch die rettende Gnade wirken innerhalb von ihr. Der Fluch gelangt somit nicht vollends zur Wirkung – noch nicht. Das Leben geht weiter; Schönheit und Liebe existieren zugleich neben Hass und Hässlichkeit. Arbeit ist mühsam, aber nicht gänzlich unproduktiv und unzufriedenstellend. Menschliche Kultur und Zivilisation bieten einen Bedeutungsrahmen, der Gott scheinbar für nicht existent und Glaube für irrational hält, und doch ist die Vernunft nicht vollständig verschwunden und die Erzeugnisse menschlicher Kultur spiegeln immer noch das Wahre, Schöne und Gute wider. Die Welt ist verdorben und verdirbt immer mehr, aber sie ist noch nicht so sehr verdorben wie sie sein könnte. Darüber hinaus sind durch Jesus Christus Vergebung und Versöhnung in diese Welt gekommen. Was im noch kommenden Zeitalter real sein und sich durch ein erneuertes Leben, Frieden mit Gott, Schönheit und Heiligkeit auszeichnen wird, dessen Morgenröte bricht bereits inmitten dieser finsteren, gefallenen Welt an.

Was bedeutet diese situationsbezogene Erkenntnis nun für unser Thema, was die Bibel über Stammzellenforschung sagt? Eine ganze Menge. Zuerst einmal hilft sie uns zu verstehen, was die eigentliche Grunderkrankung ist (der Sündenfall) und worin deren endgültige Heilung besteht (in der neuen Schöpfung). Die situationsbezogene Erkenntnis bewahrt uns somit vor utopischen Plänen. Darüber hinaus bietet uns die situationsbezogene theologische Erkenntnis Kategorien, anhand derer wir Wissenschaft, Technik und Medizin verstehen können. Jede davon ist mehr als nur Verfahrensweise und Produkt des Intellekts. Wir stellen fest, dass Technik ein Bestandteil von Kultur ist; und die Kultur des in Sünde gefallenen Menschen in all ihren verschiedenen Ausprägungen widmet sich der Leugnung Gottes und der Vergötzung des Menschen. In der Tat geht es bei der Kultur des in Sünde gefallenen Menschen eben darum, den Glauben als unvernünftig und den Unglauben als vernünftig und normal hinzustellen. In einem solchen Kontext kann Technik sich leicht als etwas Hilfreiches verstellen, während sie tatsächlich gewaltige Übeltaten verübt.

Situationsbezogene Erkenntnis bewahrt uns aber auch davor, dieser Welt gänzlich zu entsagen. Gott hat uns weder berufen Ludditen zu sein, die jegliche Technik völlig verwerfen,[72] noch Amische, die sich von jeglicher Kultur vollständig zurückziehen. Vielmehr sind wir berufen, diese Welt zu erforschen und eine menschliche Kultur zu pflegen, die Gott verherrlicht. Dazu gehören auch Wissenschaft und Technik, die als Gaben Gottes imstande sind, der Menschheit umfangreichen und tiefgreifenden Nutzen zu bringen.

Wie man theologisch denkt

Wenn dies die drei Aspekte theologischer Erkenntnis sind (Gotteserkenntnis, Selbsterkenntnis und Erkenntnis bezüglich der Umwelt), wie sollen wir dann diese drei Bereiche miteinander verbinden, um eine Frage theologisch zu beleuchten?

Ich habe bereits versucht, dies mittels Beispielen und Zusammenfassungen zu erläutern, möchte aber jetzt versuchen, alles miteinander zu verbinden. Was sagt die Bibel *ausdrücklich* über Stammzellenforschung? Bedenken Sie, ich bin kein professioneller akademischer Theologe, darum bitte ich die theologischen Profis unter meinen Lesern schon im Voraus um Entschuldigung. Andererseits kann ich den Lesern sagen, die wie ich Prediger und Gemeindeleiter sind: Wenn ich das tun kann, können Sie es auch!

Unsere Antwort muss auf dem maßgebenden und normativen Wort Gottes gründen. Gott ist der Urheber und Schöpfer des Lebens und hat die Menschen auf einzigartige Weise nach seinem Ebenbild geschaffen (1. Mose 1). Darum ist menschliches Leben an sich schon auf einzigartige Weise der Ehre Gottes vorbehalten (vgl. 1Mo 9,4-6). Und doch: Wenn wir uns unserer Situation zuwenden, stellen wir fest, dass wir in einer Welt leben, die verflucht ist, die nicht nur durch Krankheitserreger verdorben wird, die unseren Leib von außen an-

72 Die Ludditen waren eine sozialrevolutionäre Arbeiterbewegung in England von 1811 bis 1814. Sie wandten sich gegen die mit der Industrialisierung einhergehenden gesellschaftlichen und wirtschaftlichen Umwälzungen, indem sie öffentlichen Aufruhr, Maschinensturm und Mordanschläge gegen Fabrikbesitzer verübten, die man als Ausbeuter ansah. Die Bewegung wurde schließlich von der Regierung durch massiven Militäreinsatz und Massenprozesse niedergeschlagen; die Delinquenten wurden entweder zum Tode verurteilt oder nach Australien verbannt; Anm. d. Übers.

greifen, sondern durch beschädigte Gene, weshalb unser Leib von sich aus krank wird und verfällt. Dies ist nicht das Ergebnis reinen Zufalls, sondern die Folge des Fluches Gottes als Strafe für unsere sündige Rebellion (1Mo 3,19). Weil das menschliche Leben nach Gottes Ebenbild geschaffen wurde, sind wir moralisch verpflichtet, alle uns gegebenen Erkenntnisse und Mittel zu nutzen, um dieses Leben zu bewahren, zu fördern und zu heilen (vgl. Lk 10,25-37). Wenn wir das tun, handeln wir nicht nur nach Gottes Ebenbild, sondern auch nach seiner Gnade in einer Welt, die unter dem Fluch Gottes steht (Mt 5,43-48).

Doch wir haben nicht nur die Pflicht zu heilen, sondern auch menschliches Leben zu schützen (vgl. 2Mo 21,28-32). Gottes Wort sagt uns, dass alle Menschen nach seinem Ebenbild geschaffen sind und deshalb ein unteilbares Recht auf Leben haben, das nicht an Fähigkeiten, Leistungsvermögen oder Nützlichkeit gebunden ist. Das heißt, dass unserer Pflicht zu heilen Grenzen gesetzt sind, wenn wir dadurch andere bewusst töten oder verstümmeln. Wenn wir uns biblisch fundierter Selbsterkenntnis zuwenden, stellen wir fest: In unserem gefallenen Zustand neigen wir dazu, andere aus Selbstsucht zu unserem Eigennutz zu missbrauchen; auch sind wir durch und durch fähig, unsere sündigen Motive und Handlungen rationalisierend moralisch zu »begründen« (vgl. Apg 16,16-21). Darüber hinaus sind wir sowohl Schöpfer als auch Geschöpfe einer gefallenen menschlichen Kultur, die eifrig bestrebt ist, sämtliche Grenzen zu leugnen, die Gott uns auferlegt. Wir wollen sein wie Gott und uns unsere Grenzen selbst setzen – und in Wahrheit leben wir so, als ob es überhaupt keine Grenzen gäbe (1Mo 3,1-7).

Zuletzt: Wenn wir bedenken, dass Sünde eine Realität ist, die sowohl unseren Leib als auch unser kulturelles Handeln entscheidend prägt, dann erkennen wir, dass die Heilung des Leibes kein höchstes Gut ist, ja nicht einmal ein allgemein erreichbares Ziel (2Kor 12,7-10). Wir erkennen auch, dass leibliches Leiden kein größtmögliches Übel ist (Mt 10,28). Als Menschen sind wir daher berufen, den Götzendienst einer modernen medizinischen Utopie zu verwerfen und stattdessen unsere letzte Hoffnung auf die erlösende Macht Gottes zu setzen, die er dadurch erwiesen hat, dass Christus die Sünde am Kreuz besiegte sowie den Tod durch seine Auferstehung.

All dies führt uns als Christen, die theologisch denken, zur umfassenden Ablehnung aller Formen embryonaler Stammzellenforschung, da diese bewusst menschliches Leben schafft, nur um es zu zerstören, obgleich sie behauptet dies zu tun, um andere Menschenleben zu retten. Es heißt zugleich, dass wir andere Formen der Stammzellenforschung, die auf adulten Stammzellenlinien basieren, unterstützen können und sollen. Wenn wir aber Zweck und Ziel solcher Forschungen betrachten, müssen wir verstehen, dass ihr Zweck sein muss, zu heilen. Jeden Versuch, mittels solcher Forschungen Leben neu zu konstruieren, hybride Lebensformen oder »Designerbabies« zu erschaffen, müssen wir verwerfen, da dies einen Eingriff in die Rechte Gottes als Schöpfer und Herr des Lebens darstellt sowie eine Herabwürdigung der Gottesebenbildlichkeit des Menschen und einen Angriff darauf.

Gib ihnen Fleisch statt Milch!

Von John Piper, dem Pastor der Bethlehem Baptist Church in Minneapolis, sagen manche, er habe mehr dazu beigetragen, eine neue Generation junger amerikanischer Christen zum Dienst auf dem Missionsfeld zu motivieren, als kein anderer lebender Zeitgenosse. Und wie? Hat er sie mit Geschichten über heldenhafte Selbstaufopferung inspiriert? Hat er die Not (und Schuld) todgeweihter Massen dem zarten Gewissen amerikanischer Jugendlicher aufgebürdet? Hat er eine Missionsstrategie derart zwingend formuliert, dass man gar nicht anders kann, als mit an Bord zu gehen?

Keineswegs – er hat nichts dergleichen getan. Was er aber tut, ist den Menschen eine durch und durch tiefgehende Theologie zu vermitteln. Er konfrontiert sie damit, wie ehrfurchtgebietend es ist, dass Gott bei allem im Mittelpunkt steht. Er fordert sie durch die schwer verständliche, aber biblische Wahrheit heraus, dass Gottes größte Liebe er selbst ist, dass Gottes höchstes Ziel seine Ehre ist und dass Gottes letzter Zweck der Schöpfung wie auch der Neuschöpfung ist, dass er angebetet und gerühmt wird. Mehr noch: Piper weist auch nach, dass nichts daran verkehrt ist, sondern vielmehr alles richtig, dass Gott bei allem im Mittelpunkt steht. Außerdem führt er zwei äußerst praxisbezogene Anwendungen dieser Wahrheit zusammen. Erstens: »Mission existiert, weil Anbetung nicht existiert.«[73] Zweitens: »Gott wird da-

73 John Piper, *Let the Nations Be Glad! The Supremacy of God in Missions*, 2., überarb.

durch im höchsten Maße in uns verherrlicht, wenn wir im höchsten Maße in ihm zufrieden sind.«[74] Wenn diese beiden Aussagen in einem Herzen zusammenfinden, das wiedergeboren, von Gnade erfüllt ist und in einer tiefschürfenden Theologie Gottes gründet, dann ordnen Menschen ihr Leben neu, ändern ihre Ambitionen und weihen sich dem Gott verherrlichenden Werk der Weltmission.

Ich denke, wenn wir den Einfluss von John Piper betrachten, dürften viele von uns denken: »Ich könnte niemals einen solchen Einfluss ausüben, weil ich nicht John Piper bin. Ich habe nicht seine Gaben. Ich habe nicht seine Tatkraft. Ich bin nicht so klug wie er!« Ich kann das verstehen. Aber ich kann dem nicht zustimmen.

John Piper würde es auch nicht. Er wäre der erste, der Ihnen sagen würde: »Ich bin auch nur ein Mensch und habe die gleichen Fehler, Ängste und Schrullen wie jeder andere auch.«

Nein; ich denke, Gott benutzt heute John Piper auf eine Weise wie einen modernen Paulus, weil dieser die Gaben benutzt, die Gott ihm gegeben hat, und sie vollständig dafür nutzt, um die Lehre des Wortes Gottes zu verbreiten. Und indem er so handelt, ist er darin ein Vorbild für uns, was es heißt, ein Diener der Wahrheit zu sein. Weit wichtiger als sein Stil, seine Vortragsweise oder auch seine Persönlichkeit und Leidenschaft ist das, was er glaubt: Gottes Wort, und zwar alles darin und jeder Teil davon, ist wahr und als Speise für die Schafe auf Gottes Weide gedacht.

Das ist das Vorbild, das Piper uns gibt. Das ist, was wir als Gemeindeleiter in etwa sein sollten. »Wenn wir unsere Leute nähren, müssen wir immer weiter darin fortschreiten, die biblische Wahrheit zu erfassen. Wir müssen wie Jonathan Edwards sein, der sich in seiner Studentenzeit zu Folgendem entschloss und es für den Rest seines Lebens einhielt: ›Entschluss: Die Schriften so stetig, beständig und oft zu studieren, so dass es sich finden und offenbar sein möge, dass ich in der Erkenntnis derselben wachse.‹«[75]

Wir sollten all unseren Ehrgeiz dafür aufwenden, dass wir fähig sind, biblische Lehre gründlich und sachgerecht auszudrücken und

---

u. Erw. Aufl. (Grand Rapids, MI: Baker, 2003), S. 17. Deutsche Ausgabe: *Weltbewegend: die Freude an Gott kennt keine Grenzen* (Waldems: 3L, 2009).

74 Das ist John Pipers sehr häufig angeführtes Hauptmotto. Dieses Zitat hier stammt aus *Brothers, We are Not Professionals* (Nashville: Broadman & Holman, 2002), S. 45.

75 Ebd., S. 74.

dann klar, präzise und leidenschaftlich zu vermitteln – nicht damit wir unsere Predigerkollegen beeindrucken oder unsere Gemeindeglieder in Ehrfurcht erstarren lassen, sondern damit wir die Herde nähren können. Unsere Gemeindeglieder brauchen Fleisch, um stark und reif zu werden, aber allzu oft sind wir daran schuld, dass sie im Wachstum zurückbleiben, weil wir ihnen nichts anderes als Milch zur Speise geben. Viele von uns (denke ich) fürchten, dass Lehre zu nichts anderem als zu toter, hölzerner Orthodoxie in unseren Gemeinden führt und wir sie daher kurzstutzen müssen, wo immer wir können. Tatsächlich aber ist Lehre der uns von Gott gegebene Brennstoff, der – wenn ihn das Feuer der Gnade entzündet hat – als hell strahlende Flamme der Hingabe brennt, mit der Christen Gott anbeten und seine Jünger werden.

Das meine ich, wenn ich John Piper mit Paulus vergleiche. Wenn Paulus damit konfrontiert wurde, dass es einer Gemeinde an Großzügigkeit mangelte oder dass es in ihr Streit und Spaltungen gab, hatte er es mit derselben Sorte weltlicher Probleme zu tun, denen auch Sie und ich täglich begegnen. Seine Reaktion darauf aber war alles andere als weltlich; sie bestand aus tiefschürfender Theologie. »Wer hätte sich je träumen lassen, dass die Reaktion auf die wunderbare Fleischwerdung darin bestehen könnte, Geld für die Armen zu sammeln? Wer hätte sich je träumen lassen, dass die herrlichen Aussagen neutestamentlicher Theologie dazu dienen sollten, unseren Streit und unsere Spaltsucht innerhalb der christlichen *ekklesia* zu beenden?«[76] Und ich möchte hinzufügen: Wer hätte je gedacht, dass die Reaktion darauf, dass Gott der Mittelpunkt von allem ist, darin besteht, dass junge Menschen in ihren Zwanzigern ihre Karrierepläne ändern und auf das Missionsfeld eilen?

Ich verrate ihnen, wer das gedacht hat. Lange vor John Piper, Jonathan Edwards oder dem Apostel Paulus dachte Gott daran. Er wusste, was er benötigen würde, und er gab es uns in der Schrift. Keine bloßen Geschichten, sondern gottgehauchte Wahrheit, »nützlich zur Belehrung, zur Überführung, zur Zurechtweisung, zur Er-

76 J. Ligon Duncan III, »Sound Doctrine: Essential to Faithful Pastoral Ministry: A Joyful Defense and Declaration of the Necessity and Practicality of Systematic Theology for the Life and Ministry of the Church«, in: Mark Dever, J. Ligon Duncan III, R. Albert Mohler Jr., C.J. Mahaney, *Proclaiming a Cross-centered Theology* (Wheaton, IL: Crossway, 2009), S. 43.

ziehung in der Gerechtigkeit, damit der Mensch Gottes ganz zubereitet sei, zu jedem guten Werk völlig ausgerüstet« (2Tim 3,16f).

Dies begriff ich vor ein paar Jahren, als ich in das Haus einer jungen Familie aus unserer Gemeinde gerufen wurde. Bei einer jungen Mutter hatte man Krebs im fortgeschrittenen Stadium festgestellt. Als ich auf ihrer Couch saß und ihnen zuerst zuhörte und dann mit ihnen weinte, musste ich eine Entscheidung treffen. Ich könnte ihnen halbwegs tröstende geistliche Worte sagen, ihnen zusichern, dass Gott für sie sorgen werde, und sie eindringlich bitten, ihm zu vertrauen. Oder ich könnte die grausame Wirklichkeit, der sie begegneten, mit der kompromisslosen Wahrheit des Wortes Gottes ansprechen. Ich wählte die zweite Möglichkeit. Ich sah der jungen Mutter und ihrem Mann in die Augen und erzählte ihnen von Gottes Liebe – einer Liebe, die nicht darin gründete, wie es ihnen erging, sondern im Kreuz von Golgata. Ich erzählte ihnen von Gottes Souveränität, dass Gott es so verordnet hatte, dass sie diesen Krebs bekam, und dass Gott sie mit diesem Abschnitt ihres Lebens lehren wolle, sich auf ihn zu verlassen und in ihm alles Genüge zu finden. Ich sagte ihr auch, während ich mit ihr weinte, dass ich gespannt sei zu sehen, wie Gott sich durch diese Prüfung, die er für die bestimmt hatte, in ihr verherrlichen würde.

Wie sie mir später sagten, waren sie durch meine Worte doch etwas schockiert, auch wenn ich ihnen diesen Rat in Milde und unter Tränen gesagt hatte. Sie sagten mir aber auch, dass sie sich an diese Worte und an die Bibelstellen klammerten, die ich ihnen an jenem Abend mitgeteilt hatte. In den dunklen und ungewissen Tagen der Chemotherapie und Operation brauchten sie mehr als nur Milch. Sie brauchten das Fleisch der souveränen Liebe Gottes und das Wissen, dass er entschlossen ist, sich im Leben seines Volkes zu verherrlichen. Schließlich besiegte sie den Krebs, aber das Leben dieser Familie war nicht mehr dasselbe. Die Wahrheit des Wortes Gottes, das ihnen gebracht worden war, um im Schmelztiegel der Prüfung zu bestehen, hatte ihr Leben komplett umgewälzt.

Theologie und die örtliche Gemeinde

Vor ein bis zwei Jahrhunderten war es üblich, dass Theologie in erster Linie innerhalb der Gemeinde und für die Gemeinde praktiziert wurde. Es war nicht so, dass christliche Theologen nicht daran interessiert gewesen wären, Nichtchristen zu erreichen; sie verstanden es einfach so, dass Theologie in erster Linie etwas von Christen und für Christen war, die sich in einer örtlichen Gemeinde versammelten. Irgendwann jedoch im Laufe der Zeit änderte sich das. David Wells behauptet sogar, dass Theologie nicht nur aus der Gemeinde verschwunden ist, sondern sogar dort zunehmend nicht mehr gern gesehen wird.[77]

Stattdessen rüstet sich die Gemeinde mit Praktiken aus dem Geschäftsleben und psychologischen Methoden. Von ihren Leitern wird erwartet, dass sie wie Topmanager sind statt wie Pastoren und Theologen. Die öffentlichen Gemeindeversammlungen werden wie Events veranstaltet, die Außenstehende ansprechen, statt heilige Versammlungen zu sein, in denen man gemeinsam der Identität als Volk Gottes Ausdruck verleiht.[78] Auch neigen wir dazu, unsere Denkgewohnheiten immer mehr an Umfrageergebnissen, an der »Blogosphäre«[79] und an der bildlastigen Natur des Fernsehens auszurichten statt an der Bibel. Begriffe wie Gott und seine Ehre, unser Adel und unsere gleichzeitige Verdorbenheit sowie der Wert dieser Welt und ihre Vergänglichkeit – Vorstellungen, die das Denken ganzer Generationen früherer Christen prägten – finden in der heutigen Gemeinde nur noch wenig Raum – wenn überhaupt.[80]

---

77 David Wells, *No Place for Truth, or Whatever Happened to Evangelical Theology?* (Grand Rapids, MI: Eerdmans, 1993).

78 Dies ist selbstredend eines der Hauptprinzipien der »besucherfreundlichen« Gemeindewachstumsbewegung. Ihre Vertreter sind so zahlreich und bekannt, dass ich hier keine Beispiele anführen brauche.

79 »Der Begriff Blogosphäre (engl. ›blogosphere‹) beschreibt die Gesamtheit der Weblogs (kurz: Blogs) und ihrer Verbindungen. Er entspringt der Wahrnehmung, dass Blogs durch ihre Vernetzungen gemeinsam eine oder eine Vielzahl von Communitys (Gemeinschaften) bilden beziehungsweise ein soziales Netzwerk darstellen. Der Begriff soll an ›Logosphäre‹ erinnern, was in etwa ›Welt der Worte‹ bedeutet.« http://de.wikipedia.org/wiki/Blogosphäre

80 Den Ausdruck, dass Gott »nur in schwachem Maße in der Gemeinde wohnt« [orig. »rests lightly«, oben mit »findet wenig Raum« übersetzt], verdanke ich David Wells. Diese Thematik erörtert er sehr ausführlich in dem Projekt, das mit *No Place for Truth* begann und jüngst mit *The Courage to Be Protestant: Truth-lovers, Marketers, and Emergents in the Postmodern World* (Grand Rapids, MI: Eerdmans, 2008) abgeschlossen wurde. Eine ausführliche Abhandlung dazu siehe in *No Place For Truth or Whatever Happened to Evangelical Theology?* (Grand Rapids, MI: Eerdmans, 1993), S. 106-114, und in *God in the Wasteland: The Reality of Truth in a World of Fading Dreams* (Grand Rapids, MI: Eerdmans, 1994), S. 88-113.

Die Gemeinde darf die Theologie nicht preisgeben

Wenn wir in dieser Zeit treue Zeugen Christi sein sollen, des Herrn des Lebens, dann müssen wir nicht nur wieder fähig werden, theologisch zu denken, sondern dies auch mit Hingabe gemeinsam im Alltag der örtlichen Gemeinde praktizieren. So lange wir nicht den theologischen Auftrag der Gemeinde wiederentdecken, bleiben wir von der Quelle abgeschnitten, die unserem Gottesdienst und Missionsauftrag reiches und tiefes biblisches Leben verleiht. Unser Gottesdienst wird oberflächlich und von Unterhaltung geprägt bleiben. Unser Auftrag und unsere Mission wird entweder von den Methoden und Zielen jeder beliebigen Verkaufsagentur nicht zu unterscheiden sein oder von der Agenda einer uns zutiefst feindlich gesinnten Kultur nur als eine weitere Wahlmöglichkeit wahrgenommen. Diese Kultur wird uns ermuntern, Gutes wie etwa Armenfürsorge zu tun, aber sie wird uns nur dann Beifall spenden, wenn wir bereit sind, Christus dabei außen vor sein zu lassen.

Der Theologe Richard Lints sagt: »Die Gemeinde kann die Theologie nicht preisgeben, ohne ihre eigene Existenz zu gefährden.«[81] Ohne eine theologische Sicht, die darum ringt, was es heißt, Gottes Volk in Gottes Welt und unter Gottes Herrschaft zu sein, verliert die Gemeinde unausweichlich sowohl ihre *Identität* als Gottes Eigentum wie auch ihren *Daseinszweck* als das Volk und der Ort, wo Gottes Herrlichkeit im Evangelium erstrahlt und Gottes Ruhm verkündigt wird.

Die Theologie darf die Gemeinde nicht preisgeben

Zugleich schreibt Lints auch: »Die Theologie kann die Gemeinde nicht preisgeben, ohne ihre eigene Existenz zu gefährden.«[82] Außerhalb der Gemeinde ist die Theologie vom Zusammenhang des Gottesdienstes, der Mission und der Jüngerschaft losgelöst. Sie wird somit zu nichts anderem als einer weiteren akademischen Disziplin, die Selbstgespräche führt. Außerhalb der Gemeinde kennt die Theologie keine Grenzen, keine Verantwortung und – was am wichtigsten ist – keinen praktischen Nutzen. Manchmal führt dies zu Irrlehren. In unseren Tagen hat es oft dazu geführt, dass die Theologie unter

81 Richard Lints, *The Fabric of Theology: A Prolegomenon to Evangelical Theology* (Grand Rapids, MI: Eerdmans, 1993), S. 319.

82 Ebd.

Evangelikalen dahinwelkt: Immer öfters ist es so, dass man außer ein paar Minimallehren nichts Lehrmäßiges zu sagen braucht oder zu sagen hat, und stattdessen geht man dann zu dem über, was man als eigentliche Arbeit ansieht: Techniken und Management.[83]

Am wichtigsten jedoch dürfte sein: Theologie, die außerhalb der Gemeinde geschieht, ist der Mittel beraubt, die Gott vorgesehen hat, um die Wahrheit nicht nur zu veranschaulichen und darzulegen, sondern auch um sie auf den Lebensalltag anzuwenden. Die Gemeinde soll das Evangelium widerspiegeln (Eph 3,10); sie ist eine lebendige, atmende, wachsende Kolonie des Himmels auf der Erde,[84] eine Gemeinschaft von Menschen, die nach der Weltanschauung leben, die durch eine gesunde Biblische Theologie entsteht. Wie soll ohne die Gemeinde überhaupt jemand wissen, dass Theologie etwas zu sagen hat, das es wert ist, hinzuhören?

Fazit

Warum betreiben wir Systematische Theologie? Weil Theologie die Wahrheit auf den Lebensalltag anwendet; weil Theologie die Grundlage für jedes gute Werk ist; weil Theologie uns den Rahmen und die Weltanschauung bietet, anhand derer wir den Sinn unseres Lebens verstehen können und erkennen, wie wir diese Welt in Bezug auf Gott und das Evangelium von Jesus Christus einordnen müssen.

Wir leben in einer gefallenen Welt – einer Welt, die jetzt von gefallenen Menschen geprägt wird und die das Projekt namens Theologie wie nutzlose Zeitverschwendung aussehen lässt. Aber die Systematische Theologie rüstet uns dafür zu; sie sagt uns, dass wir dies zu erwarten haben, und fordert uns dann auf, trotzdem danach zu streben, über diese Welt theologisch zu denken. Mehr noch: Wir sollen diese Denkarbeit nicht auf eigene Faust tun, sondern im Kontext der Gemeinde – mit einem offenen Ohr dafür, was Christen darüber gesagt haben, die uns vorangingen, und mit offenen Augen dafür, wie wir dieses Denken weitervermitteln und dadurch verdeutlichen, was es bedeutet, in unserer Zeit Christus nachzufolgen.

---

83 Wells, *No Place*, S. 101.

84 Edmund P. Clowney, *The Church: Contours of Christian Theology* (Downers Grove, IL: InterVarsity Press, 1995), S. 13 (Titel des Kapitels).

Wir haben nun die Werkzeuge zur Hand, die wir brauchen, um eine Theologie aufzubauen, die uns die ganze biblische Geschichte erzählt und uns dadurch Orientierung gibt, wie wir als Christen in dieser Welt leben sollen – als Menschen, die Gott kennen. Es wird Zeit, diesen Aufbau anzugehen.

Teil 2

Die Geschichten, die wir erzählen müssen

KAPITEL SECHS

Die Geschichte der Schöpfung

Wir wenden uns nun etwas Neuem zu. Bisher waren wir bei der Vorbereitung, jetzt gehen wir an den Aufbau. Zuvor aber lassen Sie mich zusammenfassen, was wir bisher getan haben. Das Ziel dieses Buches ist erstens, Sie zu überzeugen und zweitens, Ihnen zu helfen. Ich habe versucht Sie zu überzeugen, dass Sie, wenn es Ihnen mit dem geistlichen Dienst ernst ist, eine Biblische Theologie brauchen, die der biblischen Geschichte sowohl gerecht wird als auch diese Geschichte auf gesunde Weise anwendet. Es gibt nichts Praktischeres als das. Im ersten Teil dieses Buches ging es darum, Sie zu überzeugen, dass die Werkzeuge sowohl der Biblischen als auch der Systematischen Theologie etwas sind, das Sie anwenden können. Tatsächlich sind sie etwas, das Sie anwenden *müssen*, wenn Sie ein treuer Gemeindeleiter sein wollen.

Warum behaupte ich, dass Sie sie anwenden müssen? Aus dem einfachen Grund, dass Gott eine bestimmte Sicht über Ihr Leben, mein Leben und das Leben aller hat. Nun, das mag trivial klingen; aber denken Sie nur einen Augenblick darüber nach. Gott hat eine bestimmte Sicht darüber, was Liebe wirklich ist, darüber wie wir reden, was wir mit unserem Besitz machen, wie unsere Beziehung zu unseren Nachbarn und wie unsere Beziehung zu ihm aussieht. Als Sünder können wir behaupten, wir seien an Gottes Meinung interessiert, während wir sie in Wirklichkeit verwerfen. Wir sind nur an unserer eigenen Meinung interessiert und verbringen fast jeden Moment jeden Tages damit, diese Meinung zu rechtfertigen – manchmal bewusst, manchmal unbewusst.

Die Bibel konfrontiert uns mit Gottes Sicht der Dinge. Wie aber bereits bemerkt, ist die Bibel eine andere Art von Buch. Sie präsentiert Gottes Sicht nicht einfach geradewegs. Sie besteht zum Teil aus Geschichtsschreibung, zum Teil aus Lehrtexten, zum Teil aus Poesie usw. Sie überliefert uns wie viele andere Bücher Geschichtsschreibung, aber anders als die meiste je verfasste Geschichtsschreibung ist sie für unser Leben maßgeblich. Aus diesem Grund überliefert sie uns auch inmitten historischer Erzähltexte Lehrtexte mit absoluter Wahrheit. Die Bibel überliefert uns auch Poesie, die uns wie viele andere poetische Bücher in Gesang, Freude und Trauer anleitet. Doch anders als jedes andere poetische Buch ist sie maßgeblich. Hier steht, wie wir trauern, uns freuen, unseren Ängsten Ausdruck verleihen sollen usw.

Die Bibel ist vollkommen einzigartig; sie ist dazu gemacht, was kein anderes Buch der gesamten Weltgeschichte je tun konnte: dazu, dass Gott sich selbst den Menschen offenbart. Die Bibel ist für Menschen geschrieben, für Leute wie Sie und mich. Als Menschen geht es uns so, dass unser Vertrauen auf andere Menschen wächst, während wir mit ihnen leben: wenn wir sie handeln sehen, sie reden hören, sie beobachten und sie uns irgendwann schließlich ihre Herzensanliegen mitteilen. In diesem Fall aber ist der, den wir kennen lernen, jemand anders als Sie und ich; es ist der dreieinige Gott, der Herr über Himmel und Erde. Offenkundig ist die Bibel kein gewöhnliches Buch.

Die Bibel teilt uns nicht nur Gottes Sicht mit, sondern lässt uns auch mit Gott durch die Menschheitsgeschichte gehen. Auf diese Weise können wir beginnen, den Worten, der Sichtweise und dem Herzen dessen zu glauben und zu vertrauen, der die Geschichte in Händen hält. Die Bibel befähigt uns – um es mit David Powlisons Worten zu sagen –, mit neuen Augen zu sehen.[85] Sie befähigt uns – um es mit den Worten des Apostels Paulus zu sagen –, mit einem neuen Herzen zu sehen (Eph 1,18).

Im ersten Teil dieses Buches haben wir versucht, das Wesen dieses Buches namens Bibel zu verstehen. Darum stellen wir nicht nur die exegetische Frage: »Was sagt sie?« (d. h. »Wie lautet der Inhalt dieses Buches?«); wir stellen auch nicht nur die systematische Frage: »Was sollen Christen zum Thema X glauben – über Gott, den Menschen, die Sünde, die Endzeit, die Stammzellenforschung, die Regierung usw.?« Wir fragen auch nach etwas, das zwischen beidem liegt, geradezu beiläufig, und stellen eine biblisch-theologische Frage: »*Wie*

85 David Powlison, *Seeing With New Eyes: Counseling and the Human Condition through the Lens of Scripture* (Philipsburg, NJ: P&R, 2003).

sagt die Bibel das, was sie sagt?« Wenn wir nicht verstehen, *wie* die Bibel das sagt, was sie sagt, dann werden wir bei der Beantwortung der anderen beiden Fragen wahrscheinlich Fehler begehen. Wir werden den Inhalt missverstehen und werden diesen Inhalt falsch darauf anwenden, was wir glauben sollen.

Um diese biblisch-theologische Frage zu beantworten, haben wir bereits über eine ganze Reihe von Konzepten nachgedacht und eine ganze Reihe von Werkzeugen vorgestellt:

- die ursprüngliche Intention des Textes
- der heilsgeschichtliche und kanonische Horizont eines Textes
- der bundestheologische rote Faden der Bibel
- Fragen von Verheißung und Erfüllung, wozu auch mehrfache Ebenen der Erfüllung gehören
- die Rolle der Typologie
- Fragen von Kontinuität und Diskontinuität

Als Nächstes warfen wir einen Blick auf die Natur der Systematischen Theologie und überlegten, wie man Lehre formuliert, d. h. was wir glauben. Eine gute Systematische Theologie besteht aus biblischer Erkenntnis, Selbsterkenntnis und situationsbezogener Erkenntnis. Im Wesentlichen haben wir darüber nachgedacht, wie man von dem, *was die Bibel sagt*, die Brücke zu dem schlägt, *was wir glauben*.

Das haben wir bis hierher getan. Was werden wir jetzt tun? In diesem und den nächsten vier Kapiteln werden wir alles, worüber wir gesprochen haben, praktisch anwenden. Wir werden fünf verschiedene Geschichten betrachten, die die Bibel erzählt – fünf verschiedene biblisch-theologische Handlungen. Tatsächlich werden wir die ganze Geschichte der ganzen Bibel fünfmal erzählen, und zwar jedes Mal aus einem etwas anderem Blickwinkel. Anschließend werden wir einige der Lehren betrachten, die sich aus diesen Geschichten ergeben, sowie die Frage, wie diese Lehren ausdrücken, was wir glauben und wie wir wandeln sollen.

Die erste Geschichte, die wir erzählen werden, ist die Geschichte der Schöpfung. Gottes Geschichte beginnt mit der ersten Schöpfung und endet mit einer neuen Schöpfung. Allein dies zeigt schon, dass die Schöpfung entscheidend dafür ist, um zu verstehen, wer Gott ist und worum es ihm geht.

Die Geschichte der Schöpfung

Am Anfang

»Am Anfang schuf Gott Himmel und Erde« (1Mo 1,1).

1. Mose 1 gibt uns den kosmischen Überblick. Alles, was existiert, wurde durch Gottes Befehl ins Dasein gerufen.

Wenn wir dann zu 1. Mose 2 kommen, konzentriert sich die Geschichte stark auf die Details der Erschaffung des Menschen, der ersten Ehe und darauf, welche Verantwortung Mann und Frau übertragen wurde. Alles ist gut. Alles ist vollkommen. Alles ist genau so, wie es sein soll.

Dann kommt es zur Tragödie. Unglaublich, aber Adam und Eva rebellieren gegen den, der ihnen das Paradies gab. In Gnade und Gericht verstößt Gott sie aus dem Ort der Vollkommenheit und seiner Gegenwart, dem Garten Eden, in eine Schöpfung, die jetzt verflucht und gefallen ist.

Die Geschichte wiederholt sich

Kapitel für Kapitel wird es nun immer schlimmer. Schließlich hören wir erneut, wie Gott das Urteil spricht:

> Als aber der HERR sah, dass der Menschen Bosheit groß war auf Erden und alles Dichten und Trachten ihres Herzens nur böse war immerdar, da reute es ihn, dass er die Menschen gemacht hatte auf Erden, und es bekümmerte ihn in seinem Herzen, und er sprach: Ich will die Menschen, die ich geschaffen habe, vertilgen von der Erde, vom Menschen an bis hin zum Vieh und bis zum Gewürm und bis zu den Vögeln unter dem Himmel; denn es reut mich, dass ich sie gemacht habe. (1Mo 6,5-7 LUT)

Gottes Gerichtshandeln aus 1. Mose 3 wiederholt sich in 1. Mose 6: Gott lässt die Flut kommen. Es war an der Zeit, dass das Gericht über das erging, was Petrus »die damalige Welt« nennt (2Pet 3,6).

Aber Gott zeigt sich auch gnädig, indem er Noah und dessen Familie rettet. Zugleich mit der Rettung Noahs geschieht ein Akt der Neuschöpfung. Erneut ist die Erde wüst und leer und von tiefen Wassern bedeckt (vgl. 1Mo 1,2). Darüber hinaus wurde die Erde äußerlich von der Sünde der Menschen reingewaschen. Eine neue

Welt, die jetzige Welt, taucht auf, nachdem Gott erneut die Grenze zwischen Land und Meer gezogen hat. Gott gibt Noah und dessen Familie jetzt genau denselben Auftrag wie Adam. Er wiederholt sogar wörtlich die Worte aus 1. Mose 1: »Seid fruchtbar und mehrt euch und erfüllt die Erde. ... Alles, was sich regt und lebt, soll euch zur Nahrung dienen; wie das grüne Kraut habe ich es euch alles gegeben« (1Mo 9,1-3 SCH).

Doch wenn auch die Welt äußerlich gereinigt und neu geschaffen wurde, hat sich doch das menschliche Herz innerlich nicht geändert. Die Sünde kommt erneut dazwischen. Innerhalb nur weniger Jahre schleichen sich Probleme in Noahs Familie ein und einer seiner Enkelsöhne wird verflucht. In 1. Mose 11 werden wir beim Turmbau zu Babel erneut Zeugen von Hochmut und Bosheit des Menschen und von Gottes Gericht, bei dem er dennoch Gnade walten lässt: Er verwirrt die Sprache der Menschen und zerstreut sie über die ganze Erde, um das Fortschreiten ihrer Bosheit einzudämmen.

An diesem unglaublichen Tiefpunkt der Geschichte, als die Menschheit nicht nur von Gott, sondern auch untereinander dauerhaft entfremdet ist, bewirkt Gottes Schöpferhandeln einen tiefgreifenden Wandel im Lauf der Menschheitsgeschichte. Erneut spricht Gott und erschafft – nicht eine neue Welt, sondern einen neuen Menschen. Er nimmt den heidnischen Götzendiener Abram und ändert durch seine unwiderstehliche Berufung der Liebe Abrams Herz und Namen. Aus Abram wird Abraham, der Mann, der Gott glaubte und nachfolgte. Und Gott verstummt nicht; er verspricht dem kinderlosen Abraham, aus seiner Familie ein großes Volk zu machen. Dann schafft Gott nach seiner Verheißung Leben im unfruchtbaren Mutterleib Saras. Eine Generation später hat Jakob, der Enkel Abrahams und Saras, zwölf Söhne. Binnen kurzer Zeit kann man die Menge all ihrer Nachkommen nicht mehr zählen. Von einem einzigen Ehepaar haben sie sich fruchtbar vermehrt.

Die Geschichte eilt weiter. Abrahams Nachkommen werden durch ein anderes Volk versklavt. Darum sendet Gott seinen Propheten Mose, um dem Pharao Gottes Worte zu verkünden. Gott spricht, Ägypten wird gerichtet und das Volk Israel befreit. Allerdings sind sie jetzt noch keine Nation im eigentlichen Sinn. Sie sind eher ein loser Verband von Stämmen. Doch am Berg Sinai spricht Gott ein weiteres Mal. In 2. Mose 19-20 spricht Gott hörbar zum Volk und erschafft Israel als sein besonderes Volk, seine erwählte Nation unter allen Völkern auf Erden.

> Mose aber stieg hinauf zu Gott; denn der HERR rief ihm vom Berg aus zu und sprach: So sollst du zum Haus Jakobs sagen und den Kindern Israels verkündigen: Ihr habt gesehen, was ich an den Ägyptern getan habe, und wie ich euch auf Adlersflügeln getragen und euch zu mir gebracht habe. Wenn ihr nun wirklich meiner Stimme Gehör schenken und gehorchen werdet und meinen Bund bewahrt, so sollt ihr vor allen Völkern mein besonderes Eigentum sein; denn die ganze Erde gehört mir, ihr aber sollt mir ein Königreich von Priestern und ein heiliges Volk sein! Das sind die Worte, die du den Kindern Israels sagen sollst. ... Und Gott redete alle diese Worte und sprach: Ich bin der HERR, dein Gott, der ich dich aus dem Land Ägypten, aus dem Haus der Knechtschaft, herausgeführt habe. Du sollst keine anderen Götter neben mir haben! (2Mo 19,3-6; 20,1-3 SCH)

Aber Gott erschafft nicht nur das Volk; er verheißt auch, das Volk Israel in einem Land anzusiedeln, das von Milch und Honig überfließt. Dieses wird als ansehnlicher Garten Eden beschrieben, ein Ort, an dem ehemalige Sklaven in Gemeinschaft mit ihrem Gott endlich zur Ruhe finden werden.

Unfassbarerweise rebelliert das Volk – nicht nur einmal, sondern immer wieder (2. Mose 32; 4. Mose 11-14; 16; 21; 25). Gott richtet eine komplette Generation und lässt sie in der Wüste sterben. Dann bildet er aus ihren Kindern das Volk neu. Er siedelt sie in dem Land an, das er ihnen als Eigentum und Ruheort verheißen hat, und erweckt ihnen schließlich einen großen König: David, der ihnen auf allen Seiten Ruhe vor ihren Feinden schafft. Aber auch diese Generation sündigt schließlich, und die Geschichte wiederholt sich immer wieder. Das Volk rebelliert wie die Generationen vor ihnen, wie Adam und Eva am Anfang. Dies führt zuerst zur Teilung des Reiches und schließlich zu Gericht und Exil. Als Isarel unter die Völker zerstreut ist, deren Sprache es nicht versteht, hat das Volk mit seiner eigenen Geschichte die ersten elf Kapitel der Genesis rekapituliert.

Ein weiteres Mal greift Gott in seiner Schöpfergnade ein: Ein Überrest des Volkes wird aus dem Exil zurückgeführt. Der Tempel wird wieder aufgebaut und die Stadtmauern Jerusalems wieder hergestellt. Aber es fehlt etwas. Der Tempel ist zwar wieder da, aber er ist leer. Gott ist nicht da. Die Stadtmauern Jerusalems sind wieder hergestellt, aber der Thron Davids bleibt vakant und die Stadt ist nur noch ein Schatten ihrer früheren Herrlichkeit. Zu der Zeit, an der das Neue Testament ansetzt, ist das Volk Israel erneut versklavt; nur sind sie diesmal Sklaven im eigenen Land. Auch hat es seit Jahrhunderten keinen Propheten gegeben. Der Gott, der redet und erschafft, ist verstummt.

Die Einführung einer neuen Schöpfung

Gott schweigt weiter, bis eines erstaunlichen Tages der Schöpfer höchstselbst in menschlicher Gestalt erscheint. Der Apostel Johannes lässt 1. Mose 1 widerhallen, wenn er uns sagt:

> Im Anfang war das Wort, und das Wort war bei Gott, und das Wort war Gott. Dieses war im Anfang bei Gott. Alles wurde durch dasselbe, und ohne dasselbe wurde auch nicht eines, das geworden ist. In ihm war Leben, und das Leben war das Licht der Menschen. … Und das Wort wurde Fleisch und wohnte unter uns, und wir haben seine Herrlichkeit angeschaut, eine Herrlichkeit als eines Eingeborenen vom Vater, voller Gnade und Wahrheit. (Joh 1,1-4.14)

Dieses Wort war Jesus, der fleischgewordene Gott. Während seines Erdenlebens sprach er, und die Blinden konnten sehen und die Tauben hören. Böse Menschen kreuzigten ihn; er war tot, tot und begraben. Aber er stand er von den Toten auf und führte durch seine Auferstehung eine neue Schöpfung ein – ein Werk, das noch bis heute andauert. Durch sein Wort, das Evangelium, weckt Jesus tote Sünder zu neuem Leben auf und macht aus ihnen eine neue Schöpfung (Eph 2,1-9). Durch sein Wort, das Evangelium, beruft er sein Volk und macht daraus eine neue Menschheit, eine heilige Nation. Der Autor des Hebräerbriefs lässt 2. Mose 19-20 widerhallen, wenn er dieses Volk die »Versammlung und Gemeinde der Erstgeborenen« nennt (Hebr 10,22-23).

Die Vollendung der neuen Schöpfung

Durch sein Wort, das Evangelium, wird Jesus, der Schöpfer, auch sein Werk der neuen Schöpfung vollenden. Das Böse und die Sünde werden endgültig und für immer gerichtet, und Gottes Volk wird von aller Bosheit gereinigt und für immer bei ihm in einem neuen Himmel und auf einer neuen Erde wohnen, wie Johannes es sah:

> Und ich sah einen neuen Himmel und eine neue Erde; denn der erste Himmel und die erste Erde waren vergangen, und das Meer ist nicht mehr. Und ich sah die heilige Stadt, das neue Jerusalem, aus dem Himmel von Gott herabkommen, bereitet wie eine für ihren Mann geschmückte Braut. Und ich hörte eine laute Stimme vom Thron her sagen: Siehe, das Zelt Gottes bei den Menschen! Und er wird bei ihnen wohnen, und sie werden sein Volk sein, und Gott selbst wird bei ihnen sein, ihr Gott. Und er wird jede Träne von ihren Augen abwischen, und der Tod wird nicht mehr sein, noch Trauer, noch Geschrei, noch Schmerz wird mehr sein: denn das Erste ist vergangen. Und der, welcher auf dem Thron saß, sprach: Siehe, ich mache alles neu. Und er spricht: Schreibe! Denn diese Worte sind gewiss und wahrhaftig. (Offb 21,1-5)

Die Handlungsmuster dieser Geschichte

Soweit ein kurzer Überblick über die Geschichte von Schöpfung und Neuschöpfung. Ich gehe davon aus, dass Sie wenigstens einige weitere Details der Geschichte kennen, die ich aus Platzgründen hier nicht umfassend nacherzählen kann.

Doch bevor wir überlegen, *was* diese Geschichte uns lehrt, wollen wir betrachten, *wie* sie uns dies lehrt.

Beachten wir erstens, was ich schon sagte: Alles ereignet sich im Rahmen einer Erzählung. Wenn ich von »Erzählung« spreche, meine ich damit nicht, dass sie fiktiv wäre; sie ist ebenso wenig fiktiv wie unsere eigene Lebensgeschichte. Ich meine damit, dass Gottes Geschichte der Schöpfung (wie alle Geschichten) eine narrative Struktur besitzt. Sie besitzt einen Anfang: die Schöpfung. Mit dem Sündenfall kommt Spannung in die Handlung. Im Verlauf der Handlung wird sie durch all jene Zyklen von Schöpfung, Sünde, Gericht, Neuschöpfung usw. interessant. Im weiteren Fortgang führen diese Zyklen zu kleineren Höhepunkten und neuen Entwicklungen. Zuletzt kommt es zu einem wahrlich kulminierenden Ende: dem neuen Himmel und der neuen Erde.

Zweitens gibt es durchweg ein klares Muster von Verheißung und Erfüllung. Gott verhieß Abraham viele Nachkommen sowie ein Land und dass er ein Segen sein würde. Diese Verheißung hat Gott eindeutig erfüllt: mit Isaak, den zwölf Söhnen Israels und schließlich der ganzen Nation. Diese Verheißung erfüllte sich jedoch auf mehreren Ebenen. Zu den zahlreichen Nachkommen zählt nicht nur das Volk des Alten Bundes, Israel, sondern auch die neutestamentliche Gemeinde. Auch stellt sich heraus, dass das Verheißene Land mehr als Kanaan ist, nämlich nichts Geringeres als die neue Schöpfung.

Drittens finden wir hier auch den bundestheologischen roten Faden der Schrift. Hätte ich den Raum dazu, dann würde ich hier die Bündnisse mit Noah, Abraham und David erläutern. Es ist wichtig, all diese Bündnisse zu beachten, weil es sich auf unsere systematisch-theologischen Schlussfolgerungen auswirkt, wo genau wir uns bundestheologisch jeweils an einem Punkt der Handlung befinden. Nehmen wir etwa an, jemand will die Legalisierung von Marihuana damit begründen, dass es von allem, was Gott schuf, heißt: »Es war gut.« Darum seien auch Pflanzen wie Marihuana gut. Nun ja: alles, was Gott schuf, *war* gut … zur Zeit von 1. Mose 1. Dann aber geschah das, wovon 1. Mose 3 berichtet, und das veränderte nicht nur uns, sondern ebenso auch die Welt, und zwar bedeutend. Wir können nicht einfach auf solche Weise alles Mögliche gutheißen.

Viertens: Beachten wir auch, wie Gott in der Geschichte der Schöpfung Typologie verwendet. Die Neuschöpfung nach der Flut war ein Typos der Schöpfung. Dass Gott das Volk Israel aus der Sklaverei rief und in das Verheißene Land führte, war ein Typos der Schöpfung. Doch diese Typoi weisen immer auf den künftigen Antitypos hin: die von Christus eingeführte neue Schöpfung. Durch das wiederholte Vorkommen der Typoi lernen wir etwas darüber, wie Gott wirkt und woran ihm liegt.

Fünftens: Wahrscheinlich sind Ihnen auch schon andere Muster in dieser Geschichte aufgefallen. Zum Beispiel, dass Gott immer durch sein Wort schafft und neu schafft, oder dass er zu seiner Verherrlichung schafft und neu schafft. Vielleicht haben Sie auch bemerkt, dass bei der Neuschöpfung immer ein einziger Mann stellvertretend im Mittelpunkt steht, egal wie viele andere Menschen es auch noch betrifft. Dieser Mann steht immer wie Adam als repräsentativer Ausgangspunkt und stellvertretender Mittler für diejenigen, die Gott nachfolgen. Die Geschichte der Schöpfung und die des Sohnes Gottes sind untrennbar ineinander verflochten. Ich will hier nicht all diese Muster erschöpfend aufzählen, sondern Sie nur bewegen, selbst auf die Suche danach zu gehen.

Systematische Zusammenfassung

Wir haben die Geschichte gehört. Wir haben kurz überlegt, auf welche Weise sie uns etwas lehrt. Wie sollen wir nun all das zusammenfügen und auf den Christen und die Gemeinde anwenden?

Wenn wir über die Tragweite der Schöpfung nachdenken, sollten meiner Ansicht nach mehrere Lehren deutlich werden. Einige davon möchte ich hervorheben und überlegen, wie wir sie im Lichte dessen sehen sollen, wie uns die Geschichte etwas lehren will.

1. Gott erschafft aus dem Nichts

Zuerst einmal: *Gott schuf alles aus dem Nichts.*

> Am Anfang schuf Gott Himmel und Erde. (1Mo 1,1 LUT)
>
> Alles ist durch ihn geworden, und ohne ihn ist auch nicht eines geworden, das geworden ist. (Joh 1,3 ZÜR)

Was heißt das? Gott ist Eigentümer der Schöpfung. Er hat sie gemacht, also ist sie sein Eigentum. Das heißt, dass auch Sie und ich sein Eigentum sind.

Betrachten wir, welche systematisch-theologischen Anwendungen wir daraus ziehen können:

a. *Gott ist allmächtig. Er ist kreativ. Er ist der Schöpfer. Und er ist der Herr.* Das ist für unsere Evangeliumsverkündigung von großer Bedeutung. In einer postmodernen Umgebung ist es den Leuten egal, ob wir an Gott glauben. »Wenn es dir hilft, ist das schön für dich.« Die Leute verübeln es uns aber, wenn wir versuchen, ihnen unseren Glauben aufzudrücken. Wir müssen darum klarstellen, dass wir ihnen nichts aufdrücken. Christentum ist kein soziales Projekt mit dem Ziel kultureller Vorherrschaft. Es ist eine Erklärung, dass Gott den legitimen Anspruch auf unser aller Leben hat. Deshalb sind die Gemüter in der offenen Debatte über

Evolution und »Intelligent Design« so sehr erhitzt. Grundsätzlich geht es bei dieser Debatte nicht um Wissenschaft, sondern darum, dass man von Gott unabhängig sein will. Das Problem dabei ist: unabhängig von Gott zu sein bedeutet, unter alles andere versklavt zu sein – unter unsere Leidenschaften, Begierden und Fehler. Die Geschichte der Schöpfung macht das deutlich.

b. Die Schöpfung hat einen Anfang. Sie hat einen Zweck. Sie ist gut. Dies wirkt sich darauf aus, wie wir als Haushalter mit der Umwelt umgehen: dass wir Tiere human behandeln und dass wissenschaftliche Forschung möglich bzw. in welchem Rahmen sie angemessen ist. Es wirkt sich aber auch auf unsere Verehrung Gottes aus. Die Schöpfung ist nicht das Höchste und Gott ist nicht dasselbe wie seine Schöpfung. Jeder Lebensstil, der Erfüllung in der Schöpfung statt im Schöpfer sucht, ist Götzendienst und zieht mit Recht das Gericht Gottes nach sich.

Während wir aber darüber nachdenken, wie sich das typologische Muster der Schöpfung durch die Handlung zieht, erkennen wir, dass es nicht nur um die Lehre der Schöpfung geht. Wenn wir zum Neuen Testament kommen, sehen wir, dass es ebenfalls etwas über die Schöpfung aussagt. Gott erschafft unser Heil aus dem Nichts, als ob es da wäre. Wir waren tot, aber er macht uns lebendig. Darum werden wir eine »neue Schöpfung« genannt. Paulus drückt es so aus:

> Denn Gott, der gesagt hat: Aus Finsternis wird Licht leuchten!, [*die erste Schöpfung*] er ist es, der in unseren Herzen aufgeleuchtet ist zum Lichtglanz der Erkenntnis der Herrlichkeit Gottes im Angesicht Jesu Christi [*die Neuschöpfung*]. (2Kor 4,6)

Begreifen Sie? Gott belehrt uns über das Heil und wie es funktioniert, indem er alttestamentliche Muster der Schöpfung benutzt. Neigen Sie zu der Meinung, Sie hätten Gott erwählt oder Sie wären irgendwie an Ihrer Errettung beteiligt? Vielleicht können Sie sogar einen vermeintlichen Belegtext dafür anführen. Doch einen Augenblick, bitte: Betrachten Sie die biblische Gesamthandlung! Bedenken Sie: Gott erschafft aus dem *Nichts;* wie könnte sich das auf Ihr Verständnis der Errettung auswirken? Genau das ist es, was Paulus uns durch 2. Korinther 4,6 verdeutlichen will.

2. Gott erschafft durch sein Wort

Ein weiteres Thema, über das es sich lohnt nachzudenken: Gott schuf nicht nur alles aus dem Nichts, *Gott erschuf auch alles durch sein Wort.*

> Und Gott sprach: Es werde Licht! Und es wurde Licht. (1Mo 1,3)

Wenn Sie und ich etwas herstellen, brauchen wir dazu Rohmaterial. Bei Gott ist das anders, wie Paulus in Römer 4,17 sagt: »Gott, ... der ... ruft, was nicht ist, als wäre es da« (SCH).

Bei allem, was Gott schafft, handelt es sich immer um einen Akt gewaltiger, unwiderstehlicher Gnade. Nichts zwingt Gott zu sprechen; er spricht nur, wann er will. Wenn er aber spricht, geschieht etwas. Und es ist nicht so, dass er die Möglichkeit schafft, dass etwas geschieht. Nein, es geschieht. Wie wir schon in der Einleitung gesagt haben: Gottes Worte sind nicht nur wahr, sie sind wirksam. Wenn Gott spricht, dann heißt das: Gott handelt.

- In 1. Mose 1 kann das Nichts ihm nicht widerstehen.
- Als Hesekiel in Kapitel 37 seines Buches in das Tal der verdorrten Gebeine mit Gottes Wort und Geist hinausruft, sagen die Gebeine nicht zu Hesekiel: »Wir wollen nicht auferstehen.«
- Als Jesus in Johannes 11 den verstorbenen Lazarus aus dem Grab ruft, sagt dieser nicht zu ihm: »Jetzt nicht; komm in einem Jahr noch einmal wieder.« Nein: Wenn Gottes Stimme in seiner gnädigen Schöpfermacht erschallt, können nicht einmal Tod und Unglaube ihm widerstehen.

Gottes Stimme ist unwiderstehlich, weil sie mächtig ist und weil sie die Stimme der Liebe ist.

Erkennen Sie, wie sich hier ein typologisches Muster entfaltet? Könnte es sein, dass Dinge, die Gott in der materiellen Welt tut, uns etwas über geistliche Dinge lehren sollen? Wenn Gottes Wort jedes Mal wirksam etwas schafft, was geschieht dann wohl Ihrer Meinung nach, wenn Jesus Sünder aufruft, in Buße und Glaube zu ihm zu kommen? Wird sein Wort etwa plötzlich weniger wirksam und weniger mächtig, nur weil er zu uns spricht?

Weiter: wenn Gottes Wort stets wirksam etwas erschafft (er sagt in Jesaja 55,11: »mein Wort ... wird nicht leer zu mir zurückkehren, sondern es wird bewirken, was mir gefällt«), was sollen Gemeinden dann Ihrer Meinung nach tun, wenn sie sich versammeln? Sollen sie sich auf Unterhaltung konzentrieren oder darauf, das Wort zu predigen? Ich vermute, das hängt davon ab, ob man einen Dienst haben will, der dazu da ist, die Sterbenden zu amüsieren, oder einen Dienst, der zum Ziel hat, die Toten aufzuerwecken.

Beachten Sie, was bei diesen verschiedenen Beispielen geschieht. Ich habe Ihnen eine Geschichte der Schöpfung erzählt. Dann habe ich aufgezeigt, wie sich die Geschichte weiter entfaltet. Und dadurch sind wir fähig, systematisch-theologische Schlüsse zu ziehen. Genauer gesagt: wir sind fähig, diese Geschichte auf uns persönlich und auf unser heutiges Gemeindeleben anzuwenden.

3. Gott erschafft, um sich zu verherrlichen

Noch ein Thema in der Geschichte der Schöpfung, das wir beachten müssen, lautet: *Gott schafft alles zu seiner Verherrlichung.*

Gott hatte nicht nötig, etwas zu erschaffen. An diesem Universum gibt es nichts, weshalb es hätte geschaffen werden müssen. Aber in Liebe und Gnade erwählte Gott, alles zu schaffen, so dass seine Herrlichkeit andere erfreuen und entzücken sollte. Entsprechend erklärt Offenbarung 4,11: »Herr, unser Gott, du bist würdig, zu nehmen Preis und Ehre und Kraft; denn du hast alle Dinge geschaffen, und *durch deinen Willen* waren sie und wurden sie geschaffen« (LUT).

Nun kann man leicht denken, wenn man diesen Vers liest: »Gott hat die Welt zu seiner Verherrlichung geschaffen. Das klingt vernünftig. Wir gehen jeden Sonntag in die Gemeinde und singen Loblieder. Bei Gott geht alles um Anbetung. Schön!« Aber wenn wir hier aufhören, haben wir wirklich nicht verstanden, was diese Lehre uns sagen will.

Gehen Sie zurück und schauen Sie sich die ganze Geschichte noch einmal an. In 1. Mose 1 wird uns gesagt, dass die Erschaffung des Menschen sich von der übrigen Schöpfung unterschied. Anders als die Tiere wurden die Menschen – d. h. Sie und ich – geschaffen, um nichts Geringeres als das Wesen und die Herrlichkeit Gottes widerzuspiegeln:

> Und Gott sprach: Lasst uns Menschen machen in unserm Bild, uns ähnlich! Sie sollen herrschen …« (1Mo 1,26)

Wir wurden zu dem Zweck geschaffen, die Herrlichkeit Gottes widerzuspiegeln. Deshalb gibt es uns. Tatsächlich dreht sich alles beim Sündenfall, der mosaischen Gesetzgebung, dem Königtum Davids, dem Babylonischen Exil der Juden und dem Kommen Christi um eben diese besondere Handlung, die in Offenbarung 4 zusammengefasst wird. Alles im Leben und in der Weltgeschichte dreht sich um die Verherrlichung Gottes. Der einzige Grund, warum ich heute atme, ist, um Gott zu verherrlichen.

Wenn ich meine Systematische Theologie auf eine umfassendere Biblische Theologie aufbaue, dann stelle ich fest: In Offenbarung 4,11 geht es um weit mehr, als was ich am Sonntagmorgen singe oder was ich in der Ewigkeit singen werde. Unser Verständnis wird vertieft und erweitert und wir begreifen die gesamte Weltgeschichte sowie Ihr und mein Leben in ganzer Tragweite. Nehmen Sie Anstoß daran, dass wir und die ganze übrige Schöpfung zur Ehre und Herrlichkeit Gottes existieren? Eins ist sicher: Alles in uns sträubt sich gegen diesen Gedanken.

Wenn wir aber verstehen, dass Gott uns aus freien Stücken zu seiner Ehre erschuf, dann endlich erkennen wir, dass die Geschichte der Schöpfung grundsätzlich eine Liebesgeschichte ist. Gott hatte es nicht nötig, uns zu erschaffen, aber er tat es dennoch. Er hatte es nicht nötig, uns als sein Ebenbild zu erschaffen, aber er tat es dennoch. Und dabei gab er uns eine einzigartige Fähigkeit: die Fähigkeit, sich an dem Höchsten, Schönsten und Begehrenswertesten zu erfreuen, das man sich vorstellen kann: der Herrlichkeit Gottes. Gott selbst liebt nichts mehr als seine Herrlichkeit. Es gibt nichts anderes, was besserer oder höherer Liebe wert wäre. Es gibt nichts schöneres, in das man sich verlieben kann.

Erstaunlich daran ist, dass er aus derselben Liebe Sie und mich schuf, damit wir als Ebenbild an seiner Herrlichkeit teilhaben. Unsere persönliche Geschichte mündet in die größte Liebesgeschichte aller Zeiten ein: in die Geschichte der unendlichen und unübertroffenen Herrlichkeit Gottes.

4. Der Zweck der Schöpfung wird zunichte gemacht und die Schöpfung dem Tod unterworfen

Es gibt ein letztes Hauptthema in der Geschichte der Schöpfung, auf das ich Sie aufmerksam machen möchte. Wenn wir die Geschichte der Schöpfung verstehen wollen, müssen wir verstehen, welche Auswirkungen unsere Rebellion auf die Schöpfung hatte.

a) *Wegen der Sünde wurde der Zweck der Schöpfung zunichte gemacht, Gottes Herrlichkeit widerzuspiegeln.* Paulus drückt dies in Römer 8,20 folgendermaßen aus:

> Die Schöpfung ist nämlich der Vergänglichkeit unterworfen, nicht freiwillig, sondern durch den, der sie unterworfen hat … (SCH)

Wer hat die Schöpfung unterworfen? Gott. Infolge der Sünde Adams und Evas war die Schöpfung nicht mehr allein Schauplatz der Herrlichkeit Gottes. Stattdessen wurde die Schöpfung sowohl zum Rahmen des Gerichts über uns als auch bisweilen zu einem Mittel des Zornes Gottes gegen uns. Statt ein immer weiter expandierender Garten Eden zu werden, wurde die Welt ganz im Gegenteil ein Ort voller Unkraut und Dornen, voll vergeblicher Mühen.

Doch was Gott mit dem Fluch über die Schöpfung bezweckt, geht weit über deren Vergänglichkeit hinaus:

b) *Wegen der Sünde ist die Schöpfung auch dem Tod unterworfen.* Genau so lautet der Urteilsspruch Gottes:

> Denn Staub bist du, und zum Staub wirst du zurückkehren! (1Mo 3,19)

Paulus drückt dies so aus:

> Durch einen einzigen Menschen kam die Sünde in die Welt und durch die Sünde der Tod, und auf diese Weise gelangte der Tod zu allen Menschen, weil alle sündigten. (Röm 5,12 EIN)

Diese Welt ist nicht das, was sie sein sollte. Gott schuf sie, damit sie ein Ort der Freude sei; stattdessen ist sie, wie wir wissen, zu einem Ort beständiger Frustration geworden. Gott schuf sie als Lebensraum; wir kennen sie als Schauplatz des Todes. Gott schuf sie als unser Zuhause; wir kennen sie als unser Grab.

Wir sind geistlich tot und werden den leiblichen Tod erleiden. Daran können wir nichts ändern. Und dafür können wir niemand außer uns selbst verantwortlich machen.

Nun waren all diese schlechten Nachrichten bereits in 1. Mose 3 latent vorhanden, wenn nicht sogar ausdrücklich erwähnt. Doch dann werden diese Themen von Frustration und Tod im Lauf der Geschichte beständig wiederholt, ja regelrecht überstrapaziert:

- Kain ermordet Abel in 1. Mose 4;
- die Welt zur Zeit Noahs wird in 1. Mose 6-8 vernichtet;
- der Turmbau zu Babel führt zur Sprachverwirrung in 1. Mose 11, und so weiter, und so fort.

In gewisser Hinsicht konzentriert sich die Handlung des ganzen Alten Testaments darauf, zu erklären, wie sündig die Menschheit und wie vollkommen vergeblich jeder Lösungsversuch ist, den wir angesichts des Niedergangs der Schöpfung und der menschlichen Sünde auch ersinnen mögen – seien es Türme, mächtige Nationen oder rigorose Selbstdisziplin.

Und aus alledem ziehen wir Schlüsse für unsere Theologie. Es hilft uns, die menschliche Natur zu verstehen, die letztendliche Vergeblichkeit unserer Arbeit, sogar der Regierung und des verderblichen Einflusses der Macht. Wir könnten eine Lehre der Sünde alleine schon dadurch ableiten, dass wir lediglich Römer 3,23 anschauen, wo es heißt: »alle haben gesündigt«. Dort steht es schwarz auf weiß. Läuft es im Endeffekt nicht genau darauf hinaus?

Nun, erinnern Sie sich, dass ich zu Beginn sagte, die Bibel ermöglicht uns, die Geschichte Gottes mit den Menschen durchzugehen, damit wir erkennen, was er ist und was wir sind? Lesen Sie das 4. Buch Mose und versetzen Sie sich in Gottes Lage, als die Israeliten immer wieder murren und sich weigern, Gott zu vertrauen, obwohl er immer wieder bewiesen hat, dass er absolut vertrauenswürdig ist. Lesen Sie die Bücher der Könige und beobachten Sie, wie sich das Volk Israel immer wieder von Gott abwendet, während er aus Liebe einen Propheten nach dem anderen sendet, um sie zu warnen. Wenn Sie der Rahmenhandlung auf diese Weise folgen, vertiefen und erweitern Sie Ihre Theologie, weil dies Ihr Verständnis von Gott, Ihnen selbst und der Welt, in der Sie jetzt leben, vertieft und erweitert. Sie werden erkennen, wie Muster auftauchen, die sich beständig wiederholen, und diese Muster werden verändern, wie Sie denken und erkennen.

Wenn also Ihr Kind zwei Jahre alt wird und beginnt, sich in Wutanfällen auf den Boden zu werfen, wenn es seinen Willen nicht bekommt, wird Ihnen Römer 3,23 in den Sinn kommen. Aber Sie werden auch an das 4. Buch Mose denken und tausend Jahre der Geschichte Israels, und Sie werden wissen, was hinter Römer 3,23 steckt und was genau Ihr Kind tut: Es betet einen Götzen an. Dessen Name lautet nicht Baal, wenngleich es auch ebenso sein könnte. Natürlich ist dies nicht nur dafür von Nutzen, den Herzenszustand Ihres zweijährigen Kindes zu erklären; es ist auch ebenso dafür von Nutzen, Ihren eigenen Herzenszustand zu erklären.

Zugleich gibt uns das Alte Testament die Verheißung, dass jemand kommen und die Schöpfung von ihrer Gefangenschaft unter der Sünde befreien würde. Uns wird eine Zeit verheißen, in welcher der Wolf beim Lamm liegen wird und der Leopard beim Böckchen. Das Alte Testament verheißt uns auch einen König, der kommen wird, um diese neue Schöpfung einzuführen. Wie wird der König diese gewaltige Rettung bewirken?

c) *Wegen der Sünde stirbt der Schöpfer stellvertretend für seine Geschöpfe.* Angesichts der Reichweite des Problems sind wir durchaus nicht überrascht, dass sich der König als kein Geringerer erweist als der Schöpfer höchstselbst. Bemerkenswerterweise kommt der König und Schöpfer und stirbt, um seine neue Schöpfung einzuführen.

Ist sein Tod völlig unerwartet? Nicht, wenn Sie Ihre Bibel bereits typologisch lesen. Der Grundgedanke ist bereits von Anfang an da:

- Gott tötete Tiere, um Adams und Evas Nacktheit zu bedecken (»bedecken« ist dasselbe Wort wie »sühnen«).
- Gott forderte von Abraham, seinen Sohn zu opfern, gab ihm aber dann einen stellvertretenden Widder.
- Man hielt Josef für tot, und sein »Opfer« diente zur Rettung der Welt.
- Das Opfer des Passalamms führte dazu, dass die Erstgeborenen der Israeliten verschont wurden.
- Die levitischen Opfer wurden immer wieder zur Vergebung von Sünden dargebracht.

Der Gedanke des stellvertretenden Opfers war von Anfang an da. Die erstaunliche, unerwartete Wendung der Geschichte liegt darin, dass das endgültige stellvertretende Opfer der Schöpfer selbst ist. Wir hätten dies nicht erfinden können, selbst wenn wir es versucht hätten.

Ich könnte dies weiter fortsetzen. Im ganzen Verlauf der Geschichte belehrte Gott uns über ihn, über uns und darüber, wie das Heil zustande kommen wird. Er hätte uns einfach nur den Grundgedanken mitteilen können; aber das tat er nicht, weil er uns noch viel mehr geben wollte. Er wollte sich selbst für uns hingeben.

Fazit: Das Ziel der Schöpfung

Wie oben bereits gesagt, ist die Geschichte der Schöpfung wirklich eine Liebesgeschichte, die Geschichte eines Bräutigams, den nichts aufhält, nicht einmal um den Preis seines Lebens, um seine Braut zu gewinnen und sie für sich in strahlender Schönheit, unbefleckt und rein darzustellen. Die Geschichte endet damit, dass der Bräutigam ein neues Heim für die Frischvermählten zubereitet – einen neuen Himmel und eine neue Erde. Anders als bei Adam und dessen Braut verspricht dieser Bräutigam, dass er alles von diesem neuen Heim fernhalten wird, was ihre Liebe trüben oder zerstören könnte.

An diesem Ort wird es nie mehr Schmerz oder Pein geben, weil es weder Sünde noch Böses geben wird. Nur Liebe wird dort sein, da Christus und seine Braut die Herrlichkeit der erlösenden Gnade Gottes widerspiegeln, und die Engel werden es voll Bewunderung sehen.

Wir sind noch nicht dort; aber wir werden dort sein. Leben Sie für diesen Tag? Wird Ihre Geschichte Teil dieser Geschichte sein? Sie kann es sein. Gottes Gnade genügt, und der Ruf seiner Liebe ist unwiderstehlich. Beten Sie, dass Sie Ohren haben mögen, um Gottes Stimme der Liebe in Christus zu hören. Prediger, bete, dass deine Leute solche Ohren haben! Ruhe nicht, bis du sicher bist, dass die einzige Stimme, die sie von deiner Kanzel hören, jene einzigartige Stimme ist, jene unvergleichliche und unwiderstehliche Stimme der Liebe!

KAPITEL SIEBEN

Die Geschichte des Sündenfalls

Nehmen wir einmal an, ein Freund oder Gemeindemitglied würde Ihnen eine der folgenden Fragen stellen:

> Was ist nur mit dieser Welt los? Meine Nichte hat Krebs!
>
> Warum tun Menschen Böses, wie die Terroristen, von denen wir in der Zeitung lesen?
>
> Ist der Mensch grundsätzlich gut oder böse? Ich meine, ich bin gut, aber manchmal tue ich Dinge, die ich danach bereue.
>
> Warum sterben die Menschen? Meine Mutter liegt im Sterben.
>
> Warum gibt es anscheinend fast keine Gerechtigkeit auf dieser Welt? Ich lese gerade von all den Menschen, die im Sudan verhungern, weil sie einfach nur eine ungerechte Regierung haben.
>
> Kann ich dem Gott vertrauen, der – wie Sie behaupten – diese Welt regiert?

Beachten Sie: der Betreffende stellt Ihnen Glaubensfragen – Fragen, die ihm zu erkennen helfen, was er über das Leben hier und jetzt glauben soll. Er fragt Sie nicht einfach, was die Bibel sagt. Mit seinen Fragen bittet er Sie, sich mit seinem Leben zu befassen, mit dem, was ihn wirklich interessiert. Wie spannen wir von dem, was die Bibel sagt, den Bogen zu seinem Leben in dieser Welt?

Die Bibel beantwortet diese Art von Fragen hier und da mit pointierten Aussagen. Meist aber beantwortet sie diese Fragen in Form von Geschichten – Geschichten, Lehrsätzen, Poesie, Prophetie und mehr. Anders gesagt: Sie bietet nicht allein Antworten, sondern eine vollständige neue Perspektive und Weltsicht. Und all das tut sie, indem sie die Geschichte des Sündenfalls erzählt. Diese Geschichte wird Ihnen sicher vertraut sein, aber ich möchte sie Ihnen trotzdem nochmals erzählen.

Die Geschichte des Sündenfalls

Die Geschichte des Sündenfalls beginnt im Paradies. Gott hatte Adam und Eva erschaffen und sie in eine perfekte Welt gesetzt, damit sie seine Herrlichkeit widerspiegeln sollten. Er stattete sie mit allem aus, was sie brauchten. Er gab ihnen eine sinnvolle, schöne und zufriedenstellende Arbeit. Er gab sie einander. Und er setzte sie als Herrscher über seine ganze Schöpfung ein. Nur in einem einzigen Punkt schränkte er ihre Freiheit und Vollmacht ein: Es gab einen bestimmten Baum im Garten Eden, von dem sie nicht essen durften, den Baum der Erkenntnis von Gut und Böse.

Hier trat Satan auf den Plan und verführte sie dazu, genau das zu tun, was tatsächlich das Einzige war, was sie nicht tun durften. Unfassbarerweise fielen sie auf ihn herein. Sie wählten, Gott ungehorsam zu sein. Dadurch fielen sie aus einem Stand der Unschuld in einen Stand der Scham, Schande und Verdammnis.

An dem Tag, da ihr davon esst...

Auf der Stelle war alles anders. Weil sie sich entschieden zu rebellieren, richtete Gott Adam und Eva. Das Leben war von da an voller Schmerz, Mühen und Traurigkeit. Darüber hinaus wurden sie aus dem Paradies hinausgeworfen und aus ihrer Heimat verbannt. Ein Cherub mit einem feurigen Schwert wurde an den Eingang zum Garten postiert, damit sie nie wieder lebendig dorthin zurückkehren konnten. Doch ihre irdische Austreibung war nur das Vorspiel zu einem viel weitgehenderen Exil, das nicht nur sie selbst betraf, sondern alle ihre Nachkommen. Nun waren diejenigen, die geschaffen wurden, um ewig zu leben, die – wie der berühmte Kommentar von Thomas Wolfe hierzu lautet – für die Ewigkeit bereitet waren, dem Tod verfallen – einem Exil, das niemals endet.

... müsst ihr gewisslich sterben

Im weiteren Verlauf der Geschichte stellen wir fest, dass die Konsequenzen, die sich für Adam und Eva aus ihrer Rebellion ergeben, noch weit tiefgehender sind, als sie zuerst erscheinen. Ihnen werden Kinder geboren, aber nicht in Unschuld. Adams und Evas Natur wurde zutiefst verdorben und verkehrt. Augustinus beschreibt dies als ein »in sich selbst Verkrümmtsein«, so dass ihre Natur jetzt nicht mehr Gottes Herrlichkeit recht widerspiegelt, sondern diese Herrlichkeit verzerrt und entstellt. Diese Natur vererben sie zusammen mit der Schuld, die sie mit sich bringt, an ihre Kinder.

Folglich ist der Sündenfall nicht einfach irgendein Ereignis der Vergangenheit, nach dem wir einfach mit der Geschichte fortfahren könnten. Vielmehr dauert er fortwährend an und wird immer schlimmer, während die Schöpfung dem Tod und der Vergänglichkeit erliegt. Alles vergeht; nichts bleibt bestehen.

- Satan hat es geschafft, Seelenmord an Adam und Eva zu begehen.
- Kain ermordet seinen Bruder Abel physisch.
- Satan hat es geschafft, einen Keil zwischen Adam und Eva zu treiben.
- Lamech nimmt sich zwei Frauen und verwirft dadurch Gottes ursprünglichen Plan für die Ehe, die Monogamie.
- Kain wird aus Eifersucht und Leidenschaft zum Mörder.
- Lamech ermordet einen Knaben wegen einer Strieme.

Und so geht es weiter, bis die Bosheit der Menschen so groß geworden ist, dass »alles Sinnen und Trachten ihres Herzens immerfort nur böse war« (1Mo 6,5 MEN). Schließlich ist Gottes Geduld am Ende. Er beschließt, dass er die Menschen endlich richten muss, die er doch in seinem Ebenbild geschaffen hatte.

Die Geschichte wiederholt sich

Gott sendet die Flut, um die Menschheit zu vernichten, und verschont allein Noah und dessen Familie. Die Welt fängt neu an. Es scheint, als ob Noah ein neuer Adam ist; das einzige Problem ist nur: Noah und seine Familie haben immer noch die gefallene Natur, die sie von Adam geerbt haben. Die Sünde macht genau dort weiter, wo sie vor der Flut war, schreitet erneut fort und nimmt rasch an Fahrt auf. Schließlich ist die Menschheit wieder genau da, wo sie anfing – nun ja, fast dort, wo sie anfing. Wir sind wieder genau dort, wo wir am Vorabend der Flut waren. Nur richtet Gott die Menschheit jetzt nicht, indem er alle tötet, sondern indem er in 1. Mose 11 beim Turmbau zu Babel ihre Sprache verwirrt. Nachdem sie voneinander getrennt und über die Fläche der Erde zerstreut sind, hat sich die Verbannung der Menschheit nochmals verschärft.

In diesem Zusammenhang beruft Gott sich sein eigenes Volk. Angefangen bei Abraham, sondert Gott von der Masse der Menschen ein Volk ab, das ihm allein gehört. Sie sollen ihm gehorchen und als ihren Gott erkennen. Aber selbst hierbei macht sich der Sündenfall weiter bemerkbar. Lot und seine Familie ziehen die Bosheit Sodoms und Gomorrhas der gottgefälligen Gesellschaft mit Abraham vor. Esau zieht die Annehmlichkeiten dieser Welt den Verheißungen Gottes vor. Schließlich verlässt sogar das Volk Israel Gott, selbst nachdem er sie aus der Sklaverei in Ägypten befreit und ihnen verheißen hat, sie in das Eden ähnelnde Gelobte Land zu bringen. Israel hängt sogar den Götzen an. Sie haben es damit so eilig, dass sie nicht einmal abwarten können, bis Mose vom Berg Sinai herabkommt!

Wir sind haargenau wieder da gelandet, wo es im Garten Eden begann. Als Mose herabkommt und ihren Götzendienst sieht, ruft er die Leviten zu sich zum Tor des Lagers. Das Lager der Israeliten sollte ein heiliger Ort sein, ein wahrhafter mobiler Garten Eden. Doch nun war die Sünde ins Lager eingebrochen, genau wie zuvor in den Garten Eden. Mose rief seine levitischen Brüder auf, mit Schwertern gegürtet durch das Lager zu gehen, um Gottes Gericht zu vollziehen, was an das flammende Schwert in 1. Mose 3 erinnert.

Man sollte meinen, dass Gottes Volk daraus seine Lektion gelernt hätte. Oder daraus, dass niemand von dieser Generation ins Gelobte Land einziehen durfte, sondern alle in der Wüste sterben mussten. Aber sie haben nichts daraus gelernt. Eine Generation folgt auf die andere, und zuweilen scheint es, als ob jede Generation versucht, die vorangegangene an Bosheit zu übertreffen. Gott reagiert schließlich darauf, indem er die Israeliten aus dem Gelobten Land verbannt, so wie Adam und Eva lange zuvor aus dem Garten Eden.

Siebzig Jahre später kehren die Bewohner des Südreichs Juda zurück. Doch obwohl ihr irdisches Exil vorbei ist, dauert ihr geistliches Exil offensichtlich an. Gott zieht nicht wieder in den Tempel ein; das Allerheiligste bleibt leer. Zuletzt verstummen sogar die Propheten. Am Ende der alttestamentlichen Ära ist Gottes irdisches Volk anscheinend nicht besser als die Heiden. Juden und Heiden droht gleichermaßen das Gericht Gottes. Tatsächlich lassen Maleachis letzte Worte des Alten Testaments 1. Mose 3 widerhallen: Sie warnen davor, dass Gott kommen und das Land mit einem Fluch schlagen wird.

Das Ende der Geschichte des Sündenfalls

Zu Beginn des Neuen Testaments tritt ein neuer Prophet auf: Johannes der Täufer. Er greift die Botschaft Maleachis auf und warnt das Volk vor dem kommenden Gericht. Doch hört man auf ihn? Gott sendet seinen eigenen Sohn, Jesus, der ein Leben vollkommener Liebe und vollkommenen Gehorsams führt, ein Leben, das niemandem Anstoß hätte sein sollen. Doch die Menschen sind derart verdorben, dass jetzt Juden und Heiden gemeinsam sich verschwören, um den einzigen Menschen umzubringen, der nie den Tod verdient hat. Sie nageln ihn ans Kreuz und erklären, dass der Kaiser in Rom ihr einziger König ist.

Das war vor 2000 Jahren. Seitdem haben sich die menschliche Bosheit und das Böse immer weiter ausgedehnt und sind immer wirksamer geworden. Sonst aber hat sich im Grunde nichts geändert. All die Kriege einschließlich derer, die gerade ablaufen, all die Gewalttaten und Morde, die Sklaverei, die Völkermorde, die das vergangene Jahrhundert kennzeichneten, die sexuelle Ausbeutung von Frauen und Kindern sowie die grausame Gleichgültigkeit der Reichen gegenüber den Armen – all dies macht nur deutlich, was jene erste rebellische »Unabhängigkeitserklärung« gegenüber Gott bedeutet.

Welches Ende wird die Geschichte des Sündenfalls nehmen? In Offenbarung 18 sehen wir den endgültigen Untergang. An einem jetzt noch zukünftigen Tag wird diese Welt unter Gottes abschließendes Urteil fallen, um sich nie wieder zu erheben. Diejenigen, die lieber Götzen anbeteten statt Gott, werden vom Himmel ausgeschlossen sein, und der qualvolle Schmerz ihrer Verbannung in die Hölle wird für alle Ewigkeit währen.

Die Handlungsmuster dieser Geschichte

Soweit die Geschichte des Sündenfalls, wie die Bibel sie erzählt. Es ist eine ernüchternde Geschichte. Bevor wir aber überlegen, was sie bedeutet und wie wir sie auf unser Leben und unseren Dienst anwenden, wollen wir noch einmal darüber nachdenken, was wir daraus lernen können, *wie* die Geschichte erzählt wird. Welche Muster erkennen wir in dieser Handlung?

Erstens: Auch hier liegen die Muster des narrativen Aufbaus vor, die ich in der Handlung der Geschichte der Schöpfung identifiziert habe: Verheißung und Erfüllung, Bund und Typologie. Ich werde sie hier nicht einzeln ausarbeiten. Aber ich will darauf hinweisen, dass der Sündenfall einen der bedeutendsten Einschnitte in der Weltgeschichte darstellt und dass wir alle auf der falschen Seite stehen. Die Bibel berichtet zwar von vielen Ereignissen, die keine universalen Auswirkungen haben, aber der Sündenfall gehört nicht dazu.

Zweitens erkennen wir ein Muster von *Ursachen* des Sündenfalls.

Einerseits hatte Satan in seiner Bosheit und Verführungskunst die Menschen zur Sünde *angestiftet.* Die Bibel macht von Anfang an deutlich, dass Satan unerbittliche Feindschaft gegen Gott und endlosen Hass gegen die Menschheit hegt. Außerdem hört er nicht auf, sein Werk der Verführung und Versuchung fortzuführen.

Andererseits hatten Adam und Eva sich auch aus freien Stücken *entschieden*, in Sünde zu fallen. Satans Vorgehen war ebenso dreist wie verlogen: »An dem Tag, da ihr davon esst, werden euch die Augen geöffnet, und ihr werdet sein wie Gott und werdet erkennen, was Gut und Böse ist.« Adam und Eva genügte es nicht mehr, bloß Geschöpfe zu sein; es genügte ihnen nicht mehr, nur eine Beziehung zu Gott zu haben, die Gottes Herrlichkeit widerspiegelte; Adam und Eva verlangten danach, Gott gleich zu sein. Sie wollten selbst Götter sein. Das war mehr als bloßer Ungehorsam. Im weiteren Verlauf der Geschichte erkennen wir, dass ihre Begierde Götzendienst war: das Geschöpf ersetzt den Schöpfer als Objekt unserer Loyalität, unseres Verlangens und unserer Anbetung. Und an jedem weiteren kleinen Sündenfall danach erkennen wir dasselbe. Von Babel bis zum goldenen Kalb, vom Ungehorsam Moses bis zum Fall Davids erkennen wir das Verlangen, unsere eigenen Regeln aufzustellen und nach unserer Selbstverherrlichung zu streben. Der Sündenfall ist ein historisches Ereignis, aber er ist auch das Verhaltensmuster in unserem Leben.

Drittens erkennen wir ein Muster der *Auswirkungen* des Sündenfalls.

Auswirkung Nr. 1: Wir sind aus der Gegenwart Gottes *verstoßen*. Zuerst ist uns nicht ganz klar warum. Doch als die Geschichte weitergeht, erfahren wir, dass Gott ein heiliger Gott ist. Wir erfahren dies besonders aus dem mosaischen Gesetz. Gott kann weder Sünde in seiner Gegenwart tolerieren, noch kann er Sünde ungestraft lassen.

Auswirkung Nr. 2: Weiter ist unsere Natur *verdorben*, was wiederum immer deutlicher wird, je weiter die Geschichte sich entfaltet.

Kain beweist es. Der Turmbau zu Babel beweist es. Israel beweist es, obwohl Gott es reichlich gesegnet hat. Das Problem der Sünde ist grundsätzlich kein Verhaltens- oder Erziehungsproblem. Es ist viel radikaler. Das Problem liegt in unserem Herzen. David sagt in Psalm 51, dass wir in Schuld geboren und in Sünde empfangen sind (Ps 51,7). Wir kommen als Sünder zur Welt. Das heißt: Wir sind nicht Sünder, weil wir sündigen, sondern wir sündigen, weil wir von Natur aus Sünder sind!

Viertens erkennen wir ein Muster, dass der Sündenfall *fortschreitet.* Aus dem Geschichtsverlauf wird deutlich, dass der Sündenfall mehr als nur ein Einzelereignis ist. Nach dem Brand von Chicago im Jahr 1871 wurde die Stadt wieder aufgebaut; aber vom Sündenfall am Anfang der Schöpfung haben wir uns selbst nach Jahrtausenden nicht erholt.

Mehr noch: der Sündenfall ist nicht statisch, sondern *fortschreitend.* Der Lauf der Dinge ist nicht einfach vom Guten zum Schlechten. Vielmehr wird alles immer schlechter. Nichts bleibt dasselbe, und nichts wird besser. Es ist wie eine tödliche Krankheit, die an einem bestimmten Zeitpunkt beginnt, dann fortschreitet und in ihrem weiteren Verlauf immer zerstörerischer wird.

Bevor wir die Fragen beantworten können, mit denen wir dieses Kapitel begannen, achten Sie bitte darauf, wie wir daran gehen, nach den Antworten zu suchen. Wir betrachten die Handelnden und die Handlung der Geschichte. Wir betrachten, wie sie sich entfaltet. Obwohl die Geschichte Jahrtausende umspannt und von zahlreichen menschlichen Verfassern niedergeschrieben wurde, gehen wir davon aus, dass es eine einzige Gesamtgeschichte mit einem einzigen göttlichen Verfasser ist. Wir achten daher auf ihre Muster und Zyklen, die sich über die Worte der zahlreichen menschlichen Verfasser hinaus erstrecken. Und wir stellen sicher, dass wir wissen, wo in der Geschichte wir sind, bevor wir voreilige Schlüsse ziehen.

Systematische Zusammenfassung

Kehren wir zu den Fragen unseres hypothetischen Freundes am Anfang dieses Kapitels zurück. Ob er es wusste oder nicht: er stellte Lehrfragen. Er fragte, welche Bedeutung die Bibel dafür hat, die Welt von heute zu verstehen. Unser Ziel ist, ihm und anderen zu erkennen zu helfen, wie Gott sich selbst sieht, wie er unseren Freund sieht und wie er die Welt um unseren Freund herum sieht.

Wir können bei der Lösung seiner Fragen nur dann unserer Verantwortung gerecht werden, wenn wir die Gesamthandlung berücksichtigen. Lassen Sie mich versuchen, aufgrund der Geschichte und der Muster, die wir entdeckt haben, einige grundsätzliche Lektionen klar zu formulieren – Lehren, die uns zeigen, welche Sicht Gott von diesen Fragen hat.

1. Wir leben nicht in einem geistlich neutralen Universum

Diese Welt und unser Leben sind ein Schlachtfeld und kein Kinderspielplatz. Ganz so, wie Satan von Anfang an ein Lügner ist, will er uns verführen zu denken, dass im Grunde nichts verkehrt ist, zumindest nichts, was wir nicht selbst erledigen können. Er will uns verleiten zu denken, dass wir ohne Gott besser dran wären, dass uns am besten damit gedient wäre, wenn wir unseren Begierden nachjagen und uns von allem so weit wie möglich befreien, was uns darin einschränkt, diese Begierden zu stillen. Aber Satan log schon an jenem Tag, als er Adam und Eva verführte, und er lügt auch jetzt noch. Satan will uns nicht befreien, sondern versklaven. Er will nicht, dass wir besser leben; er will, dass wir schneller sterben.

Wir müssen die Menschen davor warnen, dass sie sich nicht in das falsche Gefühl einlullen lassen, in dieser Welt herrsche Frieden. Der Frieden, den sie zu verspüren meinen, ist nicht der Frieden des Paradieses, sondern ein Friedhofsfrieden. Unser Herz muss vom Wort Gottes erfüllt sein und unser Denken durch das biblische Weltbild, so dass wir die Lüge erkennen, wenn sie uns sanft und süß ins Ohr geflüstert wird.

2. Nicht Gott trägt die moralische Schuld an dieser gefallenen Welt, sondern wir

Viele geben gern Gott die Schuld für das Schlamassel, in dem diese Welt steckt. Ich kann zwar für dieses Empfinden Verständnis aufbringen, aber wir müssen erkennen, dass dies nach der Schrift nur eine weitere von Satans subtilen Lügen ist. Adam und Eva wurden so geschaffen, dass sie fähig gewesen wären, »Nein« zur Sünde und zu Satans Versuchung zu sagen. Sie hatten jede mögliche natürliche Hilfe und Unterstützung, die man sich wünschen kann. Sie waren im Paradies. Sie hatten einander. Sie hatten ein einziges klares, eindeutiges, einfaches Gebot Gottes. Es war nicht schwer zu verstehen. Und in völliger Freiheit entschieden sie sich zu sündigen. Genau so war es. Die besten Exemplare des Menschengeschlechts, die je lebten, richteten das größte Chaoas an.

Wenn wir das erkennen, sollte es uns gründlich demütigen. Es ist nichts als Arroganz, die im Herzen flüstert: »Wäre ich dort gewesen, dann hätte ich es besser gemacht. Ich hätte mich anders entschieden.« Nein, das hätten Sie nicht. Wir sind in diesem Schlamassel, weil wir uns selbst dort hineingebracht haben. Und wenn wir jemanden sündigen sehen, dann wissen wir deshalb das, was Luther sagte: »Dort ginge ich, wenn Gottes Gnade nicht wäre.«

3. Menschen tun Böses, weil sie Gott sein wollen, und Gott verdammt sie deshalb zu recht

Wie Adam und Eva beten wir die meiste Zeit nicht irgendein weit entferntes Geschöpf an, sondern vielmehr eines genau vor unserer Nase: letzten Endes dreht sich unser Götzendienst um das eigene Ich. Mehr noch: Wenn ich Sie überzeugen, unter Druck setzen oder manipulieren kann, wird mein eigener Götzendienst einschließen, dass Sie auch mich anbeten.

So lange wir Sünde nur für schlichten Regelverstoß halten, werden wir nie verstehen, wie ungeheuerlich Sünde ist – welch unglaubliche Beleidigung Gottes sie darstellt und dass Gottes Reaktion darauf gerecht ist. Grundsätzlich ist Sünde keine Frage unseres Verhaltens, wenngleich sie sich letztendlich in unseren Handlungen manifestiert. Vielmehr ist Sünde grundsätzlich eine Sache, die unser Herz betrifft, denn als gefallene Geschöpfe beherrscht uns das Verlangen, Gott von seinem Thron zu stürzen und uns selbst dorthin zu setzen.

Wäre es nicht so verheerend real, dann wäre es lächerlich wie etwa ein Kind, das sich beim Spielen die Sachen aus dem Kleiderschrank seines Vaters anzieht. Wäre es nicht so böse, dann wäre es erbärmlich wie Don Quixote, der gegen Windmühlen kämpft. Aber Götzendienst ist weder lächerlich noch erbärmlich, denn seine Folgen sind verheerend, und wohin er führt, ist grauenhaft. Sünde ist nichts Geringfügiges. Es gibt keine tödlichere Lüge, die Satan Sie gerne glauben machen würde.

4. Gott ist heilig und kann mit der Sünde nichts zu tun haben

Den Menschen ist nicht damit geholfen, wenn unsere Gemeinden und Predigten sie von Gott so denken lassen, wie sie es gerne wollen. Die Menschen müssen von Gott so denken, wie er wirklich ist: Er ist ein heiliger Gott, der Sünde zu Recht straft. Deshalb ist es im Neuen Testament ein so wichtiges Thema, wie unsere Gemeinschaft in der örtlichen Gemeinde aussieht. Paulus fragt in 2. Korinther 6,14: »Was haben Gerechtigkeit und Gesetzlosigkeit miteinander zu schaffen? Und was hat das Licht für Gemeinschaft mit der Finsternis?« (SCH) Damit meint Paulus nicht, dass Gläubige nicht mehr mit Ungläubigen reden sollten. Ganz im Gegenteil. Er will, dass Ungläubige bei jedem Gespräch, bei jeder Interaktion, bei jeder Begegnung den Unterschied zwischen der Gemeinde und der Welt erkennen, so dass Gottes Wesen richtig dargestellt und verkündet wird. Eine praktische Anwendung wird hier offensichtlich: Wir müssen sehr sorgfältig dabei sein, wie wir die Mitgliedschaft in der Gemeinde handhaben. Wenn wir jemanden aufnehmen, bei dem nur wenig oder gar nichts darauf hindeutet, dass er wiedergeboren ist, oder wenn wir zulassen, dass jemand weiter Gemeindemitglied bleibt, obwohl er unbußfertig in Sünde verharrt, dann verwischen wir die Grenze zwischen der Welt und der Gemeinde und verdunkeln die Herrlichkeit Gottes, die wir widerspiegeln sollen.

5. Es gibt keinen Bereich in unserem Leben, der von der Sünde nicht betroffen wäre; wir sind unter sie versklavt

Das heißt nicht, die Bibel würde lehren, dass wir so schlecht sind wie wir nur sein können. Aber es heißt, dass es keinen Bereich in unserem Leben gibt, nichts in unserem Denken, unseren Begierden oder unserem Verhalten, das von der Sünde nicht beeinflusst und in Mitleidenschaft gezogen wäre. Selbst unsere besten Taten, sagt Jesaja, sind wie schmutzige Lumpen, da sie aus einem Herzen kommen, das nach Selbstverherrlichung strebt statt nach der Verherrlichung Gottes (Jes 64,6).

Dies hilft uns auch zu verstehen, was die Bibel damit meint, dass wir Sklaven der Sünde sind – ein Bild, das Paulus in Römer 6 und 7 benutzt. Manche Leute diskutieren gerne darüber, ob wir einen freien Willen haben oder nicht. Die Antwort der Bibel lautet – nun, das hängt davon ab, was Sie mit »frei« meinen. Wenn Sie mit »frei«

meinen, dass wir tun können, was wir wollen, und dass nichts uns zwingt, gegen unseren Willen zu glauben oder zu handeln, dann lautet die Antwort der Bibel: »Ja.« Unser Wille ist immer frei, in Übereinstimmung mit seiner Natur zu handeln. Aber wenn Sie mit »frei« meinen, dass unser Wille irgendwie moralisch neutral sei, über allem stehe, von sich aus fähig sei, zwischen Gut und Böse zu entscheiden, unabhängig von Vorlieben oder Beweggründen, dann ist die Antwort ein klares und eindeutiges »Nein«. Unsere Natur ist verdorben, und wir sind, wie Paulus sagt, als Sklaven unter die Sünde verkauft. Wir können uns ebenso wenig entscheiden, keine Sünder mehr zu sein, wie ein Fisch sich nicht entscheiden kann, nicht mehr im Wasser zu schwimmen. Sünde ist unsere Natur.

Diese Lehre vom unfreien Willen oder der völligen Verdorbenheit des Menschen hat enorme Auswirkungen darauf, wie wir evangelisieren. Anders als viele denken, führt diese Lehre uns nicht dazu, das Evangelisieren aufzugeben. Vielmehr führt sie uns dazu, Praktiken aufzugeben, mit denen man eine »Entscheidung« herbeimanipulieren will. Sie ermutigt uns, die Gute Botschaft weiterzugeben und dann dafür zu beten, dass Gott durch die Predigt seines Wortes durch die Kraft seines Geistes das Herz der Hörer verwandeln möge. Wenn wir verstehen, dass wir unfähig sind, Gott zu erwählen, wenn er nicht uns erwählt, dann befreit dies letzten Endes den Evangelisten: Er kann evangelisieren und das Bekehren Gott überlassen!

6. Wir können uns nicht selber retten, sondern wir brauchen einen Retter

Wir brauchen mehr als sein Selbsthilfeprogramm. Wir brauchen etwas weit Radikaleres als rein äußerliche Hilfe, um unser Leben wieder in den Griff zu bekommen. Selbsthilfeprogramme und äußerliche Hilfen machen aus uns nur hübschere, besser vorzeigbare Sklaven. Was wir brauchen ist Freiheit. Wir brauchen eine neue Nature, die von der Verderbnis und Versklavung der Sünde befreit ist. Wir können uns ebenso wenig reparieren wie ein Sklave sich befreien kann. Ein Sklave muss befreit *werden*, und genau so steht es um uns.

Dies hat Auswirkungen auf alles: von unserer Evangeliumsverkündigung und Predigt bis zu unserem Verständnis des christlichen Lebenswandels. Es bedeutet, dass die Bekehrung das Werk des Heiligen Geistes ist, der unsere Natur verändert, und nicht die Folge davon, dass ein Suchender eine Entscheidung trifft. Es bedeutet, dass echte Christen eine neue Natur haben und ein neues Leben führen, das sich zunehmend von der Welt um sie herum unterscheidet – eine Natur, die »Nein« zur Sünde sagt. Es bedeutet auch, dass das Leben des Christen ein Leben voller Konflikte ist, weil die neue Natur gegen die alte kämpft.

Die Bibel nennt diese beiden Naturen den »alten Menschen« und den »neuen Menschen«, und beide stehen gegeneinander in einem Kampf bis aufs Blut. Ich denke, wir werden oft dadurch entmutigt, dass dieser Krieg unaufhörlich weitergeht; aber wir müssen verstehen, dass dieser Krieg nicht im Herzen solcher Menschen tobt, die nicht wiedergeboren wurden. Der Kampf gegen die Sünde ist eines der besten Anzeichen dafür, dass jemand neues geistliches Leben empfangen hat. Das will Paulus in Römer 7 ausdrücken.

Statt so zu tun, dass es keinen solchen Kampf gäbe, sollte in unseren Gemeinden besser dazu ermutigt werden, diesen Kampf auszufechten. Statt auf die Verwundeten zu schießen, sollten unsere Gemeinden besser Lazarette sein, wo die im Kampf Verwundeten gepflegt werden. Vor allem aber sollten unsere Gemeinden Gemeinschaften sein, in denen wir einander die Hoffnung auf Christus vor Augen halten, der allein uns von diesem dem Tode verfallenen Leib erlösen kann.

7. Gott wird der ganzen Welt Gerechtigkeit widerfahren lassen, indem er die Sünde richtet

Jesus sagt, dass der Tag des Gerichtes vor Gott bereits feststeht. Die Vision dieses Tages, die in Offenbarung 18 gezeigt wird, ist schrecklich. Der Sündenfall endet nicht in einer Rehabilitierung oder schrittweisen Reform, bei der alles im Rahmen eines unendlichen Fortschritts langsam immer besser wird. Nein, der Sündenfall mündet in ein endgültiges Gericht. Die sündige Schöpfung, bildlich durch eine große Stadt dargestellt, wird von Gott gerichtet, um sich *nie wieder* zu erheben.

> Und ein starker Engel hob einen Stein auf, wie ein großer Mühlstein, und warf ihn ins Meer und sprach: So wird Babylon, die große Stadt, mit Wucht hingeschleudert und nicht mehr gefunden werden! Und der Klang der Harfenspieler und Sänger und Flötenspieler und Trompeter wird nicht mehr in dir gehört werden, und kein Künstler ir-

> gendeiner Kunst wird mehr in dir gefunden werden, und der Klang der Mühle soll nicht mehr in dir gehört werden; und das Licht des Leuchters wird nicht mehr in dir scheinen, und die Stimme des Bräutigams und der Braut nicht mehr in dir gehört werden. Denn deine Kaufleute waren die Großen der Erde, denn durch deine Zauberei wurden alle Völker verführt. (Offb 18,21-23 SCH)

Dieses Gericht ist nicht nur endgültig, es wird auch *gerecht* sein. Im selben Kapitel erfahren wir, dass Gott der Bosheiten dieser abgöttischen Welt gedenken und ihr diese heimzahlen wird. Er wird jedem von uns genau das geben, was wir verdient haben.

Was antworten wir also nun unserem Freund, der uns Fragen über Krebs, Tod und Terrorismus stellt? Wie reagieren wir auf den anderen Freund, der sich Sorgen über Umweltverschmutzung oder einen Wirtschaftskollaps macht? Was sagen wir, wenn die Leute uns fragen, warum es keine Gerechtigkeit auf der Welt gibt?

Wenn wir uns vor einer Antwort drücken, aber weiter intellektuell auf der Höhe erscheinen wollen, wählen wir den Weg des »Offenen Theismus« (*open theism*): Wir behaupten, Gott habe nicht gewollt, dass es so geschieht, und dass er nicht wusste, dass es so geschehen würde. Wenn wir uns vor jeglicher Verantwortung drücken wollen, schieben wir die ganze Schuld auf jemand oder etwas anders: Satan, den Kapitalismus, den Kommunismus, den Feminismus, das Patriarchat, die Republikaner, die Demokraten usw.

Wenn wir aber der Bibel gerecht werden und unserem Freund gegenüber ehrlich sein wollen, werden wir ihm sagen, wie es ist. Gott schuf die Welt nicht, damit sie durch Dinge wie Krebs und Terrorismus verwüstet würde. Aber er hat in der Tat die gute Welt verflucht, die er gemacht hat. Warum sollte er das tun? Warum sollte er Dinge verordnen wie Krebs und dass Mütter zu jung sterben? Warum sollte er den Erdboden verfluchen, so dass er keine Frucht bringt, und dass Erdbeben ganze Städte verwüsten? Er tat dies wegen unserer Sünde. Damit will ich nicht sagen, dass es ein konkretes Gericht für eine konkrete Sünde ist, wenn jemand Krebs bekommt. Vielmehr muss ich anerkennen, dass wir alle uns als Götter an Gottes Stelle gesetzt haben, und dadurch haben wir seinen gerechten Zorn auf uns gezogen. Gott hat diese Welt zu Recht um unsertwillen verflucht. Wir können niemanden außer uns dafür beschuldigen.

Doch das ist nicht alles, was wir zu solchen Fragen zu sagen haben. Es gibt noch einen weiteren wichtigen Aspekt der Geschichte, den wir betrachten müssen, und genau dieser Aspekt erklärt uns, warum wir inmitten einer gefallenen Welt dem Gott vertrauen können, unter dessen Gericht wir stehen.

Fazit: Das Heilmittel für den Sündenfall

Wenn wir die Geschichte des Sündenfalls verstehen (und erst dann!), verstehen wir, warum die christliche Botschaft eine gute Botschaft ist. Mit dem Evangelium hat Gott ein *Heilmittel* für den Sündenfall geschaffen, eine Rettung vor dieser grauenvollen, immer schneller werdenden Talfahrt zur Hölle.

Dieses Heilmittel ist Jesus. In Matthäus 4 erfahren wir etwas vollkommen Außergewöhnliches: Der Sohn Gottes ist Mensch geworden. Wie Adam vor dem Sündenfall war Jesus nicht in Sünde geboren; vielmehr wurde er direkt durch den Heiligen Geist gezeugt. Ebenso wie Adam vor dem Sündenfall war Jesus gefordert, Gott zu gehorchen, als Satan einen außergewöhnlichen Angriff auf ihn startete. Aber hier enden auch schon die Gemeinsamkeiten mit Adam. Während Adam im Paradies keinen Hunger litt, hungerte Jesus in der Wüste unserer Gottverlassenheit, nachdem er 40 Tage lang gefastet hatte. Während Adam eine Frau als Hilfe zur Seite stand, war Jesus allein. Während Adam nur ein einziges Gebot empfangen hatte, dem er gehorchen sollte, musste Jesus das ganze Gesetz halten und erfüllen.

Angefangen dort in der Wüste und den ganzen Weg weiter bis Golgata tat Jesus das, worin Adam versagt hatte. Er widerstand Satans Versuchung zur Selbsterhöhung: sei es, dass er Steine in Brot verwandeln oder vom Kreuz herabsteigen sollte. Jesus wählte aus freien Stücken, Gott zu gehorchen – selbst bis in den Tod (Joh 10,18). Er sagte: »Nicht mein Wille, sondern der deine geschehe!« (Lk 22,42).

Im Gegensatz zu Adam suchte Jesus nicht seine eigene Ehre, sondern legte diese ab, um seinen Vater zu verherrlichen. Dies ist ein sehr tiefgründiges Paradoxon, denn anders als Adam war Jesus ja von Natur her Gott. Er hatte jedes Recht, seine eigene Ehre zu suchen! Doch Paulus sagt uns in Philipper 2,6 über Jesus: »Er, der doch von göttlichem Wesen war, hielt nicht wie an einer Beute daran fest, Gott gleich zu sein, sondern gab es preis und nahm auf sich das Dasein eines Sklaven, wurde den Menschen ähnlich, in seiner Erscheinung wie ein Mensch« (ZÜR). Und dann trug er unsere Sünde und erlitt Gottes Gericht darüber. Er verdiente dies nicht; aber er erlitt es für die, die es verdienen.

Am Kreuz stand Jesus dem flammenden Schwert Gottes gegenüber, das den Weg zurück in den Garten Eden und in die Gegenwart Gottes bewachte. Er ging dort hindurch – um den Preis seines eigenen Lebens. Er tat dies, damit jeder, der sich vom Götzendienst abwendet und sich im Glauben Christus zuwendet, Vergebung seiner Sünden und Friede mit Gott finden würde. Er tat dies, damit er uns zurück nach Hause bringen konnte.

Paulus sagt in Römer 5: »Denn wenn durch die Übertretung des Einen die Vielen gestorben sind, wie viel mehr ist die Gnade Gottes und das Gnadengeschenk durch den einen Menschen Jesus Christus in überströmendem Maß zu den Vielen gekommen« (SCH). Diese Gabe ist das Gegenteil des Fluchs: Vergebung statt Verdammnis, Leben statt Tod, Versöhnung statt Verbannung.

Dies beantwortet die Frage, wie wir Gott angesichts von so viel Bösem und Leid auf dieser Welt vertrauen können. Dies beantwortet die Frage, wie wir dem Gott vertrauen können, der uns um unserer Sünde willen verflucht hat. Er ist derselbe Gott, der für uns litt, um für uns das Böse und die Sünde zu besiegen. Er ist derselbe Gott, der den Fluch für uns trug, damit wir seinen Segen erfahren. Überlegen Sie einmal, wie erstaunlich das ist! Das Kreuz war nicht Gottes »Notfallplan«. Es war von Anfang an sein Plan.

An eben jenem Tag im Garten Eden, als Gott verkündete, dass die Strafe für die Sünde der Tod war, an eben jenem Tag, als das flammende Schwert eingesetzt wurde, welches das Gericht vorschattete, dem jeder von uns eines Tages begegnen muss, an genau *diesem* Tag war der Sohn Gottes dort an dieser Entscheidung beteiligt. Es war die Entscheidung der Dreieinigkeit, Adam und Eva aus dem Garten Eden zu verbannen. Ja, es war ein Akt des Gerichts, aber zugleich auch ein Akt der Barmherzigkeit. Als Sünder in der Gegenwart Gottes zu bleiben, hätte bedeutet, sterben zu müssen. Die Verbannung verhinderte diese Strafe. Es war auch die Entscheidung der Dreieinigkeit, der gefallenen Menschheit den Zugang zum Baum des Lebens zu verweigern. Auch das war ein Akt des Gerichts, aber zugleich auch ein Akt der Barmherzigkeit. Ewig als unerlöster Sünder zu leben, ist vielleicht die beste Definition von Hölle. Erneut wurde das endgültige Gericht verhindert. Warum?

Gott wollte nicht, dass diese Geschichte vorzeitig beendet wurde. Wenn die Geschichte des Sündenfall unsere Sünde und Schuld offenbart, dann offenbart sie sicherlich auch, wie atemberaubend tief Gottes Liebe und Barmherzigkeit sind. Es war der Sohn Gottes, der ein Schwert an den Eingang zum Garten Eden beorderte. Er tat das nicht nur, um Adam draußen zu halten; er tat es, damit er genau zur rechten Zeit an unserer Stelle dort hindurch gehen könne, um Gottes gerechten Zorn zu stillen und für uns den Weg zurück durch das Tor frei zu machen, damit wir vom Baum des Lebens essen und ewig in der herrlichen Gegenwart Gottes leben.

Dies beantwortet die Frage, wie wir Gott in einer in Sünde gefallenen Welt vertrauen können. Er ist kein anderer als »das Lamm, das geschlachtet wurde« (Offb 13,8) und das schon »vor Grundlegung der Welt« dazu ausersehen war (1Petr 1,20) – für Sünder wie mich.

KAPITEL ACHT

Die Geschichte der Liebe

Ich bin Pastor einer Gemeinde voller Singles zwischen 20 und 40; da taucht das Thema Liebe ziemlich oft auf. Wie stellt man fest, dass jemand einen liebt? Man merkt es einfach. Ein Kind weiß, dass seine Eltern es lieben, wenn sie für es sorgen. Sie wissen, dass Ihre Freunde Sie lieben, wenn sie alle fest gegen Ihre Verleumder und Gegner zusammenhalten. Wie aber können Sie *wissen*, dass ein bestimmter Mann bzw. eine bestimmte Frau Sie liebt?

Tatsache ist: Die stärkste Weise, wie die meisten von uns erkennen können, dass wir wirklich geliebt werden, ist die Ehe. Am Hochzeitstag sagt ein Mann zu einer Frau und die Frau zum Mann: »Von allen möglichen anderen habe ich dich gewählt.« Familienmitglieder sollen einander immer lieben, während Freunde irgendwann abends wieder nach Hause gehen. Bei Ehepartnern aber liegt die Sache vollkommen anders. Meine Frau hätte irgendwen sonst heiraten oder sich gar entscheiden können, nie zu heiraten statt mich zu ehelichen. Aber sie wählte mich, bis der Tod uns scheidet; und falls Sie mich kennen sollten, wüssten Sie, dass das wahre Liebe sein muss.

Tief im Herzen sehnen sich alle Menschen danach, dass jemand sie aus Liebe erwählt. Es tut weh, weil wir wissen, dass wir es nicht verdienen, aber wir wollen es trotzdem. Genau das verleiht den besten Liebesgeschichten ihre Kraft. Ob es die Komik einer verirrten Wahl in Shakespeares *Viel Lärm um nichts* ist oder das Pathos einer zum Scheitern verurteilten Wahl in *Romeo und Julia* – die Macht dieser Geschichten rührt daher, wie sehr sie sich um die Wahl der Liebe drehen und wie geheimnisvoll diese Liebe ist. So sagt auch Pascal: »Das Herz hat seine Gründe, die der Verstand nicht kennt.«

Sicher ist die größte Liebesgeschichte aller Zeiten die Geschichte der Liebe Gottes – eine Geschichte so weit wie die Schöpfung, dramatischer als alles, was Shakespeare sich je ersann, und so persönlich wie Sie und ich. Auch unsere eigenen Liebesgeschichten sind wirklich ein Widerhall der weit größeren Geschichte der Liebe Gottes gegenüber der Welt.

Deshalb ist es äußerst wichtig für uns, unsere Biblische Theologie der Liebe richtig zu verstehen. Wir wollen erkennen, was wir über Gottes Liebe zu uns glauben sollen sowie über die Liebe, die wir anderen schulden. Immerhin können wir alle unseren Lieblings-»Beweistext« hernehmen, um ihn sagen zu lassen: »So sieht Liebe aus«, oder: »So ist Gott.«

Für manche ist Johannes 3,16 ein solcher Lieblings-Beweistext: »Denn so hat Gott die Welt geliebt, dass er seinen einzigen Sohn gab …« Mit dem Verweis auf Johannes 3,16 meinen solche Leute gewöhnlich: »Gott liebt alle gleich. Er hat nicht einige zum Heil erwählt und andere nicht.« Liebe bedeutet für sie Chancengleichheit.

Einer der wohl populärsten Beweistexte der Bibel ist wohl 1. Johannes 4,16: »Gott ist Liebe.« Warum ist er so populär? Wir können ihn dazu missbrauchen, dass er über Gottes Liebe sagt, was immer wir wollen.

Der Theologe Kevin Vanhoozer stellt fest, dass das Thema Liebe so sehr wie kaum ein anderes anfällig für die Versuchung ist, dort hineinzuprojizieren, was wir uns in Bezug auf Gott wünschen.[86] Was aber meint die Bibel damit, wenn sie sagt: »Gott ist Liebe«? Um dies beantworten zu können, müssen wir nicht nur einen Vers, sondern die ganze Geschichte der Liebe betrachten, wie Gott sie in der Schrift offenbart.

Die Geschichte der Liebe

Die Geschichte der Liebe Gottes ist eine ziemlich einfache – sie ist die Geschichte eines Mannes, der sich eine bestimmte Frau zur Braut erwählt. Es ist die Geschichte davon, dass Gott erwählt, sein Volk zu lieben; und diese Erwählung realisiert sich immer wieder und kristallisiert sich immer klarer heraus, während sich die Geschichte entfaltet.

Am Anfang erweist Gott der ganzen Menschheit seine Liebe, indem er uns eine vollkommene und wunderschöne Welt gibt. Schönheit ist nicht dafür nötig, dass diese Welt funktioniert, aber Gottes

86 Kevin Vanhoozer, *Nothing Greater, Nothing Better: Theological Essays on the Love of God* (Grand Rapids, MI: Eerdmans, 2001), S. 2, Anm. 1.

Liebe geht über das rein Praktische hinaus. Er schuf eine schöne Welt, und dann schuf er uns, damit uns diese Schönheit fesselt. Adam und Eva liebten einander; letztlich aber wurden sie geschaffen, um von Gott fasziniert zu sein, der schönsten Person, die sie kennen lernten.

Unfassbarerweise verwarfen Adam und Eva Gottes Liebe, als sie sich entschieden, sein Wort zu verwerfen. Was daran aber wirklich unglaublich ist: Ihre Ablehnung der Liebe Gottes ist nicht schon das Ende dieser Geschichte. Gott verstößt sie aus dem Garten Eden, aber er liebt sie weiterhin. Er setzt Feindschaft zwischen sie und ihrem größten Feind: der Schlange, die sie verführte (1Mo 3,15). Er vereint Adam und Eva wieder in Liebe. Praktischerweise erweist er ihnen seine Liebe durch den simplen Akt, ihre schändliche Nacktheit mit Kleidern zu bedecken.

Gott liebt dann auch die Nachkommen derer, die ihn am Anfang verwarfen. Gott verwirft zwar Kain und dessen Nachkommen, liebt aber Set und dessen Nachfahren generationenlang bis hin zu Noah. Während der boshafte Hass der Menschen auf Gott schließlich in der Sintflut gipfelt, ist Gottes Liebe immer noch nicht am Ende. Er erwählt Noah und seine Familie, um sie vor dem Verderben zu retten, und segnet danach besonders Noahs Sohn Sem und dessen Nachkommenschaft.

Beachten Sie das hier vorliegende Muster! Gott liebt alle, indem er *allen* Leben gibt, aber er liebt offenbar auch *einige* ganz besonders: Set, nicht aber Kain; Noah, nicht aber alle anderen um ihn herum; Sem, nicht aber Ham.

In 1. Mose 12 richtet sich der Blick der Geschichte gezielt darauf, dass Gott Abram aus dem Götzendienst heraus beruft und mit ihm Freundschaft und einen Bund schließt. Er verheißt Abram, dass er ihn erwählt hat und dass seine Nachkommen zu einem großen Volk werden. Und Gott erfüllt diese Verheißung. Er wendet seine Liebe Isaak zu, dann Jakob und schließlich den Nachkommen Jakobs, dem Volk Israel. Er rettet sie aus der Sklaverei in Ägypten und sondert sie für sich aus. Er gibt diesem Volk auch einen Bund und beruft sie dazu, ein Segen zu sein, was Ausdruck seiner Liebe zur ganzen Welt ist. Am Berg Sinai verlobt Gott sich mit dem Volk Israel als seinem Volk, das er besonders und einzigartig liebt.

Beachten wir erneut das Muster: Gott schließt mit denen einen Bund, die er besonders liebt.

Wie Adam rebelliert auch Israel gegen Gott, indem es sich Nebenbuhlern zuwendet: selbst gemachten Götzen. Gott reagiert darauf, indem er Israel richtet. Doch während des ganzen Gerichts liebt Gott sein Volk weiterhin. Das vielleicht beste Bild der versöhnenden, geduldigen und vergebenden Liebe Gottes findet sich im Buch Hosea. Dort befiehlt Gott dem Propheten, eine Frau namens Gomer zu heiraten. Sie ist eine Hure. Als sie sich schon bald nach ihrer Hochzeit wieder der Hurerei zuwendet, befiehlt Gott Hosea, sich mit ihr zu versöhnen. So, sagt Gott, sieht seine Liebe zu seinem Volk aus.

Unglaublicherweise verschmäht das Volk Gottes weiterhin dessen Liebe und wendet sich lieber den Götzen zu. Darum verlässt Gott sie. Wie ein Mann, der wegen der ehebrecherischen Launen seiner Frau eifersüchtig ist, weigert sich Gott, weiter mit ihr und ihren Geliebten im selben Haus zu wohnen. Dem Propheten Hesekiel wird eine Vision dieses herzzerreißenden Ereignisses zuteil: Gott verlässt den Tempel. Als das Alte Testament sich seinem Ende nähert, steht der Tempel leer, die Propheten verstummen, und der Thron Davids ist vakant. Als das Neue Testament beginnt, sind beinahe alle Zeichen der Liebe Gottes verschwunden.

In dieses Bild scheinbar vergeblicher Liebesmühe bricht auf einmal der größte Liebesbeweis herein, den die Welt je gesehen hat: Gott sendet Jesus, seinen Sohn, den er von Ewigkeit her liebt.

Jesus führt ein Leben des Gehorsams aus Liebe gegenüber Gott, so wie wir es führen sollten, aber nicht tun. Dann nimmt er unsere Strafe dafür auf sich, dass wir Gottes Liebe verachteten, indem er am Kreuz den Tod erleidet, den wir verdient haben. Er nennt dies den Neuen Bund in seinem Blut. Wunderbarerweise kann der Tod ihn nicht festhalten, denn »Liebe ist stark wie der Tod« (Hld 8,6). Aus Liebe steht Jesus von den Toten auf, so dass jeder, der sich von seinen Sünden abwendet und im Glauben diesem Erretter zuwendet, Vergebung seiner Sünden empfängt und Gott ihn in Liebe wieder annimmt. Durch Jesus erweist Gott seine treue Liebe gegenüber seinem untreuen Volk. Erneut wird ein Bund für Gottes eigenes Volk geschlossen.

Interessanterweise lässt uns das Neue Testament, besonders das Johannesevangelium, einen Blick in die Geschichte hinter der Geschichte werfen. Die Geschichte der Liebe Gottes fängt nicht erst bei der Schöpfung an, sondern schon bei der ewigen Liebe, die Gott der

Vater zum Sohn hat und Gott der Sohn zum Vater. Jesus sagt in Johannes 5,20: »Denn der Vater liebt den Sohn und zeigt ihm alles, was er selbst tut«, und in Johannes 17,5: »Und nun, Vater, verherrliche du mich bei dir mit der Herrlichkeit, die ich bei dir hatte, ehe die Welt war.« Es stellt sich heraus, dass Gottes Liebe zu seinem besonderen Volk ein Bestandteil der Liebe zu seinem Sohn ist.

Auch heute noch werden Menschen, die dessen unwürdig sind, Sünder wie Sie und ich, durch diese Liebe in die atemberaubend schöne Braut Christi verwandelt: die Gemeinde. Nun warten wir voller Hoffnung darauf, dass Gott erneut seine Liebe erweist, wenn er wiederkehrt. An jenem Tag wird Jesus seine Braut in einen neuen Himmel zu einer neuen Erde heimführen – buchstäblich in eine Welt der Liebe.

Das ist die Geschichte der Liebe Gottes. Was lehrt sie uns darüber, wen Gott liebt, wie er liebt und warum er liebt? Betrachten wir einige Muster in der Geschichte.

Die Handlungsmuster dieser Geschichte

Diese Geschichte handelt von der Ehe

Wir stellten bereits fest, dass die Bibel mit einer Hochzeit beginnt und auch endet. Im ersten Buch Moses erfahren wir, dass Adam und Eva zu Mann und Frau erklärt werden. Dann erfahren wir aus der Geschichte Israels, dass Gott seine Beziehung zu diesem Volk als Ehebund beschreibt. Derselbe Ausdruck wird für Christus und seine Gemeinde verwendet: »Ihr Männer, liebt eure Frauen, wie auch Christus die Gemeinde geliebt hat« (Eph 5,25). Sogar der Himmel wird als Hochzeitsfest beschrieben.

Ehe wir zur systematischen Anwendung fortschreiten können, sei hier noch ein Punkt genannt, der heute besonders wichtig ist. Die Ehe, das Abbild der Liebe zwischen *einem* Mann und *einer* Frau, stellt den Kern der biblischen Geschichte der Liebe Gottes dar. Darum ist die Ehe aus einer Unzahl von Gründen sehr wichtig. Sie ist wichtig, weil nicht die Gesellschaft, sondern Gott sie schuf; darum legt niemand außer Gott allein fest, was Ehe ist. Sie ist wichtig, weil sie ein Abbild der Liebe Gottes im Evangelium ist, das untrennbar mit der Schöpfung verbunden ist. Wenn wir die Ehe verändern oder neu definieren, dann sind wir sehr weit damit gegangen, einen der wichtigsten Hinweise der allgemeinen Gnade auf die Liebe Gottes in Christus zu entstellen und zu verdunkeln.

Wenn wir also die Ehe auch aus all den typischen Gründen verteidigen wollen, die man aus konservativ-christlichen Kreisen hört (Hort und Hege der Kinder, Vermehrung und Stabilität für die Gesellschaft usw.), ist der vielleicht wichtigste Grund dieser: Die Ehe ist eines der wichtigsten Bilder für das Evangelium. Die Geschichte der Liebe Gottes ist eine Geschichte über die Ehe.

Diese Geschichte ist durch Bündnisse strukturiert

Wenn wir voraussetzen, dass es in dieser Geschichte um die Ehe geht, dann überrascht uns nicht, festzustellen, dass sie durch Bündnisse strukturiert ist. Die Ehe selbst ist ein Bund. Und Gottes Liebe wird bildlich als Verlobung dargestellt. Gott schloss also mit Israel einen Bund; Christus schloss mit der Gemeinde einen Bund.

Was sollte uns dies über Gottes Liebe sagen? Wir haben zwar noch nicht unsere systematischen Schlüsse gezogen, aber Hochzeiten und Bündnisse bringen jeweils eine besondere, erwählende (d. h. vor anderen bevorzugende, unterscheidende) Liebe zum Ausdruck, oder? Einerseits soll ich als Christ meinen Nächsten wie mich selbst lieben, was heißt, dass ich in einem bestimmten Sinn alle Menschen lieben soll, Männer wie Frauen. Andererseits bin ich per Bund an meine Frau gebunden, die ich auf eine Weise liebe, die sich von der Liebe zu allen anderen unterscheidet und die sich speziell auf sie allein richtet.

Wir erkennen, wie diese Unterscheidung und Bevorzugung in 1. Mose 3 beginnt, als Gott Feindschaft zwischen den Samen der Schlange und den Samen der Frau setzt – zwischen der Welt und dem Volk Gottes. Dieser Unterschied wird dann in 1. Mose 4 deutlich, als Gott die Linie Kains verwirft, aber die Linie Sets liebt. Bei den Söhnen Noahs stoßen wir erneut darauf, als Gott die Linie Hams verwirft und die Linie Sems erwählt und segnet. Zuletzt finden wir dies bei Gottes Erwählung Abrahams und seiner Nachkommen in 1. Mose 12. Doch selbst hier sind nicht alle Nachkommen Abrahams von Gott in Liebe bevorzugt und erwählt. Ismael, der Sohn Abrahams von Hagar, wird verworfen, Isaak aber erwählt. Esau wird verworfen, sein Zwillingsbruder Jakob aber erwählt. Saul wird als König verworfen, David als König erwählt. Später wird das ganze Nordreich Israel verworfen, während das Südreich Juda erwählt wird.

Jedes Mal trifft Gott seine Wahl; der Segen seiner Liebe wird ausschließlich den bevorzugt Geliebten zuteil, alle anderen sind ausgeschlossen. Dieses Muster mag uns nicht gefallen, aber es ist eindeutig.

Diese Geschichte kennt Kontinuität und Diskontinuität

Die biblische Geschichte der Liebe enthält auch Elemente von Kontinuität und Diskontinuität. Diese Elemente werden deutlich, wenn wir von einer Epoche zur nächsten fortschreiten. Eine der bedeutendsten Diskontinuitäten in der Geschichte der Liebe Gottes hat mit diesem Muster der bevorzugenden, erwählenden Liebe zu tun. Im Fall der bevorzugenden Liebe Gottes besteht über die gesamte Geschichte vom ersten Buch Moses bis zur Offenbarung Kontinuität; hinsichtlich seiner Liebe zum ethnischen »Israel nach dem Fleisch« aber besteht *Diskontinuität.* Letzten Endes erweist Gott seine bevorzugende und erwählende Liebe Gläubigen aus jeder Nation und aus jedem Zeitalter. Paulus schreibt in Epheser 1:

> Gelobt sei Gott, der Vater unseres Herrn Jesus Christus, der uns gesegnet hat mit allem geistlichen Segen im Himmel durch Christus. Denn in ihm hat er uns erwählt, ehe der Welt Grund gelegt war, dass wir, heilig und untadelig vor ihm sein sollten; in seiner Liebe hat er uns dazu vorherbestimmt, seine Kinder zu sein durch Jesus Christus nach dem Wohlgefallen seines Willens. (Eph 1,3-5 LUT)

Diese Veränderung betont unter anderem, dass die Ablösung des Bundes vom Leiblichen zum Geistlichen erfolgt, vom Äußeren zum Inneren. Die Mitglieder des Gottesvolkes werden in allen Bündnissen daran erkannt, dass sie heilig sind, d. h. für Gott abgesondert. Im Alten Testament wurde dies besonders durch ihre Volkszugehörigkeit, ihre besondere Kleidung und ihre besondere Nahrung deutlich. Unter dem Neuen Bund jedoch zeichnet sich Heiligkeit nicht dadurch aus, was wir essen, sondern dadurch, dass unser Lebenswandel sich von unserer Umwelt unterscheidet.

Diese Geschichte ist voller Muster (Typologie)

Alle diese Beobachtungen hängen von Mustern ab, die wir erkennen. Diese Muster nennt man Typologie. Im Garten Eden haben wir das Bild der Ehe. Dieses Bild wird anschließend wiederholt aufgegriffen, beschreibt dann aber die Beziehung zwischen Gott und einer Gruppe von Menschen: Israel. Dann kommt das Neue Testament und benutzt dieselbe Sprache über die Liebe Christi zur Gemeinde – und auf der Stelle haben wir quasi tonnenweise historisches Material, das uns hilft zu verstehen, was diese Liebe bedeutet. Was bedeutet es, dass Christus als Bräutigam die Gemeinde liebt? Nun, blättern wir zurück zu den Vorbildern im Alten Testament! Schauen wir, was es im ersten Buch Moses und selbst im Hohenlied über die Ehe sagt. Dann betrachten wir Gottes besondere Liebe zu seinem Volk im Alten Testament. All das wird uns verdeutlichen, was es bedeutet, dass Christus die Gemeinde liebt.

Dasselbe trifft auf neutestamentliche Aussagen wie »Gott ist Liebe« zu. Was heißt das? Blättern Sie zurück und lesen Sie die ganze Geschichte! Wen liebte Gott, wie liebte er und warum? Wenn wir die Geschichte durch diese »Christus-Brille« lesen, werden uns die Antworten, die wir im Alten Testament finden, das sagen, was wir zu erkennen suchen.

Systematische Zusammenfassung

Wenn wir all dies beachten, sind wir fähig zu erkennen, dass das Thema »Liebe« nicht so simpel ist, wie wir oft meinen. Tatsächlich ist es ziemlich komplex, und Gott liebt die Menschen anscheinend unterschiedlich und verschieden. Genau deshalb hat D.A. Carson ein Buch über »die schwierige Lehre der Liebe Gottes« geschrieben.[87]

Gott ist Liebe; aber was bedeutet das? Wollen wir uns an die systematische Arbeit begeben, indem wir unsere Lehrsätze anhand der drei Fragen formulieren, die wir bereits gestellt haben: Wen liebt Gott, wie liebt er, und warum liebt er?

Wen liebt Gott?

Der Vater liebt den Sohn

Wir können letzten Endes nicht erklären, was der Satz »Gott ist Liebe« bedeutet, ehe wir nicht die systematische Anwendung der ganzen

87 D.A. Carson, *The Difficult Doctrine of the Love of God* (Wheaton, IL: Crossway, 2000).

biblischen Liebesgeschichte erarbeitet haben. Ebenso wahr ist aber auch, dass wir nicht beginnen können, die Geschichte zu erforschen, so lange wir nicht wenigstens teilweise erklären können, was der Satz »Gott ist Liebe« bedeutet. Warum ist das so rätselhaft? Schlicht und ergreifend deshalb, weil es nie eine Zeit gab, als nicht eine Person des dreieinigen Gottes die anderen geliebt und von einer anderen geliebt worden wäre. Der Vater liebt den Sohn und der Sohn den Vater. Liebe ist untrennbar mit dem Wesen des dreieinigen Gottes verbunden. Gott kann ohne Liebe nicht Gott sein, denn Gott ist Liebe.

Liebe ist mehr als nur eine von vielen Eigenschaften Gottes. Gott ist ja zum Beispiel auch zornig über Sünde, aber die Schrift sagt nie, Gott sei Zorn; sein Zorn hat nämlich einen Bezugspunkt, der außerhalb seiner selbst liegt: unsere Sünde. Es gab eine Zeit in ewiger Vergangenheit, als Gottes Zorn nicht zum Ausdruck kam, aber es gab nie eine Zeit, als Gott nicht Liebe war; denn die Liebe des Vaters zum Sohn und des Sohnes zum Vater ist ewig.

Gäbe es keine Sünde, so könnte Gott immer noch Gott sein, ohne zornig zu sein. Gäbe es keine Sünde, so könnte Gott immer noch Gott sein ohne barmherzig zu sein. Gäbe es keine Sünde, so könnte Gott immer noch Gott sein ohne geduldig zu sein. Aber Gott kann nicht ohne Liebe Gott sein, denn Gott ist Liebe, und es hat nie einen Augenblick gegeben und wird auch nie einen Augenblick geben, an dem er es nicht wäre.

Ist dieser Gedanke etwas Neues im Neuen Testament? Ja, aber das Alte Testament bereitet uns darauf vor und belehrt uns sogar darüber, indem es Gottes Liebe zu David beschreibt. Betrachten Sie die Psalmen 2, 20, 110 und andere. Gott schließt einen besonderen Bund der Liebe mit David, und dieser Bund hilft uns, den Bund der Liebe zwischen Gott dem Vater und dem Sohn zu verstehen, der schließlich im Neuen Testament offenbart wird.

Wie wirkt sich diese Wahrheit auf den Dienst in der Gemeinde aus? Zunächst einmal ist sie zutiefst demütigend und schenkt zugleich eine unglaublich große Gewissheit.

Manche denken schnell, Gott und seine Liebe müssten sich nur um mich und meine Probleme drehen. Sie wollen seine Liebe zu uns daran messen, wie sehr wir diese Liebe vermeintlich spüren. Doch Gottes Liebe war schon vollkommen, lange bevor wir jemals auf die Bühne traten, und sie wird auch lange nach unserem Abgang vollkommen bleiben. Die Liebe des Vaters und des Sohnes zueinander ist ewig und besteht darum vor allem anderen. Letzten Endes erinnert sie uns daran, dass das Leben und die Liebe sich nicht allein um mich drehen. Obschon Gottes Liebe zu mir real ist, so ist sie zugleich auch abgeleitet, ein Ausfluss dieser höchst grundlegenden Liebe innerhalb der Trinität. Diese Erkenntnis wird sich auf unser Predigen und Lehren sehr stark auswirken.

Es schenkt zugleich auch eine unglaublich große Gewissheit. Manche von uns schauen sich um und fragen sich, ob Johannes wirklich Recht hat. Wie konnte er angesichts der Tragödien auf dieser Welt sagen: »Gott ist Liebe«? Die Antwort auf diese Frage findet man nicht auf dieser Welt. Man findet sie, indem man auf Gott schaut und auf die Offenbarung seiner Liebe zu seinem Sohn Jesus Christus. Wenn wir feststellen, dass Liebe fest im Wesen Gottes gründet, dann gibt es trotz allem Hoffnung, was immer uns hier begegnen mag. Schließlich ist Gott die höchste Realität des Universums, und Gott ist Liebe.

Gott liebt die Welt

Zweitens: Gott liebt die Welt, und zwar auf zweierlei Weise.

Zuerst liebt Gott die Schöpfung, das Werk seiner Hände. Sprüche 8 sagt uns, dass er sich an seiner ganzen Schöpfung erfreut. Jesus sagt uns, dass kein Spatz vom Himmel zur Erde fällt, ohne dass Gott in seiner Liebe dies bemerkt, und dass er die Blumen mit Schönheit kleidet (Mt 10,29; 6,26ff).

Dann liebt Gott die rebellische Menschheit. Obwohl er unbeirrt an seinem Zorn gegen die Sünde festhält, liebt Gott doch diese Welt, die ihn hasst. So verkündet er durch Hesekiel: »So wahr ich lebe, spricht Gott, der HERR: Ich habe kein Gefallen am Tod des Gottlosen, sondern daran, dass der Gottlose umkehre von seinem Weg und lebe! Kehrt um, kehrt um von euren bösen Wegen! Warum wollt ihr sterben, o Haus Israel?« (Hes 33,11 SCH). Im Johannesevangelium steht der Beweis dafür, dass Gott die Welt liebt: »Denn so hat Gott die Welt geliebt, dass er seinen eingeborenen Sohn gab, damit jeder, der an ihn glaubt, nicht verloren geht, sondern ewiges Leben hat« (Joh 3,16).

Jesus zeigt und beweist Gottes Liebe zu Sündern. Wenn jemand Gottes Liebe kennen lernen will, muss er Jesus kennen lernen.

Was folgt daraus für den Dienst in der Gemeinde? Unter anderem lehrt es uns zu fragen: »Liebe ich die Welt genauso wie Gott sie liebt, oder liebe ich die Welt auf die Weise, wie sie geliebt werden will?« Das ist ein entscheidender Unterschied! Das eine führt zur Rettung der Welt, das andere zu ihrem Untergang.

Gott liebt besonders sein eigenes Volk

Gott liebt nicht nur die Welt, Gott liebt auch sein Volk. Die ganze Geschichte seiner Liebe hindurch macht Gott einen Unterschied zwischen den Menschen und erweist seine Liebe dann denen, die er dazu erwählt hat.

Die Bibel spricht von Gottes Liebe zu seinem Volk mit Begriffen der Erwählung. Manche stoßen sich gelegentlich an diesem Wort, weil es Gott angeblich als gemein, engherzig und lieblos erscheinen lässt. In der Bibel jedoch ist Auserwählung genau das, was es ausmacht, von Gott geliebt zu werden – genau so, wie ein Mann eine Frau liebt, indem er sie erwählt.

In 5. Mose 7 steht Israel an der Grenze zum Gelobten Land. Mose erklärt, dass Gott ihnen das Land geben wird. Er ermahnt die Israeliten auch, Gott treu zu bleiben. Dann sagt Mose:

> Denn du bist dem HERRN, deinem Gott, ein heiliges [d. h. abgesondertes] Volk. Dich hat der HERR, dein Gott, erwählt, dass du ihm als Eigentumsvolk gehörst aus allen Völkern, die auf dem Erdboden sind. Nicht weil ihr mehr wäret als alle Völker, hat der HERR sich euch zugeneigt und euch erwählt – ihr seid ja das geringste unter allen Völkern –, sondern wegen der Liebe des HERRN zu euch, und weil er den Eid hielt, den er euren Vätern geschworen, hat der HERR euch mit starker Hand herausgeführt und dich erlöst aus dem Sklavenhaus, aus der Hand des Pharao, des Königs von Ägypten. (5Mo 7,6-8)

Warum erwählte Gott Israel? Weil sie besser als alle anderen gewesen wären? Weil sie größer als alle anderen gewesen wären? Weil sie gerechter als alle anderen gewesen wären? Dreimal nein! Gott erwählte sie schlicht deshalb, weil er sie liebte. Und er liebte sie einfach deshalb, weil er es so wollte.

Gott liebt Sünder

All dies führt uns zu der Erkenntnis, dass Gott Sünder liebt. Paulus schreibt an Titus: »Als aber die Güte und Menschenliebe Gottes, unseres Retters, erschien, rettete er uns – nicht weil wir gerechte Taten vollbracht hätten, sondern nach seiner Barmherzigkeit ...« (Tit 3,4f). Gottes rettende, erwählende Liebe ist nicht nur unverdient; er schenkt sie auch, obwohl alle Gründe dagegen sprechen. Wir haben das genaue Gegenteil verdient: Gottes Zorn. »Gott aber beweist seine Liebe zu uns dadurch, dass Christus für uns gestorben ist, als wir noch Sünder waren« (Röm 5,8 SCH).

Gott ist nicht wie wir. Wir lieben Menschen, die dies verdienen. Nicht so Gott. Gottes Liebe ist frei, sie ist kostenlos, sie ist bedingungslos. Man kann sie nicht verdienen; man kann sie nur empfangen – durch den Glauben an Jesus Christus.

Hier, lieber Freund im Gemeindedienst, ist Balsam für die bange und besorgte Seele. Und hier ist der Punkt, auf den wir Sünder wirklich ansprechen müssen – nicht auf ihr vermeintliches Bedürfnis nach Bedeutung, Frieden oder Glück, sondern darauf, dass sie wirklich Vergebung brauchen. Gottes Liebe in Christus ist *weiter* als die Bresche, die die Sünde zwischen dir und Gott geschlagen hat; sie ist *lang* genug, um in deine Vergangenheit zurück zu reichen und voraus in die ewige Zukunft; sie ist *hoch* genug, um dich zu Gott zu bringen; und sie ist so *tief*, dass sie niemals versiegen wird (siehe Eph 3,18). Gott liebt Sünder – in Christus.

Wie liebt Gott?

Wenn es so darum steht, wen Gott liebt, dann müssen wir noch weit gründlicher darüber nachdenken, wie Gott liebt.

Gott liebt fürsorglich

Zunächst einmal: Gott liebt jeden, indem er *für ihn sorgt*. D. h. er erweist seine Liebe dadurch, dass er jedermann am Leben erhält. Jesus sagt: Gott »lässt seine Sonne aufgehen über Böse und Gute und lässt regnen über Gerechte und Ungerechte«. Seine fürsorgende Liebe ist großzügig und unparteiisch (Mt 5,45-48). In diesem Punkt besteht eindeutig Kontinuität zwischen Altem und Neuem Testament.

Wenn wir verstehen wollen, warum es Leiden auf dieser Welt gibt, dann müssen wir das im Zusammenhang mit Gottes fürsorgender Liebe verstehen. Diese Welt ist kein grausamer Witz. Vielmehr ordnet Gott unser Leben so an, dass wir entweder lernen, ihn mehr zu lieben als diese Welt, oder aber dass uns keine Entschuldigung für unseren Unglauben bleibt. Leiden dienen uns in diesem Leben mindestens teilweise zur Warnung, als Vorgeschmack auf die ewige Pein, die wir alle verdienen und auch erleiden würden, wären wir nicht in Christus.

Gott liebt selbstaufopfernd

Gottes Liebe ist auch selbstaufopfernd. Wir erkennen dies typologisch im Alten Testament (Abraham und Isaak, die levitischen Opfer usw.). All diese Bilder aber weisen voraus auf die kostbarste Liebe, die das Universum je gesehen hat, und belehren uns darüber. Am Kreuz vor dem Toren Jerusalems goss Gott seinen gerechten Zorn über den Sohn aus, den er von Ewigkeit her liebte. Christus wurde das stellvertretende Opfer, das die Strafe für unsere Sünden trug. Warum handelte Gott so? Er tat dies für seine Feinde! Er tat dies für Menschen, die ihn hassen, für Sünder wie Sie und mich.

Wir als Menschen begegnen der erstaunlichen Liebe Gottes am deutlichsten im stellvertretenden Sühneopfer Christi. Nur selbstaufopfernde Liebe kann uns retten, denn sie allein zahlt den Preis für unsere Sünden. Allein diese Liebe im Sühneopfer gibt uns auch Heilsgewissheit – da wir nämlich nichts tun können, um sie zu verdienen, können wir sie auch nicht verlieren.

Wie weit ist doch solche Liebe von dem entfernt, wie Menschen denken! Gott liebt Sünder! Viele Menschen meinen, Gottes Liebe würde so aussehen, dass er die Augen vor unseren Sünden zudrückt und sie stillschweigend unter den Teppich kehrt. Nichts könnte weiter von der Wahrheit entfernt oder des Gottes unwürdiger sein, der für seine Liebe zu Sündern den unendlich kostbaren Preis zahlte, dass sein Sohn sein Blut vergoss.

Gott liebt vollkommen

Zuletzt: Gottes Liebe ist vollkommen. Die Bibel beschreibt Gott als vollkommenen Vater, der uns aus Liebe in Christus angenommen hat und uns daraufhin als seine Kinder genau so liebt, wie wir es nötig haben. Im Laufe dieses Prozesses macht seine Liebe seine Kinder vollkommen. Johannes drückt das folgendermaßen aus:

> Seht, welch eine Liebe hat uns der Vater erwiesen, dass wir Gottes Kinder heißen sollen – und wir sind es auch! Darum kennt uns die

> Welt nicht; denn sie kennt ihn nicht. Meine Lieben, wir sind schon Gottes Kinder; es ist aber noch nicht offenbar geworden, was wir sein werden. Wir wissen aber: wenn es offenbar wird, werden wir ihm gleich sein; denn wir werden ihn sehen, wie er ist. Und ein jeder, der solche Hoffnung auf ihn hat, der reinigt sich, wie auch jener rein ist. (1Jo 3,1-3 LUT)

Gottes Liebe zu uns in Christus verwandelt uns, damit wir Christus ähnlich werden. Allzu oft stehen diejenigen, denen wir mit Seelsorge dienen, in der Versuchung, Gottes Weisheit und Liebe anzuzweifeln, wenn sie ihre Lebensumstände betrachten. Wenn Gott mich liebte, dann würde er bestimmt nicht zulassen, dass mein Mann mich so unsäglich behandelt, oder? Wenn Gott mich liebte, dann würde er bestimmt nicht zulassen, dass mein Kind in der Schule in die falsche Clique gerät, oder? Wenn Gott mich liebte, dann würde er bestimmt nicht zulassen, dass ich in die berufliche Sackgasse gerate, in der ich jetzt bin, oder?

Tatsächlich aber misst sich die Vollkommenheit der Liebe Gottes zu uns nicht daran, wie gut er unsere Lebensplanung zu Stande kommen lässt. Nein; seine vollkommene Liebe zu uns erkennen wir in seinem Ziel für unser Leben, und das besteht in nichts weniger als wie der Sohn zu sein, den er liebt.

Warum liebt Gott?

Warum liebt Gott Menschen wie uns, und dann auch noch so außerordentlich? Die Antwort darauf ist nicht schwer zu finden. Sie dürfte aber überraschen, denn letzten Endes hat sie nichts mit uns zu tun.

Weil es Gott gefiel zu lieben

Um diese Frage zu beantworten, wendet Paulus eindeutig typologische Mittel an, die die Bibel liefert. In Römer 9 greift er das Beispiel der Zwillingsbrüder Jakob und Esau auf:

> Denn als die Kinder noch nicht geboren waren und weder Gutes noch Böses getan hatten – damit der nach freier Auswahl gefasste Vorsatz Gottes bestehen bliebe, nicht aufgrund von Werken, sondern aufgrund des Berufenden – wurde zu ihr [Rebekka] gesagt: »Der Ältere

> wird dem Jüngeren dienen«; wie geschrieben steht: »Jakob habe ich geliebt, aber Esau habe ich gehasst.« (Röm 9,11-13)

Warum gefiel es Gott, Jakob zu lieben und nicht Esau? Aus demselben Grund, warum er jeden liebt, den er erwählt hat: nicht weil er in ihm irgendetwas Liebenswürdiges oder Anziehendes vorhergesehen hätte. Nicht weil irgendetwas an uns wäre, das seine Liebe locken oder gar erzwingen könnte. Gott liebt sein Volk – schlicht und einfach deshalb, weil es ihm so gefiel. Und in dieser freien und bedingungslosen Wahl zeigt sich die Herrlichkeit der erwählenden Liebe Gottes.

Weil Gott seinen Sohn liebt

In Epheser 1 schreibt Paulus, Gott erwählte die Gläubigen zur Annahme an Kindes statt »zum Lob seiner herrlichen Gnade, mit der er uns begnadet hat in dem Geliebten« (Vers 6, LUT). Das ist eine wahrhaftig erstaunliche Aussage. Gott liebt uns letzten Endes deshalb, weil er seinen Sohn liebt. Nichts verlangt ihn mehr, als seine Gnade in und durch seinen Sohn zu erweisen, was er dadurch bewirkt, dass er uns rettet.

Fazit: Gott ist Liebe

Was meint die Bibel mit den Worten: »Gott ist Liebe«? Um dies beantworten zu können, müssen wir die biblische Liebesgeschichte verstehen. Und aus dieser Geschichte erfahren wir, dass es einem heiligen Gott gefiel, ein unheiliges Volk zu lieben – um den unschätzbar hohen Preis, dass sein Sohn, den er von Ewigkeit her liebte, sein Leben gab. Er tat dies, um ein nicht liebenswertes Volk in eine strahlend schöne Braut für diesen Sohn zu verwandeln.

Bei unserem Heil geht es letzten Endes nicht um uns. Letztlich geht es hierbei darum, dass Gott seine Herrlichkeit erweist, die in dieser ewigen Liebe des Vaters zum Sohn und des Sohnes zum Vater besteht, bei der jeder versucht, den anderen in Liebe zu überragen. Zu unserer Freude und Glückseligkeit lautet die gute Botschaft: Auch unser Leben kann Teil dieser unglaublichen Liebesgeschichte werden!

Wie weit wirkt sich diese Geschichte auf unser Alltagsleben aus? Wir stellten bereits fest, dass die Bibel mit einer Hochzeit beginnt und mit einer Hochzeit endet. Doch wenn wir Gottes Liebe zu uns wirklich verstehen wollen, müssen wir erkennen, dass zwischen diesen beiden Hochzeiten ein grundlegender Unterschied besteht. Fällt Ihnen auf, dass die erste in der Bibel erwähnte Heirat arrangiert war? Adam hatte in dieser Hinsicht keine Wahl. Gott gab ihm einfach seine Frau.

Bei der letzten Hochzeit ist das allerdings anders. Die letzte Hochzeit ist die Hochzeit Christi mit seinem Volk. Und wie wir schon sahen, wurden wir vor Grundlegung der Welt auserwählt. Die letzte Hochzeit in der Bibel, die letzte Hochzeit der Weltgeschichte, ist keine arrangierte Heirat; sie ist eine Liebesheirat.

Wenn Sie ein Christ sind, dann sind Sie geliebt. Vielleicht liebt Ihr Ehepartner Sie nicht. Vielleicht haben Sie gar keinen Ehepartner. Vielleicht ist auf Ihre Freunde kein Verlass, und Ihre Familie verhält sich Ihnen gegenüber verletzend. Vielleicht fühlen Sie sich ungeliebt. Aber Sie sind geliebt. Christus hat Sie erwählt.

Weil Gott Liebe ist.

KAPITEL NEUN

Die Geschichte des Opfers

Als Pastor oder Ältester unserer Gemeinde besteht eine meiner festen Aufgaben darin, Menschen zu befragen, die als Mitglied in unsere Gemeinde aufgenommen werden wollen. Der wohl wichtigste Teil eines solchen Gesprächs besteht darin, dass ich den Betreffenden bitte, mir kurz das Evangelium zu erklären. Ich bitte ihn das aus zwei Gründen: Erstens möchte ich wissen, ob er das Evangelium verstanden hat und daran glaubt. Das ist die Grundvoraussetzung schlechthin, um einer christlichen Gemeinde beizutreten. Wenn ein Aufnahmekandidat auf etwas anderes als das Evangelium vertraut, wie z. B. dass er »ein halbwegs guter Mensch« sei, dann will ich das von Anfang an wissen. Es zeigt mir, dass der nächste Schritt nicht die Gemeindemitgliedschaft ist, sondern ein Bibelstudium über das Evangelium!

Zweitens möchte ich sicherstellen, dass jedes Gemeindemitglied weiß, wie man das Evangelium erklärt, so dass es anderen die Gute Botschaft vermitteln kann. Manchmal scheinen Gemeindeglieder an das Evangelium zu glauben, obwohl sie nicht recht erklären können, was das Evangelium zu einer guten Botschaft macht. Sie reden dann vom »Glauben an Jesus« oder von »Vergebung der Sünden«, aber sie sagen nicht, was Jesus tat, um die Vergebung unserer Sünden zu bewirken. Ich muss es ihnen darum regelrecht aus der Nase ziehen, indem ich sie frage: »Was hat das Kreuz mit der Vergebung zu tun, die Jesus bietet?«

Es scheint, dass heutige Evangelikale weithin unterstellen, das Kreuz sei entweder für das Empfinden moderner Menschen kein Anstoß (weshalb man es häufig ignoriert), oder sie definieren das Kreuz mit Begriffen neu, die weniger anstößig sind. Wir reden von Jesus als unserem Freund und Helfer. Wir reden von seinem Sieg über Tod und Sünde und dann von unserer Versöhnung mit Gott. Wir reden davon, dass er unser Leben heil macht und ihm Sinn gibt. Aber wir sagen nicht, wie er all das für uns bewirkt hat. Dazu müssten wir über das blutige Kreuz reden. Wären meine Aufnahmegespräche etwas Nebensächliches, dann würden Sie in meiner Gemeinde ein Kreuz wahrscheinlich eher an einer Halskette oder als Tätowierung auf einem Arm sehen, statt davon in einer Predigt zu hören.

Wie sehr unterscheidet sich das heutige Christentum hierin vom Dienst der Apostel! Hören wir, was Petrus, Paulus, Johannes und der Autor des Hebräerbriefs zu sagen hatten:

- Das ganze Haus Israel wisse nun zuverlässig, dass Gott ihn sowohl zum Herrn als auch zum Christus gemacht hat, diesen Jesus, den ihr gekreuzigt habt! (Apg 2,36)
- Denn die Juden fordern Zeichen, und die Griechen fragen nach Weisheit, wir aber predigen den gekreuzigten Christus, den Juden ein Ärgernis und den Griechen eine Torheit. (1Kor 1,22-23 LUT)
- Denn ich hatte mir vorgenommen, unter euch nichts anderes zu wissen als nur Jesus Christus, und zwar als Gekreuzigten. (1Kor 2,2 SCH)
- O unverständige Galater! Wer hat euch bezaubert, denen Jesus Christus als gekreuzigt vor Augen gemalt wurde? (Gal 3,1)
- [Lasst uns] auf Jesus blicken, den Urheber und Vollender des Glaubens; er hat angesichts der vor ihm liegenden Freude das Kreuz auf sich genommen, ohne auf die Schande zu achten, und sich zur Rechten von Gottes Thron gesetzt. (Hebr 12,2 EIN)
- … der unsre Sünde selbst hinaufgetragen hat an seinem Leibe auf das Holz, damit wir, der Sünde abgestorben, der Gerechtigkeit leben. Durch seine Wunden seid ihr heil geworden. (1Pet 2,24 LUT)
- Hierin ist die Liebe: nicht dass wir Gott geliebt haben, sondern dass er uns geliebt und seinen Sohn gesandt hat als eine Sühnung für unsere Sünden. (1Jo 4,10)

Das Kreuz Jesu Christi war der Kern der apostolischen Evangeliumspredigt.[88]

Was hat Christi Opfer bewirkt? Was tat er am Kreuz? Die Antworten hierauf berühren die Grundlagen des christlichen Glaubens; darum können Sie sicher sein, dass die Lehre vom Sühneopfer Chri-

---

88 Eine solide Verteidigung dieser Aussage siehe bei Leon Morris, *The Apostolic Preaching of the Cross*, 3. revid. Aufl. (Grand Rapids, MI: Eerdmans, 1965, Neudruck 2001).

sti das Hauptangriffsziel des Teufels ist. Sie können auch sicher sein, dass sich allerlei Kontroversen darum drehen, was dieses wichtige Ereignis für den christlichen Glauben bedeutet.

Die meisten Antworten, die man auf die Frage erhält, »was tat Christus am Kreuz?«, werden attraktiv und zum Teil wahr sein; aber sie werden nicht die ganze Wahrheit enthalten. Zum Beispiel: Starb Christus, um Gottes Liebe zu uns zu erweisen? Ja! Aber ist das alles?

Wenn wir in unseren Gemeinden das Evangelium predigen und lehren wollen – und zwar nicht irgendein anderes Evangelium, sondern das Evangelium, das Sünder rettet –; wenn wir unsere Mitglieder unterweisen wollen, das Evangelium unverfälscht weiterzugeben; wenn wir Menschen als Mitglieder aufnehmen wollen, die *allein* auf das Evangelium vertrauen, dann müssen wir verstehen, was Jesus am Kreuz tat. Das Kreuz macht das Evangelium zur guten Botschaft.

Um verstehen zu können, was das Kreuz bedeutet, müssen wir verstehen, was die Bibel über Opfer sagt. Obwohl das Sühneopfer Christi das wichtigste Opfer ist, das je geschah, ist es nicht das erste in der Bibel. Und die Opfer, die zuvor geschahen, dienen dazu, dass wir verstehen, was auf Golgata geschah.

Die Geschichte des Opfers

Wenn wir das Wort »Opfer« hören, denken wir oft an Dinge wie Selbstverleugnung. Paradoxerweise beginnt die biblische Geschichte des Opfers mit einem kolossalen Versagen in Sachen Selbstverleugnung. Als Adam und Eva ihrer Begierde nachgaben, wie Gott sein zu wollen, stürzten sie uns alle in eine Welt, die unter Gottes Fluch steht – eine Welt, in der Opfer an der Tagesordnung sein würden. Die Menschheit brauchte mehr, als dass jemand sich selbst opferte; sie brauchte ein Sühneopfer, das die Kluft überbrückt, die uns seit dem Sündenfall von Gott trennt. Im Laufe der Entfaltung der biblischen Geschichte wird langsam offenbart, dass wir ein Opfer brauchen, welcher Art dieses sein muss und was es bewirken muss. Ich werde die Handlung in sechs Episoden unterteilen.

1. Das erste Opfer wird von Kain und Abel in 1. Mose 4 dargebracht. Hierbei werden weder Sünde noch Blut erwähnt. Die Bibel nennt es ein Opfer, eine Gabe, und der Gedanke dabei ist der eines Tributs an einen Großkönig und der Unterwerfung unter seine Herr-

schaft. Gerade hier im vierten Kapitel der Bibel offenbart uns Gott, was vielleicht der wichtigste Begriff in Bezug auf das Opfer ist: Im Opfer geben wir Gott das zurück, was ihm von Rechts wegen bereits gehört.

2. Das nächste Opfer, von dem uns die Bibel berichtet, kommt in 1. Mose 8 vor. Nach der Flut opfert Noah eine Reihe reiner Tiere als Brandopfer. Der Kontext spricht von Danksagung, und dass sie völlig verbrannt werden, drückt aus, dass sie eine Gabe sind, weil das ganze Tier Gott gegeben wird. Die Schrift sagt, dass diese Gabe etwas bei Gott bewirkt. Die Bibel berichtet:

> Und der HERR roch den wohlgefälligen Geruch, und der HERR sprach in seinem Herzen: Nicht noch einmal will ich den Erdboden verfluchen um des Menschen willen; denn das Sinnen des menschlichen Herzens ist böse von seiner Jugend an; und nicht noch einmal will ich alles Lebendige schlagen, wie ich getan habe. (1Mo 8,21)

Die Sünde, die zu Gottes Gericht führte, blieb weiter im Herzen Noahs und seiner Kinder; aber Gott versprach, nie wieder die ganze Menschheit zu vernichten. Anschließend erfahren wir hier in 1. Mose 8 etwas Neues in der Geschichte des Opfers: Manche Opfer haben eine Wirkung auf Gott und seine Haltung uns gegenüber.

3. Obwohl wir gelegentlich vom Bau eines Altars lesen, berichtet die Bibel nicht vor 1. Mose 22,2 von einem weiteren Opfer. Dort sagt Gott etwas Schockierendes bezüglich Abrahams Sohn, durch den er die Völker zu segnen verheißen hatte:

> Nimm Isaak, deinen einzigen Sohn, den du liebhast, und geh hin in das Land Morija und opfere ihn dort zum Brandopfer auf einem Berg, den ich dir sagen werde.

Nochmals: So grauenhaft es klingt, der Gedanke hier scheint der des Tributs und der Herrschaft zu sein. Alles gehört Gott, und er hat das Recht, es zurückzufordern, selbst wenn es Ihr einziger Sohn ist. Im letzten Moment hält Gott Abraham auf, gibt ihm aber als Ersatzopfer einen Widder. Die Prüfung der Hingabe Abrahams ist vorbei, nicht aber das Opfer. Ein Widder wird geopfert, Isaak verschont, und die Geschichte des Opfers hat sich weiter entfaltet. Es zeigt sich, dass Gott einen Stellvertreter für den akzeptiert, dessen Leben er fordert. Mehr noch: diesen Stellvertreter stellt er sogar selbst.

4. Die Geschichte der Familie Abrahams setzt sich fort, doch das Opfer tritt wieder in den Hintergrund, bis wir uns in Ägypten bei den Nachfahren Abrahams wiederfinden, die versklavt und unterdrückt werden. Der Pharao weigert sich, das Volk ziehen zu lassen, weshalb Gott ihn warnt, dass er den Engel des Todes senden wird, der jeden Erstgeborenen in Ägypten erschlagen wird, vom Menschen bis zum Vieh. Und jetzt wird ein neues Opfer eingeführt: das Passalamm. In 2. Mose 12 verheißt der HERR, die Erstgeborenen Israels zu verschonen, wenn jede Familie ein einjähriges, makelloses Lamm nimmt, es opfert und sein Blut auf den Türrahmen des Hauses schmiert. Gott sagt: Wenn er das Opferblut sieht, wird er an ihren Häusern vorbeigehen und sie vor dem Gericht verschonen, das Ägypten bevorsteht.

Weiter sagt Gott, dass dieses Opfermahl ein Zeichen sein wird, das die Israeliten aussondert, da Gott einen Unterschied zwischen ihnen und dem Rest der Welt einführt und sie sich zu seinem besonderen Volk weiht. In eben dieser Nacht wird Israel wegen des Opfers verschont. Mose führt das Volk aus Ägypten zum Berg Sinai, wo Gott sich per Bund verpflichtet, ihr Gott zu sein, und ihnen sein Gesetz gibt, damit sie ein heiliges Volk seien, das für Gott ausgesondert ist. Hier liegt eine weitere Entwicklungsstufe der Geschichte vor: Diejenigen, die dank eines stellvertretenden Opfers verschont wurden, sind nun Gottes Eigentum geworden, ihm und für ihn geweiht.

5. Bis hierher führt die Bibel weniger als ein Dutzend Beispiele für Opfer an. Es scheint kein Hauptthema zu sein. Aber das ändert sich mit der Gesetzgebung. Ein ganzes Buch der Bibel, das dritte Buch Mose (Leviticus), befasst sich weitgehend damit, all die verschiedenen Opfer detailliert aufzuzählen, die Israel Gott opfern muss. Es gibt Gemeinschaftsopfer und Brandopfer, wie wir bereits sahen. Jetzt aber gibt es noch mehr; die wichtigsten davon sind Opfer zur Sühnung von Sünde und Schuld. Nun ergeben all die Einzelteile, die im Laufe der Zeit offenbart wurden, ein Gesamtbild.

- Nur reine, makellose Tiere können geopfert werden.
- Jeder erstgeborene Israelit, der das Volk als Ganzes repräsentiert, muss mit einem stellvertretenden Opfer ausgelöst werden.

- Im Vordergrund steht, dass einem unschuldigen Opfer das Leben genommen und sein Blut vergossen wird.
- Auch der Gedanke der Stellvertretung sticht hervor. Wir erfahren: Wenn jemand ein Opfer darbringt, dann soll er »seine Hand auf den Kopf des Brandopfers legen, und es wird als wohlgefällig angenommen werden für ihn, um Sühnung für ihn zu erwirken« (3Mo 1,4). Damit wird ausgedrückt: »Dieses Opfer steht für mich; was ihm geschieht, das habe ich verdient.«
- Von nun an wird am Anfang und Ende eines jeden Tages in Gottes Heiligtum ein Opfer dargebracht, und zwar von Priestern, die als Mittler zwischen Gott und seinem sündigen Volk dienen.
- Es gibt weitere Opfer, die den Anfang jeder Woche, jeden Monats und jeder Jahreszeit markieren.
- Der Höhepunkt dieses ganzen Opfersystems war der Große Versöhnungstag. Der Hohepriester nahm das Blut des Opfers (niemand als er allein durfte dies tun), brachte es ins Allerheiligste und sprengte das Blut auf den Deckel der Bundeslade, den Sühnedeckel, der den Thron Gottes symbolisierte, um Sühne für seine eigenen Sünden wie auch für die Sünden des Volkes zu erwirken.

An genau diesem Punkt der Heilsgeschichte hält die Geschichte des Opfers inne oder verzögert sich zumindest. Ein Jahrhundert folgt auf das andere, und nichts ändert sich. Es werden keine neuen Opfer eingeführt; die alten werden endlos wiederholt – Tag für Tag, Woche für Woche, Jahr für Jahr. Und genau hier liegt das Problem. Sie befreien nicht von Sünde. Vielmehr werden sie zunehmend zu einer lästigen Erinnerung daran, wie sündig das Volk nach wie vor ist. Durch die Propheten tadelte Gott die gebetsmühlenartige, oberflächliche Durchführung dieser Opfer. Gott wollte kein Ritual, sondern Umkehr. Aus Israel aber war alle Umkehr verschwunden und allein das Ritual geblieben. Darum verbannte Gott das Volk ins Exil. Ohne den Tempel konnte es dort kein Opfer geben. Vielleicht würde das Volk dann lernen, dass das, was Gott will, Umkehr und Buße ist.

Als Gott sie aus Babel zurückbrachte und der Tempel wieder aufgebaut worden war, wurden die Opfer fortgesetzt. Das Volk aber hatte sich nicht geändert. Anderes hingegen hatte sich geändert. Das Allerheiligste ist leer. Es gibt keinen Sühnedeckel mehr, vor den der Hohepriester treten und um Vergebung bitten konnte. Es gibt nur noch einen leeren Raum. Maleachi, der letzte Prophet des Alten Testaments, ruft aus: »Wäre doch nur einer unter euch, der die beiden Torflügel zuschlösse, damit ihr nicht umsonst auf meinem Altar Feuer anzündet! Ich habe kein Gefallen an euch, spricht der HERR der Heerscharen, und an einer Opfergabe aus eurer Hand habe ich kein Wohlgefallen« (Mal 1,10). Das sind erschütternde Worte. Wenn es kein Opfer gibt, das Gott annimmt, dann ist Gottes Volk ebenso schutzlos dem Gericht Gottes ausgeliefert wie Ägypten es in jener Passanacht war oder wie Isaak, als er gefesselt auf dem Altar lag.

6. Dann geschieht etwas Unglaubliches: ein sechstes Opfer wird angekündigt, ein Opfer wie kein anderes zuvor, und zwar eines, das alle zukünftigen Opfer überflüssig macht. Gott steht treu zu seinem Wort an Abraham. Er wird kein Opfer aus der Hand seines sündigen Volkes annehmen; darum sorgt er für einen Ersatz. Er sendet seinen Sohn, der Fleisch annimmt und dann sein eigenes Leben und Blut als für Gott annehmbares Opfer darbringt, stellvertretend für sein Volk – ein Volk, zu dem Menschen nicht nur aus der Nation Israel gehören, sondern aus allen Nationen.

Dort auf Golgata erfüllte Christus alles, was die alttestamentlichen Opfer bedeuteten, und bewirkte das, wozu diese Opfer unfähig waren: Durch sein Blut wirkte er Sühnung für die Sünden seines Volkes und versöhnte es mit Gott. Und um zu zeigen, dass Gott dieses Opfer angenommen hat, weckte er Jesus von den Toten auf, so dass von nun an bis in Ewigkeit jeder, der seine Sünden bereut und an Christi Opfer glaubt, aus der Sklaverei der Sünde erlöst und befreit wird, um ein Leben zur Ehre und zum Lob Gottes zu führen.

Die Handlungsmuster dieser Geschichte

Das ist die Geschichte des Opfers. Welche Muster erkennen wir darin? Was lernen wir daraus, wie die Geschichte des Opfers erzählt wird, über das Opfer Christi?

Die Typologie des Opfers

Das erste Muster, das auffällt, ist das Muster selbst – das Muster des Opfers. Betrachten wir also nochmals eine Typologie. Es gibt einen Typos für eine Sache, dann noch einen Typos und noch einen weiteren. Gott sagt uns dies, um unsere Aufmerksamkeit darauf zu fixieren. Heute denken wir nicht mehr viel über das Vergießen von Blut nach, aber die Bibel ist anscheinend daran interessiert. Warum? Was sagt uns dies?

Ebenfalls fällt uns an diesen Vorbildern eine Entwicklung auf, die ansteigend wie ein Crescendo ist: Bei Abels Opfer geht es um Danksagung; bei Noahs Opfer um Danksagung und Besänftigung des HERRN. Die Geschichte von Abraham und Isaak schließt all dies ein, dazu aber auch die Vorstellung völliger Hingabe und der Stellvertretung. Das Passaopfer führt ferner die Konzepte eines makellosen Lammes ein, der Stellvertreterrolle des erstgeborenen Sohnes und der Absonderung eines Volkes. Die levitischen Opfer schließlich betonen die Sühnung für die Sünden.

Somit wird also dieses Muster bzw. der Typos wiederholt, aber innerhalb des Musters gibt es ein Crescendo, eine Steigerung.

Diskontinuität im Muster

Es gibt aber noch mehr als Crescendo und Kontinuität. Es gibt eine Diskontinuität, besonders hinsichtlich Christus. Die levitischen Opfer wurden endlos wiederholt, aber Christus wurde ein für alle Mal geopfert. Die levitischen Opfer waren für eine bestimmte Nation, aber Christus wurde für alle Nationen geopfert.

Verheißung und Erfüllung

Ein weiteres Muster, das wir in dieser Handlung beachten müssen, ist das von Verheißung und Erfüllung. Ich könnte viele Verheißungen hervorheben wie z. B. Gottes Verheißung an Noah. Ich will hier aber nur zwei erwähnen.

Erstens besteht eine Verbindung zwischen der Verheißung Gottes, Sünde mit dem Tod zu strafen, der Verheißung Gottes, sein Volk vor der Schlange zu retten, und der Stiftung des Opfers. Opfer erfüllen die Verheißung Gottes, Sünde zu strafen, durch Stellvertretung (jemand anders erleidet die Strafe). Doch weil die Opfer stellvertretender Natur sind, bewirken sie die verheißene Rettung höchstens vorübergehend. Das Opfer verknüpft also tatsächlich zahlreiche Verheißungen der Schrift miteinander.

Zweitens gibt es eine Verbindung zwischen der Verheißung Gottes an Abraham, dass sein Same ein Segen für alle Nationen sein werde, und dem Opfer Christi. Christus erfüllte diese Verheißung an

Abraham nicht nur durch seine Geburt und seinen Dienst, da er ein Nachfahre Abrahams war, sondern besonders durch seinen Opfertod. Deshalb ist nicht nur die Person Christi ein Segen für alle Völker, sondern auch sein Kreuz, das die Grundlage der guten Botschaft des Evangeliums ausmacht.

Systematische Zusammenfassung

Wozu ist es gut, diese Muster herauszustellen? Sie sind Mittel, die uns zu verstehen helfen sollen, wer Jesus ist, was sein Opfer bewirkt hat und dass wir sein Opfer brauchen. All diese Muster weisen auf Jesus hin und helfen uns ihn zu verstehen. Sie liefern den Kontext für sein Kommen. Sie geben uns eine »Vorab-Interpretation«, wenn Sie so wollen.

Im Laufe der Zeit haben manche behauptet, Christus sei in erster Linie als Vorbild für uns gestorben, um uns zu einer tieferen Liebe zu Gott zu inspirieren. Andere haben behauptet, Christi Tod sei einfach nur ein Beweis dafür, dass Gott die Sünde hasst. Noch andere meinen, sein Kreuzestod sei ein Beweis seines Mitleids und seiner Identifikation mit Sündern.

Heute sagen manche, Jesus sei nur deshalb gestorben, um den Sieg über Sünde und Tod zu verkünden und zu beweisen, dass er Herr ist. Sie können sogar auf Verse im Neuen Testament verweisen, die all das sagen: dass Jesus als Vorbild starb, als Beweis, dass Gott die Sünde hasst, und um den Sieg über Sünde und Tod zu verkünden. Nun, all dies ist Teil dessen, warum Jesus starb. Es zeigt zum Teil, was an uns Sündern verkehrt ist. Wir brauchen jemanden, der ein gutes Vorbild liefert. Wir brauchen jemanden, der sich mit unserer Schwachheit identifiziert und den Tod besiegt. Aber ist das alles, was wir brauchen?

Mehr noch: eine zunehmende Zahl solcher, die sich »Evangelikale« nennen, sagt nicht nur das, sondern sie leugnen auch manch anderes über das Kreuz. Sie leugnen, dass Jesus als Stellvertreter starb – dass er starb, um unsere Sünde zu tragen und unsere Strafe auf sich zu nehmen. Sie leugnen, dass das Kreuz überhaupt etwas mit Strafe zu tun hat.[89]

---

89 Eine ausführliche Darstellung dieser kritischen Ansichten findet man bei Steve Jeffery u.a., *Pierced for Our Transgressions: Rediscovering the Glory of Penal Substitution*

Geht man aber von der Handlung und den Mustern aus, die wir dort entdeckt haben, dann werden solche Darlegungen der Schrift nicht gerecht. Mehr noch: sie untergraben die gute Botschaft des Evangeliums an sich. Dem stellen wir nachfolgend eine meiner Meinung nach sinngetreuere Darstellung dessen gegenüber, was die Bibel über das Kreuz Jesu Christi sagt.

1. Das Grundproblem der Menschheit: Sünde und die daraus folgende Schuld

Nicht der Tod, keine kaputten Beziehungen, weder unser Liebesbedürfnis noch ein Vorbild der Liebe: das Grundproblem der Welt und der Menschheit ist Sünde, Schuld und der Zorn Gottes, zu dem die Sünde führt.

Ich spreche hier davon, dass ein Opfer nötig ist. Vor dem Sündenfall brauchten Adam und Eva keine Tiere töten, um sie Gott zu opfern. Ihre Beziehung zum guten und heiligen Gott war intakt. Doch in dem Moment, als sie sündigten, hatten Adam und Eva ihr Leben wegen ihrer Sünde und Schuld verwirkt. Römer 6,23 lässt Gottes erste Worte an Adam in 1. Mose 2 widerhallen und sagt uns, dass die Strafe für die Sünde der Tod ist. Zuerst kam die Sünde, dann der Tod.

Hier liegt das Problem, zu dessen Lösung das Sühneopfer in der Bibel dient. Wir brauchen nicht in erster Linie ein inspirierendes Vorbild der Liebe, einen Sieg über die Mächte der Finsternis oder über den Tod. Vielmehr ist der ewige und heilige Gott zu Recht zornig auf uns, weil wir gegen ihn rebellieren, und wir brauchen eine Möglichkeit, seiner gerechten Strafe zu entfliehen, weil wir diese nicht selbst tragen können. Laut der Schrift brauchen wir ein Sühneopfer.

2. Christus kam, um stellvertretend zu sterben

Ein wirksames Opfer geschieht stellvertretend. Wir sahen, dass ein Widder anstelle von Isaak geschlachtet wurde. Wir sahen, dass das Passalamm anstelle des Erstgeborenen geschlachtet wurde. Wir erkannten auch dieselbe Art von Stellvertretung im 3. Buch Mose (Le-

---

(Nottingham, UK: InterVarsity Press, 2007; Wheaton, IL: Crossway, 2007). Eine ausführliche exegetische Erwiderung siehe bei Mark Dever und Michael Lawrence, *It Is Well: A Series of Expositional Sermons on Substitutionary Atonement* (Wheaton, IL: Crossway, 2010).

viticus) – dies drückt der Opfernde aus, indem er dem Tier seine Hände auflegt. Genau so wurde uns Jesus als wirksames Sühneopfer gegeben, indem er sich Gott als stellvertretendes Opfer darbrachte.

3. Christus kam, um stellvertretend die Strafe auf sich zu nehmen

Das Opfer erleidet die Strafe, die der Sünder verdient. Das Schlachtopfer stirbt nicht nur; es wird juristisch gesehen anstelle des Sünders hingerichtet.

Sowohl das Alte wie auch das Neue Testament lehren eindeutig, dass Christus am Kreuz als Stellvertreter bestraft wurde und die Strafe auf sich nahm, die sein Volk verdiente. Eben das sagte der Prophet Jesaja voraus. Jesaja sprach vom Messias, als er schrieb:

> Fürwahr, er trug unsre Krankheit und lud auf sich unsre Schmerzen. Wir aber hielten ihn für den, der geplagt und von Gott geschlagen und gemartert wäre. Aber er ist um unsrer Missetat willen verwundet und um unsrer Sünde willen zerschlagen. Die Strafe liegt auf ihm, auf dass wir Frieden hätten, und durch seine Wunden sind wir geheilt. Wir gingen alle in die Irre wie Schafe, ein jeder sah auf seinen Weg. Aber der HERR warf unser aller Sünde auf ihn. (Jes 53,4-6 LUT)

Jesus sagte dasselbe über sich: »Ich bin der gute Hirte; der gute Hirte lässt sein Leben für die Schafe« (Joh 10,11). Jesus verstand seinen Tod weder als Vorbild noch als Demonstration, geschweige denn als unbegrenzten, allgemeinen Tod, der niemandem speziell gelte. Nein, Jesus gab sein Leben als wirksames Sühneopfer, um stellvertretend genau die Strafe auf sich zu nehmen, die seine Schafe verdienten.

Paulus betont denselben Punkt: »Ihn hat Gott zum Sühneopfer gesetzt durch den Glauben an sein Blut, um … seine Gerechtigkeit in der heutigen Zeit zu beweisen: er ist gerecht, wenn er den gerecht spricht, der an Jesus glaubt« (Röm 3,25-26; Übersetzung nach dem Grundtext). Das führt uns zur nächsten Lektion:

4. Christus kam, um stellvertretend die Strafe auf sich zu nehmen und den Zorn Gottes zu stillen

Christi Opfer stillte Gottes Zorn. Was meine ich damit? Schlicht, dass ein wirksames Opfer tatsächlich die Rechtsforderung erfüllt, indem es die Strafe trägt, die wir für unsere Sünde verdienen, und dadurch den Grund dafür zunichte macht, dass Gottes Zorn gegen den Sünder entbrennt. Wenn wir an die Geschichte des Opfers zurückdenken, erkennen wir in Noahs Opfer ansatzweise ein Sühneopfer. Dieses war dem HERRN wohlgefällig. Wir erkennen das auch daran, dass das 3. Buch Mose den Geruch des Brandopfers immer wieder einen »wohlgefälligen[90] Geruch für den HERRN« nennt.

5. Christus kam, um stellvertretend die Strafe auf sich zu nehmen, den Zorn Gottes zu stillen und Sühne für sein Volk zu bewirken

Dass das Opfer Gottes Zorn abwendet, führt uns zu einer weiteren Wirkung des Opfers. Ein wirksames Sühneopfer bewirkt Sühne für Sünde. Wir sahen bereits, dass der Höhepunkt des jüdischen Jahres der Große Versöhnungstag war. Was genau bedeutet »Sühne«? Das hebräische Wort für »Sühne« bedeutet »bedecken«.[91] Das englische Wort »atone« bedeutet schlicht »mit jemandem eins sein« (»to be *at one* with«). Man könnte also sagen, ein Sühneopfer bedeckt unsere Sünde und macht uns »eins« mit Gott.[92] Nachdem das Opfer Gottes Zorn gestillt hat, wirkt es Vergebung für die Sünde, die zuvor Gottes Zorn hervorgerufen hat, und nimmt die Schuld von uns, die wir durch die Sünde auf uns geladen hatten.

---

90 LUT und SCH übersetzen ungenau »lieblich«, ZÜR sehr treffend »beschwichtigend«. Der Geruch von verbrennendem Fleisch, Fell und Fett ist alles andere als »lieblich«. Gott fand den Geruch nicht »schön«, sondern das Opfer besänftigte seinen gerechten Zorn; Anm. d. Übers.

91 Das hebräische *kafär* bedeutet zwar wörtlich »bedecken«; im Kontext der Opfer aber wird es im übertragenen Sinn benutzt und ist mit »sühnen« oder »Sühne bewirken« zu übersetzen. Die alttestamentlichen Opfer bewirkten tatsächlich Entsündigung (aus neutestamentlicher Sicht natürlich kraft des Opfers Christi; Hebr 10,4): siehe 3Mo 1,4; 4,20.26.31.35 u.v.a. Gerade an diesen und anderen Stellen, die vom *Rauch* des Brandopfers sprechen, der zu Gott *aufsteigt*, beschreibt *kafär* kein buchstäbliches »Bedecken«. Das deutsche Wort »Sühne« kommt laut Duden vom mittelhochdeutschen *süene*, *suone*, althochdeutsch *suona*. Seine Herkunft ist unklar; es bedeutet vermutlich »Beschwichtigung« oder »Beruhigung«, was recht genau dem biblischen Wortgebrauch entspricht; Anm. d. Übers.

92 Die Bedeutung eines althebräischen Wortes sollte man m.E. nicht unbedingt aus der Etymologie (Geschichte der Wortbedeutung) eines englischen oder deutschen Begriffs zu erschließen versuchen. Die Bedeutung ergibt sich vielmehr daraus, wie und in welchem Kontext das Wort in der Originalsprache gebraucht wird. Vgl. Donald Carson, *Stolpersteine der Schriftauslegung*, S. 27-36; Anm. d. Übers.

6. Christus kam, um stellvertretend als wirksames Opfer die Strafe auf sich zu nehmen, den Zorn Gottes zu stillen und Sühne für sein Volk zu bewirken

Der Hebräerbrief macht uns darauf aufmerksam, dass die levitischen Opfer endlos wiederholt wurden, wohingegen Christus ein für alle Mal geopfert wurde.

> Er hat es nicht nötig, wie jene Hohenpriester, täglich zuerst für die eigenen Sünden Opfer darzubringen und dann für die des Volkes; denn das hat er ein für allemal getan, als er sich selbst opferte. (Hebr 7,27 LUT)
>
> Er ist auch nicht durch das Blut von Böcken oder Kälbern, sondern durch sein eigenes Blut ein für allemal in das Heiligtum eingegangen und hat eine ewige Erlösung erworben. (Hebr 9,12 LUT)
>
> Jetzt aber ist er am Ende der Zeiten ein einziges Mal erschienen, um durch sein Opfer die Sünde aufzuheben. (Hebr 9,26 ZÜR)

Das ganze Opfersystem war nur ein Bild, ein Lehrmittel, das dazu dienen sollte, um uns – wie Paulus im Galaterbrief schreibt – zu Christus zu führen und ihn zu erkennen, als er kam. Jetzt, nachdem er gekommen ist, wurde das Bild überflüssig. Der Tod Jesu Christi am Kreuz wandte Gottes Zorn wirksam ab und stillte ihn, wie es im Hebräerbrief heißt: »... denn unmöglich kann Blut von Stieren und Böcken Sünden wegnehmen« (Hebr 10,4). Wir aber, so fährt der Schreiber fort, sind »geheiligt durch das ein für allemal geschehene Opfer des Leibes Jesu Christi« (Hebr 10,10).

Die frohe Botschaft des Christentums lautet, dass Jesus Christus am Kreuz das Heil vollbracht hat. Er wandte Gottes Zorn von uns ab. Er wirkte Sühnung für die Sünde.

Die Frage allein lautet: Tat er dies für Sie? Jesus sagt, dass er sein Leben als Lösegeld für viele gab. Zählen Sie zu den Vielen? Jesus sagte, dass er sein Leben für seine Schafe lässt. Wer sind seine Schafe? Es sind die, die auf seine Stimme hören, die seinem Ruf gehorchen. Johannes drückt dies in Johannes 3,18 folgendermaßen aus: »Wer an ihn glaubt, wird nicht gerichtet; wer aber nicht glaubt, ist schon gerichtet, weil er nicht an den Namen des einzigen Sohnes Gottes geglaubt hat« (ZÜR).

Jesus Christus hat Erlösung für jeden bewirkt, der auf seinen Ruf hört, der umkehrt und glaubt. Wir lehren nicht, dass jemand dazu fähig wäre oder die Möglichkeit dazu hätte. Keineswegs lehren wir ein Sühneopfer, das durch unsere Reaktion vollendet werden muss. Vielmehr lehren wir ein Heil, das am Kreuz vollbracht wurde, und wir rufen Menschen überall dazu auf, sich in Umkehr und Glaube völlig auf Jesus zu verlassen.

Dies führt uns zum Ende der Sühneopfer in der Bibel. Bei dieser Geschichte, in der immer wieder das Blut von Opfern vergossen wird, kann uns nicht entgehen, dass alles Opfern am Kreuz sein Ende findet. Es gibt kein weiteres Opfer, das Menschen darbringen könnten, um für ihre Sünden gegen einen heiligen Gott zu bezahlen.

7. Wir werden allein durch den Glauben gerettet

Deshalb spricht die Bibel davon, dass es unbedingt nötig ist, persönlich an den gekreuzigten und auferstandenen Christus zu glauben, um gerettet zu werden. Es ist nicht so, dass der Glaube an sich retten würde. Vielmehr ist der Glaube die Art und Weise, Christus als seinen Stellvertreter anzuerkennen. Der Israelit im Alten Bund drückte dies dadurch aus, dass er dem Opfertier, das stellvertretend für ihn starb, die Hände aufstützte; wer an Christus glaubt, stützt sich darauf, dass Christus am Kreuz stellvertretend für ihn starb – für ihn persönlich. Es genügt nicht, in eine christliche Familie hinein geboren oder getauft zu werden, zur Kirche zu gehen oder sonst etwas zu tun. Nein – Sie müssen im Glauben darauf vertrauen, dass Christus für Sie geopfert wurde.

8. Wir werden allein durch den Glauben an Christus allein gerettet

Christus ist nicht nur das beste Beispiel für ein stellvertretendes Opfer; er ist das einzige stellvertretende Opfer, denn niemand sonst hat jemals vollkommen sündlos gelebt. Sein Tod ist nicht nur ungefähr das Urteil, was wir verdienen; am Kreuz erlitt Christus den ganzen glühenden Zorn Gottes über unsere Sünde bis zum Äußersten. Er ist das letzte Opfer, weil er tatsächlich das erste wahre Opfer und das einzig wirksame Opfer ist, das je dargebracht wurde; niemals wird es ein anderes solches Opfer geben.

Es ist wichtig, dass dieses Opfer einzigartig ist. Es wird keine zweite Chance nach dem Tod geben und keine anderen Wege zum Himmel. Es gibt nur ein einziges Opfer, das Sünder mit Gott versöhnt, und darum gibt es nur einen Namen unter dem Himmel, durch den wir gerettet werden sollen. Wir alle brauchen ein Opfer. Die gute Botschaft des Christentums lautet, dass Gott persönlich dieses Opfer dargebracht hat. Sein Name ist Jesus, und zu unserer ewigen Freude verkündigen wir ihn als Gekreuzigten.

Fazit: Gibt es doch noch ein weiteres Opfer?

In der Bibel entdecken wir allerdings noch ein weiteres Opfer. Nicht eines, das Heil bewirkt oder dem Heil etwas hinzufügt. Es ist eines, das auf die Errettung folgt. Wenn Jesus jemanden beruft, fordert er von ihm, sein Kreuz aufzunehmen und ihm nachzufolgen. Paulus spricht eine ähnliche Sprache, wenn er in Römer 12,1 schreibt, dass Christen sich als »lebendige Schlachtopfer« darbringen sollen. Was meint Paulus damit?

Vor dem Sündenfall waren Adam und Eva im Ebenbild Gottes geschaffen. Ihr Lebenswandel sollte ein Opfer des Lobes sein, ein Tribut, den sie Gott erstatteten. Letzten Endes liegt das Ziel oder der Zweck des Opfers Christi darin, dass wir unser Leben Gott als Opfer wieder zu Füßen legen – nicht um Sünden zu sühnen, sondern als lebendiges Opfer des Lobes für seine herrliche Gnade.

Ich denke, die meisten von uns haben ein Problem mit dem Opfern. Es fällt schwer, sein Leben für andere hinzugeben, seine Feinde zu lieben, auf Beleidigungen freundlich zu reagieren und den Reichtum dieser Welt für einen Schatz im Himmel aufzugeben. So lange wir versuchen, diese Opfer als Sühne für Sünden darzubringen, um Gott angenehm zu sein und ihn zu erfreuen, werden wir scheitern. Wenn wir aber uns selbst und unsere Herde treu lehren, dass Gott nicht mehr zornig ist, weil Christus die Strafe bezahlt hat, ändert sich etwas. Jetzt werden diese lebendigen Schlachtopfer nicht mehr aus Angst, sondern aus Liebe dargebracht. In gewisser Hinsicht sind sie gar keine Opfer mehr. Sie sind schlicht der Beweis dafür, dass wir in Christus geliebt wurden und jetzt als lebendiges Schlachtopfer in sein Ebenbild verwandelt werden, in einen Tribut des Lobes Gottes.

Eines der erstaunlichsten Bilder vom Opfer in der Bibel findet sich in Offenbarung 5. Dort erfahren wir, dass Jesus Christus, dessen Tod Gott vor Grundlegung der Welt plante, in alle Ewigkeit die Wundmale seines Opfers tragen wird. Diese Wundmale werden mehr als alles andere das Ziel unseres ewigen Staunens, Anbetens und Lobens sein, weil sie die Wundmale unseres Heils sind. Das Lamm, das geschlachtet wurde, ist das, in dessen Ebenbild wir verwandelt werden. Es ist das Ziel, auf das wir zusteuern. Aufgrund des Opfers Christi werden wir ein ewiges lebendiges Opfer des Lobes dessen sein, der allein des Lobes wert ist: Christus, unser Passalamm, das Lamm, das geschlachtet wurde, aber jetzt für immer lebt.

KAPITEL ZEHN

Die Geschichte der Verheißung

Einige der schwierigsten Situationen, mit denen ich als Pastor zu tun habe, sind die Versprechen[93], die Menschen machen. Das geht von großen Versprechen wie »bis dass der Tod uns scheidet« bis hin zu Kleinigkeiten wie: »Ich werde um sieben Uhr zu Hause sein.« Es ist nicht nur so, dass Menschen sie machen; andere verlassen sich auch darauf und richten ihr Leben danach aus. Doch es ist anscheinend unausweichlich, dass Menschen die von ihnen gemachten Versprechen brechen. Daraus folgen zerstörte Beziehungen, verletzte Gefühle und zornige Vorwürfe. Nicht wenige von denen, die an gebrochenen Versprechen zu leiden haben, landen in meinem Büro, wenn sie Hilfe suchen, um die Scherben wieder zusammenzukleben.

Wir sind es gewohnt, unser Leben nach Versprechen auszurichten. Von Hypotheken bis zu Ehegelübden, von Netflix[94] bis zur NATO, in großen und kleinen Dingen baut unsere ganze Welt sich auf den Gedanken auf, dass man Versprechen halten muss. Martin Luther King traf das Gewissen Amerikas, als er sagte: »Die Zeit ist gekommen, die Versprechen der Demokratie wahr werden zu lassen.« Und General MacArthur flößte Tausenden Hoffnung ein, als er versprach: »Ich werde zurückkommen!«

Warum versprechen wir etwas? Um es mit Hannah Arendts klugen Worten zu sagen: »Versprechen machen ist die allein dem Menschen eigene Weise, die Zukunft zu ordnen, sie voraussehbar und verlässlich zu machen, soweit dies menschenmöglich ist.«[95] Versprechen binden uns aneinander und an eine gemeinsame Verpflich-

93 Im Englischen verwendet man für menschliche Versprechen und Gottes Verheißungen dasselbe Wort »promise(s)«; Anm. d. Übers.

94 Ein US-amerikanisches Großunternehmen, das Videos verleiht.

95 Hannah Arendt, *Crises of the Republic: Lying in Politics, Civil Disobedience, On Violence, Thoughts on Politics and Revolution* (New York: Houghton Mifflin Harcourt, 1972), S. 92-93. (Das Werk erschien 1972 im Original auf Englisch und wurde bislang nicht ins Deutsche übersetzt.)

tung, etwas künftig zu tun. Daher ist es ganz so, wie der amerikanische Journalist Herbert Agar oft zitiert wird: »Zivilisation beruht auf einer Reihe Versprechen.«

Welch zerbrechliche Grundlage für etwas so Wichtiges! Die Tatsache, dass unser Leben individuell und kollektiv auf Versprechen ruht, bedeutet, dass wir unser Leben wartend, hoffend und glaubend verbringen. Zwischen einem Versprechen und desse Erfüllung liegt eine Verzögerung, und diese Verzögerung zwingt uns dazu, im Glauben zu wandeln.

Was all dieses so kompliziert macht, ist natürlich, dass Versprechen – wie wir wissen – nur allzu oft gebrochen werden. Als wir Kinder waren, brachen unsere Freunde, was sie uns versprochen hatten. Dasselbe taten unsere Eltern. Als Erwachsenen passiert uns dasselbe noch öfter, nur dass das, was dabei auf dem Spiel steht, noch wertvoller ist, z. B. wenn Ehen und Arbeitsverhältnisse zerbrechen.

Das Erstaunliche daran ist aber, dass wir nach jeder Scheidung, jedem Betrug, jedem Vertragsbruch oder jedem zerrüttetem Bündnis alle Morgen neu weiterhin Versprechen machen, als sei nichts gewesen. Auf die eine oder andere Weise ist unsere Lebensgeschichte eine Geschichte gegebener, gehaltener und gebrochener Versprechen.

Warum?

Grundsätzlich versprechen wir etwas, weil wir in einer Welt leben, die ein Gott schuf, der eben auch Versprechen oder Verheißungen gibt. Wenn wir diesen Gott kennen lernen wollen, dann müssen wir die biblische Geschichte der Verheißung und unseren Gott verstehen, der Verheißungen gibt. In einem sehr tiefgründigen Sinn ist die biblische Geschichte nichts Geringeres als die Geschichte einer einzigen Verheißung, die Gott persönlich gab, und wie er diese Verheißung hielt und auch weiter halten wird. Wenn wir diese Geschichte verstehen, sind wir auch in der Lage, solchen zu helfen, die dadurch zutiefst verletzt wurden, dass man ihnen gegenüber ein Versprechen brach.

Die Geschichte der Verheißung

Worum geht es also bei der biblischen Geschichte der Verheißung Gottes? Sie beginnt dort, wo man es am wenigsten erwarten würde: bei dem Fluch, den Gott nach dem Sündenfall ausspricht. Adam und Eva hatten sich entschieden, Gott ungehorsam zu sein, weshalb er ihnen die gerechte Strafe für ihre Sünde verkündete. Doch in demselben Verdammungsurteil in 1. Mose 3,15 gab Gott eine Verheißung:

> Und Feindschaft setze ich zwischen dir [der Schlange] und der Frau, zwischen deinem Nachwuchs und ihrem Nachwuchs: Er wird dir den Kopf zertreten, und du wirst ihm nach der Ferse schnappen.

Gott verhieß, Spaltung und Streit zwischen seinem Volk, dem Samen der Frau, und dem Volk Satans zu schaffen, dem Samen der Schlange. Und er verhieß, dass eines Tages ein Sohn geboren würde, der sein Volk von ihren Sünden erlösen und Satan besiegen wird. Die Verheißung kam aus heiterem Himmel. Adam und Eva hatten nichts getan, um sie zu verdienen; dennoch gab Gott sie.

Die Verheißung hat zwei Seiten: Der Same der Schlange wird dem Samen der Frau »nach der Ferse schnappen«, aber der Same der Frau wird triumphieren. Diese Verheißung wird mit ihrer Erfüllung auf zahlreiche Weise zu einem Wesensmerkmal der Heilsgeschichte. Immer wieder wird die Verheißung in Frage gestellt, ja sogar scheinbar widerlegt, aber sie wird sich durchsetzen.

Kain ermordet Abel, Gott aber erhält Adams Abstammungslinie durch Set.

Die Menschheit wird durch die Sünde völlig verdorben und verdient Gottes Gericht, aber Gottes Verheißung bleibt bestehen, und er bewahrt Noah und dessen Familie bei der Sintflut. Danach gibt Gott eine weitere Verheißung, um sicherzustellen, dass seine Verheißung der Erlösung erfüllt wird: Er verheißt, dass er nie wieder die ganze Menschheit durch eine Flut vernichten wird.

Jahrhunderte vergehen. Die Menschheit ist nicht besser als vor der Flut, aber Gott hat seine Verheißung nicht vergessen. In 1. Mose 12 greift er diese anfangs gegebene Verheißung wieder auf und beginnt, ihr Gestalt zu geben. Er erwählt Abram, einen alten, kinderlosen Mann, und gibt ihm eine Verheißung:

> Und ich will dich zu einem großen Volk machen und will dich segnen und dir einen großen Namen machen, und du sollst ein Segen sein. Ich will segnen, die dich segnen, und verfluchen, die dich verfluchen; und in dir sollen gesegnet werden alle Geschlechter auf Erden. … Deinen Nachkommen will ich dies Land geben. (1Mo 12,2-3.7 LUT)

Die Bedrohung durch die Schlange wird erneut aktuell, als Abram sich entscheidet, die Verheißung eines Nachkommens selbst in die Hand zu nehmen und er durch eine Beziehung, die nicht nach Gottes Willen ist, mit Ismael einen Nachkommen zeugt. Gott aber braucht Abrams Hilfe nicht und hält eisern daran fest, dass seine Verheißung aus Gnade erfüllt wird, nicht durch menschliche Mühen. Er erneuert seine Verheißung und ändert Abrams Namen in Abraham. »Und der HERR suchte Sara heim, wie er gesagt hatte, und tat an ihr, wie er geredet hatte« (1Mo 21,1). Die unfruchtbare Sara gebiert Isaak, das »Wunderkind«.

Eine Generation später kommt es zu Rivalitäten zwischen den zwei Söhnen Isaaks, Jakob und Esau. Esau versucht dabei, Jakob umzubringen. Jakob aber ist der auserwählte Nachkomme, und der HERR bewahrt ihn. Jakob hat zwölf Söhne, und es sieht ganz danach aus, dass sich die Verheißung eines großen Volkes zu erfüllen beginnt.

Doch erneut gerät Gottes Verheißung in Gefahr: durch Neid und Streit, durch Mordversuch, durch die Versklavung Josefs und seine Gefangenschaft sowie durch eine Hungersnot, welche die ganze Familie zu vernichten droht. Gott aber ist treu: In seiner Souveränität benutzt er das Leiden Josefs, durch das seine Brüder ihm Böses antun wollten, gerade als das Mittel der Errettung und Erlösung nicht nur für die auserwählte Sippe, sondern ebenso auch für die Völker um sie herum.

Erneut erhebt der Same der Schlange sein Haupt, als die Nachkommen Jakobs durch die Ägypter versklavt werden und eine ganze Generation von Knaben auf Befehl des Pharao abgeschlachtet wird. Abermals ist Gott treu und gedenkt seines Bundes mit Abraham (2Mo 6,5-8). Er bewahrt Mose vor dem Tod und benutzt ihn dann, um sein Volk aus der Sklaverei zu befreien.

Am Berg Sinai schließt Gott einen Bund mit Israel, der dem mit Adam und Eva vor dem Sündenfall sehr ähnlich ist. Wenn das Volk gehorcht, wird es im Verheißenen Land bleiben; wenn sie aber rebellieren, wird Gott sie von dort hinausstoßen. Natürlich lehnen sie sich prompt auf. Gott richtet sein Volk, aber er bleibt seiner Verheißung an Abraham treu (2Mo 33,1).

Gott erweckt eine neue Generation unter Josua und gibt ihr das Land, das er ihren Vorfahren versprochen hat. Obwohl menschlich gesehen unmöglich, besiegen sie die Kanaaniter. Obwohl das Volk weiterhin rebellisch ist und Gott damit fortfährt, sie zu züchtigen, erweckt er auch Richter – Nachfolger von Mose und Josua –, die das Volk retten und Israels Feinde überwinden.

Schließlich verwirft das Volk Israel in einem Akt endgültiger Rebellion Gott als seinen König und fordert, wie alle anderen Völker einen König zu haben (1. Samuel 8). In seiner Gnade salbt Gott – nach Saul – einen König nach seinem Herzen: David, der wie ein Sohn für ihn ist. Die Schlange aber versucht, David aus Israels eigenen Reihen heraus zu verfolgen und zu vernichten – zuerst durch Saul, später durch Davids Sohn Absalom.

Gott aber, der gnädig und treu ist, gibt David noch eine weitere Verheißung – eine Verheißung, die tatsächlich nur eine Erweiterung seiner Verheißung an Abraham ist und die der Verheißung von 1. Mose 3 mehr Profil verleiht: Gott verspricht David, dass einer seiner Söhne für immer auf seinem Thron herrschen wird, und zwar in Gerechtigkeit (2Sam 7,11-16). Der verheißene Same von 1. Mose 3 und 1. Mose 15, der sein Volk erlösen wird, muss in der Tat ein König sein.

Zunächst scheint es so, als ob Salomo dieser Sohn ist, aber er ist es nicht. Salomo erweist sich als untreu, und das Gericht folgt auf dem Fuß. Zuerst wird das Reich geteilt. Die Könige des Nordreichs werden immer verdorbener, bis Gott die Stämme des Nordreichs in ein Exil schickt, aus dem sie nie mehr zurückkehren. Im Süden gibt es immer wieder Erweckungen, aber diese sind nie umfassend und halten auch nie lange an. Zuletzt sendet Gott auch Juda ins Exil, und es scheint so, als ob seine Verheißung hinfällig geworden wäre.

Doch selbst im Kontext von Gericht und Exil offenbart Gott, dass er nichts vergessen und nicht versagt hat. Den Propheten wird eine Botschaft der Hoffnung gegeben, dass Gott einen neuen Bund mit seinem Volk schließen wird (Jer 31,31-34).

Nach 70 Jahren des Exils kehrt Juda ins Gelobte Land zurück, Der Tempel wird wieder aufgebaut und die Stadtmauern Jerusalems wieder hergestellt. Aber der Neue Bund ist noch nicht gekommen. Wann wird Gott endlich sein Versprechen einlösen?

Die Antwort erfolgt viele Jahre später eines Nachts in Bethlehem, der Stadt Davids. Ein Baby namens Jesus wird geboren. Engel erscheinen bei seiner Geburt. Könige kommen von ferne, um ihn zu huldigen. Könnte er der verheißene Sohn sein, der lang ersehnte König, der sein Volk erlösen soll?

Erneut schnappt die Schlange zu, und eine ganze Generation von Knaben wird ermordet. Der Herr aber bewahrt Jesus. Alles, was in seinem Leben geschieht, deutet darauf hin, dass Jesus die lang ersehnte Erfüllung aller Verheißungen Gottes ist. Seine Worte haben Autorität und seine Heilungen und Dämonenaustreibungen sind nichts weniger als Wundertaten. Es scheint, dass Gott seine Zusage nicht vergessen hat und sie am Ende wirklich hält.

Dann geschieht das Undenkbare. Wieder einmal scheinen die Sünde und die Rebellion der Schlange zu obsiegen. Die religiösen Führer Israels verwerfen Jesus, und die römische Obrigkeit kreuzigt ihn. In einem kalten, dunklen Grab vor den Toren Jerusalems scheint Gottes Verheißung endgültig und vollständig gestorben zu sein.

Nichts aber könnte weiter von der Wahrheit entfernt sein. Drei Tage später steht Jesus von den Toten auf und beweist über jeden Zweifel erhaben, dass Gott seine Verheißungen erfüllt. Durch seinen Opfertod am Kreuz hat Jesus sein Volk aus der Knechtschaft der Sünde erlöst und Satans Macht zerschmettert (Kol 2,14-15). Durch seine Auferstehung garantiert Jesus, dass das neue Leben, das Königreich Gottes, endlich angebrochen ist (Röm 4,25).

Die Handlungsmuster dieser Geschichte

Das ist die biblische Geschichte der Verheißung. Welche Handlungsmuster erkennen wie darin? Was lernen wir aus der Erzählweise dieser Geschichte über unseren Gott, der Verheißungen gibt?

Das erste auffällige Handlungsmuster ist die Verheißung an sich. Von der ersten Seite der Bibel bis zu ihrer letzten wird die Geschichte des Heilshandelns Gottes durch Verheißungen strukturiert, die gemacht und eingehalten werden. Man könnte sogar sagen: dass Gott Verheißungen gibt und hält, ist das Handlungsmuster der Bibel. Ohne Gottes Verheißungen wäre die Geschichte nach 1. Mose 3 zu Ende.

Aber nicht nur dieses Geben und Einlösen von Verheißungen treibt die Geschichte voran. Anscheinend zögert Gott die Erfüllung seiner Verheißungen auch hinaus, und genau das bringt Spannung und Fortschritt in die Geschichte. Gott stellt nicht einfach alles schon im Garten Eden wieder her. Er sandte Jesus nicht vor der Sintflut. Und Gott hat Jesus bis heute nicht zurückgesandt ... zumindest jetzt noch nicht. Wenn man bedenkt, dass Gott ein Gott der

Verheißungen ist, dann bedeutet dies erstaunlicherweise, dass unser Lebenswandel sich per Definition durch Ausharren auszeichnet. Eine der Hauptfragen der Bibel lautet (und beantwortet sich zum Teil schon von selbst): »Warum verzögert es sich?«

Man beachte zweitens, dass Gottes Verheißungen nicht von der Art sind, was wir tagtäglich versprechen: »Ich werde früher nach Hause kommen«, oder: »Ich werde zu deiner Party kommen.« Vielmehr nehmen diese Verheißungen die Form von Bündnissen an. Es ist nicht so, dass Gott überhaupt keine einfachen Versprechen gäbe wie wir. Er tut dies durchaus, und Beispiele dafür finden sich über die ganze Bibel verteilt. Die wirklich gewaltigen Verheißungen aber – die Verheißungen, die der Gesamthandlung eine Kontur verleihen – unterscheiden sich davon. Es sind Verheißungen, die Gott nicht nur zu einem zukünftigen Handeln verpflichten, sondern ihn auch an die Beziehung zu einem bestimmten Volk binden.

Dies sagt uns etwas über Gott. Er ist nicht nur treu, indem er sein Wort hält; er tritt auch persönlich in eine Beziehung zu anderen. Dies sagt uns auch etwas darüber, welchen Zweck er damit verfolgte, dass er Verheißungen gab. Die Geschichte der Taten Gottes in der Menschheitsgeschichte ist mehr als nur eine Geschichte darüber, wie Gott seinen Plan ausführt. Es ist eine Geschichte über Gnade und Liebe, in der er ein Volk für sich erschafft und erlöst.

Beachten wir schließlich, dass diese Geschichte – wie alle anderen Handlungsstränge, die wir betrachtet haben – sowohl Kontinuität als auch Diskontinuität beinhaltet. Die Verheißung, dass ein Sohn Erlösung schaffen wird, besteht fort. Die Verheißung, dass Satan Widerstand leistet, besteht fort. Aber auch die Verheißung, dass der Same über Satan triumphieren wird, besteht fort. In welchem Umfang aber und mit welcher Reichweite sich die Verheißung der Erlösung vollends erfüllt, wird nicht auf einmal offenbart.

Es gibt ebenso auch viele Diskontinuitäten, und genau dadurch entfaltet sich die Verheißung der Erlösung nur langsam. In einem frühen Stadium ist die Verheißung auf ein bestimmtes Volk begrenzt; der hier vorliegende Unterschied ist im Wesentlichen ethnischer Natur. In Christus aber ist dieser ethnische Unterschied völlig aufgehoben und die Verheißung erstreckt sich nun auf alle Völker. Zuerst ist der Sohn nur ein Sohn. Später ist der Sohn nicht nur ein Sohn, sondern auch ein König. Zuletzt ist er nicht nur ein König, sondern

Gott selbst. Diese Diskontinuitäten tragen nicht nur dazu bei, dass die Geschichte sich entfaltet und voranschreitet; sie offenbaren auch zunehmend, was Gott von Anfang an beabsichtigt hat. Es ist, als ob sich die Geschichte langsam von der Parabel zur Realität fortbewegt. Die ganze Geschichte ist historische Realität; aber die letzte Realität, auf die sie hinweist, wird erst kurz vor dem Ende offenbart.

Systematische Zusammenfassung

Wenn dies einige Muster der Geschichte sind, wie ist sie dann auf unser Leben und unseren Dienst anzuwenden? Warum wirkt Gott so, dass es in unserem Leben wie auch in seinem Handeln an uns zu Verzögerungen kommt? Wie wirkt es sich auf unser Leben aus, dass Gott ein Gott ist, der Verheißungen gibt?

Der Mensch ist ein Sünder

Zuerst: die ganze Heilsgeschichte ist durch eine Dynamik von Verheißung und Erfüllung strukturiert, weil der Mensch ein Sünder ist. Wir sind erlösungsbedürftig. Schon der Aufbau der Bibel an sich zeigt, dass es ein Problem gibt, das gelöst werden muss.

Doch die Tatsache, dass die Heilsgeschichte durch eine Dynamik von Verheißung und Erfüllung strukturiert ist, lehrt uns noch nichts über uns, sondern sie lehrt uns etwas über Gott. Sie lehrt uns, dass er sowohl ein gnädiger als auch ein gerechter Gott ist, ein Gott der Liebe wie auch des Zorns.

Wir leben mitten in einem geistlichen Krieg

Die Geschichte der Verheißung lehrt uns, dass wir mitten in einem geistlichen Krieg leben. Paulus brachte dies ebenfalls auf den Punkt, als er schrieb:

> Denn unser Kampf ist nicht gegen Fleisch und Blut, sondern gegen die Gewalten, gegen die Mächte, gegen die Weltbeherrscher dieser Finsternis, gegen die geistigen Mächte der Bosheit in der Himmelswelt. (Eph 6,12)

Ich will hier nicht darauf hinweisen, dass der geistliche Krieg real ist, um uns der Verantwortung für die Sünde zu entledigen. Nein, es geht mir nur darum, dass wir erkennen müssen: Diese Welt, ihre Mächte und Kulturen sind nicht neutral. Immer wieder sahen wir im Verlauf der Geschichte, dass die Schlange sich gegen Gottes gute Absichten erhebt. Satan wirkt ebenso durch die scheinbar unschuldigen Mächte dieser Welt wie auch durch unsere sündige Natur. Darum müssen wir wachsam sein und uns vor dem Bösen in unserem eigenen Herzen hüten.

Gott ist geduldig und ruft alle zur Umkehr

Es macht uns Mühe zu sehen, dass Gott die Erfüllung seiner Verheißungen scheinbar verzögert. Tatsächlich aber ist diese Verzögerung Ausdruck von Gottes Geduld, da er wünscht, dass alle zur Buße finden. Petrus drückt es so aus:

> Dies eine aber sei euch nicht verborgen, Geliebte, dass beim Herrn ein Tag ist wie tausend Jahre und tausend Jahre wie ein Tag. Der Herr verzögert nicht die Verheißung, wie es einige für eine Verzögerung halten, sondern er ist langmütig euch gegenüber, da er nicht will, dass irgendwelche verloren gehen, sondern dass alle zur Buße kommen. (2Pet 3,8f)

Es sind schon 2.000 Jahre vergangen, und Jesus ist immer noch nicht wiedergekommen. Manche sagen, dass Christen einfach nur leichtgläubig sind. Wie lange dauert es schließlich noch, um eine Verheißung als falsch zu entlarven? Das ist *eine* Möglichkeit, die Verzögerung zu beurteilen. Es gibt aber noch eine andere: Gott ist Sündern gegenüber geduldig und gnädig.

Der Hebräerbrief verweist auf Gottes Geduld mit dem rebellischen Israel und ermahnt uns flehentlich: »Heute, wenn ihr seine Stimme hört, verhärtet eure Herzen nicht!« (Hebr 4,7). Dies sollte unserer Evangelisation Eindringlichkeit verleihen! Wir wissen nicht, wann Gottes Geduld endet. Heute, in diesem Augenblick, hält er die Hand noch zurück; er übt Geduld aus. Darum ist es heute, in diesem Augenblick, dringend geboten, Menschen zur Umkehr von ihren Sünden und zum Glauben an Christus zu rufen.

Gott ist gnädig und schafft Errettung aus Gnade

Gott ist nicht nur geduldig, sondern auch gnädig. Er überlässt uns auch nicht einfach uns selbst, um dies herauszufinden. Er schafft das

Heil. Gottes Verheißung in 1. Mose 3,15 geschieht – wie jede weitere Verheißung, die er gibt – gänzlich aus seiner Eigeninitiative; es ist schlicht und einfach nichts als Gnade.

Haben Sie das Muster erkannt, als ich die Geschichte erzählte? Adam und Eva hatten gerade erst Gott trotz seiner überströmenden Güte ins Angesicht widerstanden; dennoch verheißt er, sie und ihre Nachkommen zu erlösen! Was war Abraham, als Gott verhieß, ihn zum Segen für die Völker zu machen? Ein Götzendiener. Was war Mose, als Gott ihn zum Dienst aussonderte? Ein flüchtiger Mörder! Was war David, als Gott ihn zum König salben ließ? Ein kleiner Hirtenjunge, der als Erwachsener zum Mörder und Ehebrecher wurde.

Und was waren Sie, als Gottes Verheißung Ihnen im Evangelium von Jesus Christus verkündigt wurde? Jemand von denen, die Paulus so beschreibt: »... wie auch wir alle einst unser Leben in den Begierden unseres Fleisches führten, indem wir den Willen des Fleisches und der Gedanken taten; und wir waren von Natur Kinder des Zorns, wie auch die anderen« (Eph 2,3 SCH). Gott schuldet uns nicht das Heil; seine Verheißung, uns zu retten, geschah aus reiner Gnade.

Gott ist treu und erfüllt seine Verheißungen

Wir stellen fest, dass Gott seine alttestamentlichen Verheißungen auf mindestens dreierlei Weise treu erfüllt: Erstens durch Tod und Auferstehung Jesu Christi. Das Kreuz war alles andere als nur das tragische Werk böser Menschen; es war alles andere als nur der Triumph Satans über Jesus; das Kreuz war Gottes triumphaler Sieg über die Sünde und die Macht Satans. Damit brachte Petrus seine Pfingstpredigt am Ende auf den Punkt (Apg 2,36). Auch Paulus kam zu demselben Schluss: »Denn so viele Verheißungen Gottes es gibt, in ihm [Christus] ist das Ja, deshalb auch durch ihn das Amen, Gott zur Ehre durch uns« (2Kor 1,20).

Zweitens: Durch den Heiligen Geist fährt Gott fort, seine Verheißung an uns zu erfüllen. Diesen hat Jesus als Anzahlung und Zeichen dafür gesandt, dass alles verheißene Gute wahrhaftig schon hier ist. Paulus führt dies in 2. Korinther 1,21-22 aus: »Der uns aber mit euch festigt in Christus und uns gesalbt hat, ist Gott, der uns auch versiegelt und das Unterpfand des Geistes in unsere Herzen gegeben hat.« Damit verbürgt er sich für das, was noch kommen wird.

Wie tut der Heilige Geist das? Er lässt das himmlische Leben in unserem Leben wirksam werden. Er wirkt in uns die Frucht des Geistes, die eine himmlische Frucht ist. Er vergewissert uns, dass wir wirklich Gottes Kinder sind, indem er das unserem Geist bezeugt und uns dahin führt, Gott »Abba« (Vater) zu nennen (Röm 8,15).

Wie helfen wir Gläubigen, die von Zweifeln geplagt werden? Eine Möglichkeit ist, ihnen den Beweis dafür vor Augen zu halten, dass der Heilige Geist in ihrem Leben wirksam ist. Ich meine damit keine spektalulären Geistesgaben, sondern die Frucht des Geistes: »Liebe, Freude, Friede, Geduld, Freundlichkeit, Güte, Treue, Sanftmut, Keuschheit« (Gal 5,22f). Wenn diese Dinge vorhanden sind und zunehmen, dann kann jemand, der gläubig zu sein bekennt, Mut fassen. Es ist nämlich das Werk des Geistes, uns Zuversicht zu geben, dass Gott seine Verheißung bisher gehalten hat, sie auch weiter halten wird und eines Tages das Pfand im Überfluss einlösen wird.

Drittens: Dass Gott seine alttestamentlichen Verheißungen erfüllt, erkennen wir daran, dass Gott den Satan bereits gebunden hat (Offb 20,2). Satan kann Gottes Auserwählte nicht verführen, auch wenn er es versucht (Mk 13,22). Wir wissen auch, dass Gott schließlich den Satan und die Mächte dieser Welt besiegen wird. So prophezeit Johannes: »Und der Teufel, der sie [die Nationen] verführte, wurde in den Feuer- und Schwefelsee geworfen, wo sowohl das Tier als auch der falsche Prophet sind; und sie werden Tag und Nacht gepeinigt werden von Ewigkeit zu Ewigkeit« (Offb 20,10).

Gott ist zuverlässig und wird erfüllen, was er verheißen hat

Wir erfahren hieraus auch, dass Gott vollkommen zuverlässig ist. Das Problem an unseren Versprechen ist, dass sie nur so gut wie unsere Absichten und nur so zuverlässig sind, wie wir imstande sind, sie zu halten. D. h. dass selbst die Besten unter uns von Natur aus ihre Versprechen brechen. Nicht aber Gott; wenn er etwas verspricht, dann kann man sich felsenfest darauf verlassen. Gott kann nicht lügen; darum enttäuscht er uns mit seinen Verheißungen nie. Gott ist allmächtig; darum scheitern seine Verheißungen nie. Bedenken wir, was Jesus in Johannes 10,27-30 sagt:

> Meine Schafe hören meine Stimme, und ich kenne sie, und sie folgen mir; und ich gebe ihnen ewiges Leben, und sie gehen nicht verloren in

> Ewigkeit, und niemand wird sie aus meiner Hand rauben. Mein Vater, der sie mir gegeben hat, ist größer als alle, und niemand kann sie aus der Hand meines Vaters rauben. Ich und der Vater sind eins.

Jeder, der sich wahrhaftig von der Sünde abwendet und auf Christus vertraut, kann sicher sein, dass Gott ihn bis zum Tod bewahren wird. Diese Sicherheit hat nichts damit zu tun, wie stark der Glaube ist oder wie gerecht man lebt. Sie hat aber sehr wohl etwas damit zu tun, dass Gott allmächtig und treu ist. Paulus sagt: »Ich bin dessen gewiss, dass er, der das gute Werk in euch angefangen hat, es bis zum Tag Christi Jesu auch vollendet haben wird« (Phil 1,6 ZÜR). Gott erfüllt seine Verheißungen. Immer. Darauf können wir uns verlassen.

Heißt das etwa, es wäre egal, wie wir leben? Triff einfach nur eine Entscheidung für Jesus und mach so weiter wie bisher? Ganz und gar nicht!

Wenn wir bedenken, dass die Heilsgeschichte durch das Muster von Verheißung und Erfüllung strukturiert ist und dass alles in der Geschichte sich um die Verzögerung zwischen beidem dreht, dann erfahren wir nicht nur etwas über Gott, sondern wir erfahren auch, was er von uns als Christen verlangt. Wir erfahren, dass es wichtig ist, wie wir leben.

Gott will, dass sein Volk gereinigt wird

Eine der Konstanten, die immer wieder im Alten Testament auftauchen, ist die, dass Gott Leiden und sogar Züchtigung benutzt, um sein Volk zu reinigen. Dies kommt im Bild des Schmelzofens zum Ausdruck, in dem die Schlacke entfernt wird, so dass nur noch das reine Edelmetall zurückbleibt. Zum Beispiel blickt der Psalmist auf die Wüstenwanderung und die schwere Zeit der Richter zurück und bestätigt: »Denn du hast uns geprüft, o Gott, und hast uns geläutert, wie man Silber läutert« (Ps 66,10 SCH). Sacharja sagt vorausschauend auf den Messias dasselbe. Gott spricht: »Und ich bringe den dritten Teil ins Feuer, läutere sie, wie man das Silber läutert, und prüfe sie, wie man das Gold prüft« (Sach 13,9).

Wenn wir anderen Christen dienen, die gerade leiden, tun wir ihnen keinen Gefallen, wenn wir ihnen einreden, Gott ginge es vorrangig darum, dass sie auf Erden Ruhe und Glück finden. Dem ist nicht so. Obwohl diese Welt es böse mit uns meint, hat Gott durch das Leiden, das wir erleben, Gutes mit uns vor. Ihm liegt nichts an der Schlacke unserer Sünde oder dem wertlosen Metall unserer eigenen Mühen. Nein, er begehrt das reine Gold unseres ungetrübten Glaubens an ihn. Er heiligt uns durch Leiden. Genauso wie Christus »an dem, was er litt, den Gehorsam lernte« (Hebr 5,8), so wie er auf Gott vertraute, als er in der Wüste versucht wurde, so lernen auch wir durch Leiden, allein auf Gott zu vertrauen. Gottes »Züchtigung ... bringt ... als Frucht denen, die dadurch geübt sind, Frieden und Gerechtigkeit« (Hebr 12,11 LUT).

Doch ist es nicht nur unsere Reinigung, worauf Gott aus ist. Er ist auch darin geduldig, seine Verheißung zu erfüllen, weil er will, dass wir unsere Hoffnung neu ausrichten.

Gott will, dass wir unsere Hoffnung neu ausrichten

Diese Welt liegt uns ständig mit einem Sirenengesang der Hoffnung in den Ohren, mit dem sie uns bedrängt, uns hier einzubringen, für das Diesseitige zu leben, irdische Schätze anzuhäufen und nach Menschenlob zu trachten. Es ist ein schöner Gesang; aber wie der Gesang, der einst Odysseus fesselte, führt er uns ins Verderben. Gott weiß das und will, dass wir es ebenfalls erkennen. Darum wird er uns nicht, kaum dass wir bekehrt sind, schnurstracks in den Himmel entrücken. Er lässt uns hier – damit wir lernen, dass diese Welt nicht unsere Heimat ist, und damit unsere Sehnsucht »nach einem besseren Vaterland, nämlich dem himmlischen«, zunimmt (Hebr 11,16). Er will, dass wir all der Lügen, Vorwände und gebrochenen Versprechen überdrüssig werden, die diese Welt bietet, und stattdessen wie Abraham hier als Fremde leben, während wir »auf die Stadt warten, die einen festen Grund hat, deren Baumeister und Schöpfer Gott ist« (Hebr 11,10 LUT).

Gott will, dass sein Volk bis ans Ende ausharrt

Gottes Verheißung bedeutet, dass es wichtig ist, wie wir leben. Jesus sagt, dass seine Schafe auf ihn hören und ihm nachfolgen. D. h. dass eben dies das Wesen eines Christen ausmacht, dass er Buße tut und Christus nachfolgt. Wahre Christen können durchaus in ernste, schwere Sünde fallen. Wahre Christen können durchaus den Heiligen Geist betrüben, ihr Gewissen verletzen und sogar Gottes Gnade überhaupt nicht mehr erfahren. Und das ist ein schrecklicher wie auch gefährlicher Zustand – ohne Heilsgewissheit. Dennoch – dank der Gnade Gottes – werden wahre Christen nicht gänzlich oder endgültig in Sünde fallen. Immerhin sind wahre Christen Menschen, die durch Gottes Gnade und dank seiner unverbrüchlichen Verheißung Buße tun und Christus nachfolgen. Jesus sagt uns: »Wer aber ausharrt bis ans Ende, der wird errettet werden« (Mt 10,22).

Das Markenzeichen eines Christen ist nicht, dass er sündlos ist, sondern dass er bis ans Ende ausharrt. Wir dürfen darum unsere Gemeindeglieder nicht lehren, ihre Zuversicht auf irgendeine Entscheidung zu setzen, die sie gestern oder vor zehn Jahren getroffen haben. Vielmehr müssen wie sie dasselbe lehren wie Paulus die Korinther: »Erforscht euch selbst, ob ihr im Glauben steht; prüft euch selbst!« (2Kor 13,5 LUT).

Sollen all diese Worte über Ausharren heißen, dass beim christlichen Glauben alles von unserem Bemühen abhängt? Nein, es hängt alles von Gott ab. Doch Gott hat bestimmt, unser Bemühen zu benutzen, damit wir unsere Hoffnung neu ausrichten und in der Heiligung wachsen: »... bewirkt euer Heil mit Furcht und Zittern! Denn Gott ist es, der in euch wirkt, sowohl das Wollen als auch das Wirken zu seinem Wohlgefallen« (Phil 2,12-13).

Gott will, dass wir Werke tun

Was ist Heiligung? Es ist mehr als einfach nur von Sünde abgesondert zu sein. Es bedeutet abgesondert zu sein, um Gott zu verherrlichen, zu lieben und für ihn zu wirken. Mit den folgenden Worten rückt Paulus unser Leben in das Licht der Geschichte der Verheißung Gottes:

> Der Herr aber ist der Geist, und wo der Geist des Herrn wirkt, da ist Freiheit. Wir alle spiegeln mit enthülltem Angesicht die Herrlichkeit des Herrn wider und werden so in sein eigenes Bild verwandelt, von Herrlichkeit zu Herrlichkeit, durch den Geist des Herrn. (2Kor 3,17-18 EIN)

Worin besteht diese Freiheit, die uns gegeben wurde? Es ist nicht die Freiheit zu leben, wie es uns beliebt, sondern die Freiheit, Gott durch einen Lebenswandel zu verherrlichen, der seine Herrlichkeit widerspiegelt. Uns wurde ein Werk gegeben, das wir tun sollen (Mt

9,38). Uns wurde ein Marschbefehl erteilt (Mt 28,18-20). Uns wurde eine Botschaft anvertraut (2Kor 5,14-21). Und infolge dessen erkennen wir, warum Gott die Erfüllung seiner Verheißung hinauszögert:

> Als Mitarbeiter aber ermahnen wir euch, dass ihr die Gnade Gottes nicht vergeblich empfangt. Denn er spricht: »Ich habe dich zur Zeit der Gnade erhört und habe dir am Tage des Heils geholfen.« Siehe, jetzt ist die Zeit der Gnade, siehe, jetzt ist der Tag des Heils! (2Kor 6,1-2 LUT)

Fazit: Das Ende der Verzögerung

Gott hat seine Verheißungen in Jesus Christus erfüllt. Aber es gibt noch eine einzige Verheißung, auf deren Erfüllung wir immer noch warten. Es ist der Tag, den wir immer noch ersehnen – der Tag, an dem Christus wiederkommt und wir die volle Erlösung empfangen: nicht nur der Seele, sondern auch des Leibes. Obwohl Gott diese Verzögerung zu unserem Besten benutzt, sehnen wir uns doch danach, dass sie endet. Dass Gott sein Volk völlig und endgültig erlöst, heißt nämlich, dass er uns nicht nur von Schuld und Verdammnis wegen der Sünde erlöst, sondern auch von diesem dem Tode verfallenen Leib.

Christus kommt wieder. Und an diesem Tag wird Gottes Posaune erschallen, die Toten werden in Unvergänglichkeit auferweckt, und wir werden verwandelt. Die Schlacke wird hinweggetan sein. Die Sünde wird hinweggetan sein. Heiligung und Leiden werden der Herrlichkeit und Freude Platz machen. An diesem Tag werden wir sein wie er; denn wir werden ihn sehen, wie er ist. Paulus verkündet dies mit einem Jubelruf: »Gott aber sei Dank, der uns den Sieg gibt durch unseren Herrn Jesus Christus!« (1Kor 15,57).

Darum, o Christ: Sei standhaft! Harre aus! Dein Glaube und deine Mühen sind nicht vergebens. Christus hat sein Versprechen gehalten; er hat dich von der Sünde und der Macht Satans erlöst. Und er hat versprochen, dich niemals zu verlassen, und zwar so lange nicht, wie die Welt besteht. Dieses Versprechen wird er gewiss halten. »Der auch seinen eigenen Sohn nicht verschont hat, sondern hat ihn für uns alle dahingegeben – wie sollte er uns mit ihm nicht alles schenken?« (Röm 8,32 LUT). Es gibt niemanden, der Besseres versprechen könnte; es gibt niemanden sonst, der hält, was er verspricht.

TEIL 3

Die Anwendung für die Gemeinde

KAPITEL ELF

Predigen und Lehren (Fallbeispiele)

Wir haben uns in den letzten zehn Kapiteln damit befasst, wie wir eine Biblische Theologie aufbauen (die ganze Geschichte der ganzen Bibel) und dann, wie wir aus dieser Geschichte Lehren ziehen (eine Theologie, die biblisch ist). Nachdem wir aber nun eine Biblische Theologie aufgebaut haben, was sollen wir damit anfangen? Soll sie nun im Buchregal landen, damit wir sie erst dann wieder dort herausziehen, wenn wir uns in die Nähe einer Universität begeben, oder soll sie dort verstauben, bis wir sie für eine Diskussion brauchen? Ich hoffe doch wohl nicht!

Einleitung: Was also hat Biblische Theologie mit der Gemeinde zu tun?

Wie jeder Arbeiter weiß, gibt es einige Werkzeuge, die ihren festen Platz an der Werkbank haben, und andere, die man am Arbeitsgürtel trägt. Die teuren Spezialwerkzeuge haben ihren festen Platz an der Werkbank. Sie sind wichtig, aber man benutzt sie nicht jeden Tag. Die Werkzeuge wiederum, die man am Gürtel trägt, sind nicht ganz so teuer oder imposant. Aber man benutzt sie bei fast jeder Arbeit. Biblische Theologie ist wie ein Werkzeug am Arbeitsgürtel. Sie ist eines der praktischsten Werkzeuge, die ein Prediger besitzen kann. In diesem und dem nächsten Kapitel möchte ich, dass wir gemeinsam darüber nachdenken, wie wir unsere Biblische Theologie in der örtlichen Gemeinde wirksam umsetzen können.

In Kapitel 12 werden wir darüber nachdenken, wie wir unsere Biblische Theologie auf alles anwenden können – von Seelsorge bis zur Weltmission und auf alles Mögliche dazwischen. Zuerst aber wollen wir darüber nachdenken, was der Hauptnutzen dessen ist, Biblische Theologie in der Gemeinde anzuwenden, und das betrifft unsere Predigt und Lehre. Hierzu werden wir eine Reihe von Fallbeispielen aus verschiedenen Teilen und Literaturgattungen der Schrift durchgehen. Zuvor jedoch will ich zusammenfassen, was wir bisher behandelt haben, und dann näher betrachten, worauf es ankommt: die praktische Anwendung.

Ein kurzer Rückblick auf das bisher Gelernte

In den vorherigen fünf Kapiteln habe ich die ganze Geschichte der ganzen Bibel erzählt. Dabei habe ich jedes Mal ein anderes Thema aufgegriffen und die Geschichte aus diesem Blickwinkel rekapituliert. Wir haben die Themen Schöpfung, Sündenfall, Liebe, Sündopfer und Verheißung behandelt. Dies sind nicht die einzigen Themen, die ich hätte benutzen können. Zum Beispiel hätte ich die Geschichte der Bibel anhand des Themas »Sohn/Same« nacherzählen können: Dazu hätte ich 1. Mose 3,15 mit Abraham, der Geburt Moses, David und schließlich mit Christus verknüpft, dem wahren Samen und göttlichen Sohn, durch den Gott auch uns als seine Kinder angenommen hat. Auf diese Weise erzählt Paulus die Geschichte in hochkomprimierter Form in Galater 3 und 4.

Ebenso gibt es noch viele weitere Themen. Die ganze Geschichte der ganzen Bibel kann man anhand von Themen wie des Priestertums, des Königs, der Braut, des Gartens oder des Tempels nacherzählen, um nur einige zu nennen. Es gibt zahlreiche Themen, zahlreiche Erzählstränge, die sich durch das biblische Gesamtbild ziehen; sie alle ermöglichen uns, die ganze Geschichte zu erzählen. Ich habe die oben genannten fünf Themen gewählt, weil sie alle zusammen ermöglichen, die Lehre der Errettung aus einer Reihe verschiedener Perspektiven zu betrachten.

Nachdem ich die Geschichte erzählt und auf die Struktur und Muster in der Geschichte hingewiesen habe, habe ich auch versucht, die Geschichte auf unser Alltagsleben anzuwenden. Mit Hilfe der Systematischen Theologie habe ich folgende Fragen gestellt: 1. Was lehrt uns diese Geschichte über Gott, über uns und über die Gemeinde? 2. Welchen Bezug hat sie auf unser Leben heute? Die Antworten fanden sich dort, wo die biblische Geschichte unsere heutige Geschichte berührt und sich mit ihr überschneidet. Oder noch besser: Die Antworten zeigten uns, auf welch vielfältige Weise unsere

Geschichte bereits mit der biblischen Geschichte verwoben ist und durch diese gedeutet wird. Die biblische Geschichte ist eine allumfassende Weltsicht, welche die abgöttischen Weltanschauungen von heute infrage stellt.

Jedes Mal, wenn ich die ganze Geschichte erzählt habe, gab es dabei zwei Schritte: 1. Biblische Theologie – die ganze Geschichte richtig verstehen, und 2. Systematische Theologie – diese Geschichte auf unser Alltagsleben anwenden. Tatsächlich gab es dabei immer einen weiteren Schritt, der diesen zwei vorausging, den ich aber nicht erwähnte. Ich nannte einfach das Thema, dem ich die Bibel hindurch nachspüren wollte, und setzte dabei stillschweigend voraus, Sie könnten mir vertrauen, dass ich das Thema schon richtig verstanden habe. Wie aber bin ich vorher überhaupt auf das Thema gekommen? Wie kam ich auf die weiteren erwähnten Themen? Ist das wirklich nicht mehr als nur eine ausgeklügeltere Art von Themenpredigt? Und was um alles in der Welt ist nun mit dem Grundsatz, dass beim Predigen die Auslegung einer Schriftstelle den höchsten Vorrang haben soll? (Womit wir wieder dort wären, wo dieses Buch begann.)

Wie kommen wir vom Bibeltext zur Biblischen Theologie?

Wie wir schon oben in Kapitel 1 feststellten, beginnt sachgerechte Biblische Theologie nicht mit einem Thema oder einer übergeordneten Haupthandlung, sondern mit einem Bibeltext. Höchstwahrscheinlich ist genau dies der Punkt, an dem Sie bei Ihrem persönlichen Bibelstudium beginnen und wo ich jede Woche anfange, eine Predigt oder Bibelarbeit vorzubereiten. Sie fangen bei einem Text an und fragen sich: Was ist die Kernaussage? Während Sie versuchen, die ursprüngliche Absicht des Autors zu erfassen, widmen Sie der Grammatik, Syntax, Literaturgattung und dem historischen Hintergrund besondere Aufmerksamkeit.

Ich hoffe aber, dass Sie nun verstehen: Die Frage nach der Kernaussage ist bedeutender als es zunächst erscheint. Wenn wir die Mittel der Exegese anwenden, suchen wir nach dieser Kernaussage im näheren oder weiteren Kontext des jeweiligen biblischen Buches. Wenn wir die Mittel der Biblischen Theologie anwenden, dann überlegen wir: Wo findet sich diese Aussage im Text? Wo in der Heilsgeschichte befinden wir uns hier? In welcher Epoche des Heilswerkes Gottes handelt der Text? Liegt hier etwas vor, das im Vergleich zum vorher Geschehenen neu oder von diesem gänzlich verschieden ist? Hat eine Verheißung sich auf einer bestimmten Ebene erfüllt? Hat sich ein Typos herauskristallisiert oder wurde er noch deutlicher identifiziert?

Dann fragen wir uns, indem wir eben diese Mittel der Biblischen Theologie anwenden: Worum geht es in diesem Text im Licht des Gesamtkanons, d. h. im Licht des Heilswerks Christi am Kreuz und seiner verheißenen Wiederkehr? Erkennen wir die endgültige Erfüllung einer Verheißung oder eines Typos? Fängt hier eine Diskontinuität an, die eine Veränderung, eine Entwicklung oder Ausdehnung einer früheren Verheißung markiert? Oder in wiefern wird eine Kontinuität fortgeführt?

An genau dieser Stelle werden biblisch-theologische Themen äußerst relevant, etwa wenn wir fragen: Wie bezieht sich das jeweilige Ereignis oder die betreffende Lehre auf die endgültige Offenbarung Jesu Christi, auf sein Heilswerk und sein verheißenes Reich? Wenn wir erst einmal die Schlüsselthemen oder Handlungsstränge identifiziert haben, die einen bestimmten Text betreffen, und wenn uns erst einmal klar geworden ist, wo unser Text heilsgeschichtlich steht, dann sind wir in der Lage, dessen Thema die ganze Bibel hindurch zu verfolgen. Dies führt dazu, dass wir nun über unseren Text als das lehren oder predigen können, was er wirklich ist: keine einzelne Perle an einer Kette, ohne jede Beziehung zum Rest, sondern als Ausschnitt eines Wandteppichs, der unauflösbar und organisch mit dem Ganzen verbunden ist.

Nachdem wir unseren Text in seinen heilsgeschichtlichen Kontext eingeordnet und ihn in diesem Rahmen erklärt haben, stellen wir abschließend die Frage: »Worauf kommt es bei diesem Text für Christen und die Gemeinde heute an?« Wir beantworten diese Frage, indem wir die Mittel der Systematischen Theologie benutzen und den Text nicht nur individuell auf unser Alltagsleben anwenden, sondern auch auf unsere Existenz als Gemeinschaft, als örtliche Gemeinde. Mehr noch: Da die Systematische Theologie uns ermöglicht, eine biblische Weltsicht zu entwerfen, sind wir in der Lage, unseren Text auch auf Nichtchristen anzuwenden, auf gesellschaftliche und politische Themen und auf apologetische Fragen, die von konkurrierenden Weltanschauungen aufgeworfen werden. So gelangen wir vom biblischen Text zur biblischen Rahmenhandlung bis hin zum biblisch-christlichen Lebensstil.

Nun möchte ich, dass Sie diesen Prozess anhand von vier anderen Beispielen aus der Schrift durchgehen. Wenn Sie möchten, können Sie sich die folgenden Fallstudien einfach durchlesen. Oder, wenn Sie noch mehr von dieser Übung profitieren möchten, dann nehmen Sie sich jetzt einen Moment Zeit und denken Sie über jeden der folgenden Texte selbst nach und lesen Sie anschließend die Fallstudien:

1. Die levitischen Speise- und Reinheitsgesetze aus 3. Mose 11
2. Das Buch Josua
3. Psalm 1 und 2
4. Markus 1,14-15

Nehmen Sie ein Blatt Papier und schreiben Sie auf, was Ihrer Meinung nach die Hauptaussage jedes Textes ist und wie Sie im Licht des gesamtbiblischen Kanons darüber lehren oder predigen würden. Wie würden Sie an diese Texte herangehen, um der Biblischen Theologie gerecht zu werden, wie wir es vorhin besprochen haben? Was würden Sie betonen? Was würden Sie vermeiden? Wie würden Sie die Lehre der Hauptaussage verdeutlichen, und wie würden Sie diese Lehre auf Ihre Gemeinde heute anwenden?

Bevor wir uns an die erste Fallstudie begeben, lassen Sie mich ein paar allerseits bekannte Schritte aufzeigen. Zuerst: Beginnen Sie immer mit Gebet. Im Alten Testament erfahren wir, dass es der Geist Gottes ist, der dem Arbeiter Geschick gibt. Vermutlich kannten Bezalel und Oholiab bereits die grundlegenden Techniken ihres Handwerks. Als sie aber begannen, die Stiftshütte zu erbauen, erfüllte der Geist Gottes sie mit »mit Weisheit, Verstand und Können« (2Mo 31,2f). Wenn das Wirken des Heiligen Geistes schon nötig war, um etwas zu schaffen, das der Hebräerbrief ein bloßes »Abbild« des Himmlischen nennt, wie viel mehr sollte Gebet dann unserem Umgang mit den wahrhaftigen Worten Gottes vorangehen, wenn wir von Gott Weisheit und Geschick erbitten, was wir brauchen, um seine Herde treu zu weiden!

Zweitens: Nehmen Sie sich die nötige Zeit, um den Text zu untersuchen und Fragen dazu zu stellen, um den Abschnitt akkurat auszulegen und dadurch zu verstehen, was die ursprüngliche Intention des

Verfassers im unmittelbaren Kontext ist (siehe Kapitel 1). Besonders bei bekannten Stellen sind wir leicht versucht, vorschnell Anwendungen zu ziehen, weil wir annehmen, wir hätten die Bedeutung bereits erfasst. Doch Gottes Wort ist von unermesslichem Reichtum und unergründlichem Tiefsinn. Selbst bekannte Stellen verlangen gründliche Aufmerksamkeit, um neue exegetische Erkenntnisse gewinnen zu können.

Drittens: Stellen Sie sicher, die heilsgeschichtliche Stellung des jeweiligen Textes korrekt identifiziert zu haben. Machen Sie sich außerdem Notizen, ob sie sich direkt oder indirekt auf andere Epochen als die eigene bezieht (siehe Kapitel 2). Es wird schwierig sein, den jeweiligen Text in Beziehung zur gesamtbiblischen Geschichte zu setzen und praktisch unmöglich, ihn korrekt anzuwenden, wenn Sie nicht erkennen, wo Ihr Text in der fortschreitenden Heilsgeschichte steht (und wo Sie in Relation dazu stehen).

Wenn wir also Gebet, richtige und sorgfältige Exegese sowie eine akkurate heilsgeschichtliche Einordnung der Texte voraussetzen können, dann wollen wir darüber nachdenken, wie wir sie verstehen (Biblische Theologie) und anwenden (Systematische Theologie) sollen.

Das Anwendungsraster

Bevor wir zu den Fallstudien kommen, möchte ich Ihnen einige praktische Mittel vorstellen, die Ihnen vielleicht dabei helfen können, durchdachter und überlegter bei der Anwendung vorzugehen. Es gibt zweifellos eine ganze Reihe guter Methoden, um die Anwendung zu durchdenken. Einen Ansatz, den viele der Pastoren in meiner Gemeinde hilfreich finden, nennt man das »Predigt-Anwendungsraster« (siehe Abbildung 11.1). Einige unserer Prediger füllen die Tabelle handschriftlich aus; andere merken sich die Kategorien nur, während sie ihre Predigt schreiben. So oder so: Jedes Mal, wenn wir die Bibel verkündigen oder lehren, hilft uns dieses Raster, die Mittel der Biblischen und der Systematischen Theologie anzuwenden.

Die Tabelle ist sehr einfach. Auf der senkrechten Achse der Tabelle werden die Einzelpunkte der Predigt oder Lektion aufgezählt. Diese ergeben sich aus unserer Exegese, wenn wir die Predigtgliederung aus der exegetischen Textgliederung ableiten. Dann werden auf der waagerechten Achse der Tabelle verschiedene Kategorien aufgezählt, die hilfreich sind, um Anwendungen zu überlegen.

Abbildung 11.1: Predigt-Anwendungsraster

Text:

Hauptaussage der Stelle:

Kategorien / Gliederung	Epoche / Heils-geschichte	Nichtchrist	Gesellschaft	Jesus Christus	Der einzel-ne Christ	Christliche Gemeinde
Punkt 1						
Punkt 2						
Punkt 3						

- Wo steht diese Stelle in der Heilsgeschichte und in welcher Beziehung steht sie zu uns?
- Was bedeutet dieser Punkt für einen Nichtchristen?
- Was bedeutet dieser Punkt für uns als Bürger, Arbeitnehmer usw.?
- Was lehrt uns dieser Punkt über Christus?
- Was bedeutet dieser Punkt für uns als einzelne Christen?
- Was bedeutet dieser Punkt für unsere Gemeinde als Ganze?

Dies sind natürlich nicht die einzigen Kategorien, die man aufzählen kann, aber zumindest die wichtigsten. Für jeden Predigtpunkt (senkrechte Achse der Tabelle) überlege ich, wie die Antwort auf jede dieser Kategorien lautet (waagerechte Achse der Tabelle). Wenn meine Predigt drei Punkte hat, dann habe ich, nachdem ich die Tabelle mit den Mitteln Biblischer und Systematischer Theologie durchgearbeitet habe, mindestens achtzehn mögliche konkrete Anwendungen. Mehr noch: Ich habe dem Text nichts übergestülpt. Vielmehr ergibt sich die Anwendung direkt aus meiner exegetischen Textgliederung und ist tatsächlich mit ihr verbunden.

Ich will hier nicht behaupten, dass Sie unbedingt eine solche Tabelle benutzen müssen. Sie hilft uns aber, dass wir in solchen Kategorien zu denken beginnen, so dass wir die Mittel biblischer Theologie praktisch anwenden. Wenn Sie gerne solche Tabellen verwenden, dann werden Sie das tun, *nachdem* Sie eine Predigtgliederung ausgearbeitet haben, aber *bevor* Sie die Predigt schriftlich ausformulieren.

Nun benutze ich selbst in stundenlangen Predigten niemals alle Anwendungspunkte, die ich in der Tabelle ausgearbeitet habe. Wenn ich aber jede Kategorie durchdacht habe, ist es weit unwahrscheinlicher, dass ich mich wiederhole oder auf meinen Lieblingsthemen herumreite. Viel wahrscheinlicher werde ich bei der Anwendung des Textes weit über den sehr engen Rahmen hinausgehen, innerhalb dessen die meisten Bibellehrer gewöhnlich operieren: die ethische Anwendung auf den Alltag des einzelnen Christen und der evangelistische Appell an den Nichtchristen. Viel wahrscheinlicher werde ich den Text auf das Gemeinschaftsleben unserer Gemeinde als Ganze anwenden und betrachten, welche weltanschauliche Tragweite er für Nichtchristen hat. Am wichtigsten ist, dass diese Tabelle mich daran erinnert, dass eine der bedeutendsten »Anwendungen« nicht mich oder uns alle betrifft, sondern schlicht das, was der Text über den Vater, den Sohn und den Heiligen Geist lehrt und wie die Dreieinigkeit zusammenwirkt, um unser Heil zu ihrer ewigen Herrlichkeit zu planen, zu wirken und anzuwenden.

Einordnung aus Sicht eines Hirten

Wir wollen aber nicht nur die Kategorien unserer Anwendung sorgfältig wählen, sondern uns auch Gedanken über unsere Zuhörer machen. Darum nachfolgend eine einfache Einordnung der »Schafe« (und »Böcke«!), d. h. derer, die jede Woche hören, was Sie predigen und lehren. William Perkins, ein englischer Puritaner des 16. Jahrhunderts, entwarf in *The Art of Prophesying* ein Sieben-Punkte-Schema.[96] Was hier folgt, ist nicht annähernd so komplex. Ich nehme gewissermaßen die Einzelkategorien »Christ« und »Nichtchrist« aus der Tabelle und untersuche sie etwas näher.

Zuerst einmal lässt sich jeder Ihrer Zuhörer in eines der folgenden drei Paare einordnen:

- *Christ oder Nichtchrist:* Ich will beide in jeder Predigt ansprechen.
- *Selbstgefällig oder besorgt:* Der Selbstgefällige braucht mehr Warnungen als Verheißungen, weil Gottes Verheißungen ihm nicht viel bedeuten. Wie der reiche Jüngling (Matthäus 19) ist er mit dem Irdischen zufrieden. Der Besorgte braucht Verheißungen, weil er bereits spürt, was ihm fehlt; auch braucht er Hoffnung: »Herr, hilf mir, dass ich sehen kann; ich glaube; hilf meinem Unglauben!« (vgl. Mk 9,24). Ich will weder die Furchtsamen entmutigen noch die Hochmütigen zur Selbstzufriedenheit verleiten.
- *Gesetzlich oder liederlich:* Der Gesetzliche wird eifrig auf alles achten, was Sie über Gesetze und Regeln sagen, die Verheißungen des Evangeliums aber oft überhören. Der Liederliche wird gerne die Gnadenverheißungen des Evangeliums hören, aber nicht zu schätzen wissen, was Sie über Buße lehren und darüber, dass Christus der Herr ist. Ich denke, jeder neigt entweder in die eine oder die andere Richtung. Ich muss den Text auf beide anwenden.

---

96 William Perkins, *The Art of Prophesying* (London, 1606; Neudruck Edinburgh: Banner of Truth, 1996), S. 54-63. Auf Deutsch erschienen unter dem Titel: *Die Fähigkeit des prophetischen Redens*, Waldems: 3L Verlag 2011.

Zweitens müssen Sie davon ausgehen, dass Folgendes auf jeden Hörer zutrifft:

- *Götzendienst:* Jeder hat auf die eine oder andere Weise mit Götzendienst zu kämpfen. Johannes Calvin drückte es einmal so aus, dass »der Menschengeist zu allen Zeiten sozusagen eine Werkstatt von Götzenbildern gewesen ist.«[97] Versuchen Sie darum, einige der Götzen ausdrücklich beim Namen zu nennen, die Ihr Predigttext anspricht und die sich in unserer Kultur Ausdruck verschaffen: Macht, Vergnügen, Hochmut, Sicherheit, Wohlstand usw.
- *Selbstrechtfertigung:* Seit dem Garten Eden versuchen wir, unseren Götzendienst zu rechtfertigen, unsere Sünden zu entschuldigen und uns vor Gott zu empfehlen. Dies wird in unserem Verlangen nach Anerkennung durch diese Welt deutlich. Wir müssen aber verstehen, dass das Verlangen nach Menschenlob schlicht uns allen angeboren ist. Obwohl wir geschaffen wurden, damit wir *Gott* loben, sehnen wir uns in unserem Herzen danach, dass Gott *uns* für unsere Verdienste lobt.
- *Liebe zur Welt* (1Jo 2,15-17): Liebe zur Welt äußert sich auf verschiedenste Weise: Sex, Geld, Macht, Besitz, Unterhaltung, Schönheit usw. Diese Aufzählung kann man endlos fortführen, aber hinter allen Varianten steht letztlich immer wieder dasselbe: die Anbetung des Geschöpfs statt des Schöpfers (Röm 1,25).

Drittens gibt es verschiedene Kategorien verirrter Schafe, die das Wort brauchen (1Thes 5,12-14):

- *Die Unordentlichen:* Hierbei handelt es sich um faule oder dickköpfige und impulsive Schafe; sie weisen jede Maßregelung zurück und beharren darauf, so zu leben, wie es ihnen gefällt. Paulus sagt, dass diese Geschwister gewarnt werden müssen. Dazu gehört durchaus auch, in der Predigt die direkte Anrede »du« zu benutzen statt ein sanftes, zahnloses »man«.
- *Die Kleinmütigen:* Diese Schafe sind dem Wort nicht deshalb ungehorsam, weil sie es schnurstracks verwerfen würden; vielmehr

---

97 Johannes Calvin, *Unterricht in der christlichen Religion / Institutio*, I.xi.8.

fürchten sie die Konsequenzen (vielleicht auch die Verantwortung), die mit dem Glaubensgehorsam einhergehen. Diese Schafe müssen durch die Verheißungen des Evangeliums und dadurch getröstet werden, wie wertvoll unser Erbe in Christus ist.
- *Die Schwachen:* In gewisser Hinsicht sind wir zwar alle schwach, aber hier hat Paulus wohl diejenigen im Sinn, deren Kleinglaube und mangelnder Gehorsam von geistlicher Schwäche rühren, die das Ergebnis armseliger Lehre ist. Eine fleischlose Milch-Diät wird einen Gläubigen zwar am Leben erhalten, aber nicht stark und reif werden lassen. Paulus sagt: Diese Gläubigen brauchen Hilfe; und wir helfen ihnen am besten durch gesunde Lehre.

Zuletzt: Achten Sie darauf, wie es Ihren Zuhörern gesundheitlich wie auch geistlich geht. Wie spricht der Text folgende Gruppen besonders und vielleicht auch individuell an?

- Männer und Frauen
- Ledige, Verheiratete und Verwitwete
- Senioren, »Mittelalte« und Kinder
- Erwerbstätige, Arbeitslose und Ruheständler
- Arme und Reiche
- Gebildete und Un(ter)gebildete
- Arbeitgeber und Arbeitnehmer

Wie wenden wir diese Klassifizierungen praktisch an? Vielleicht lässt sich diese Frage am besten durch ein Beispiel beantworten. Wenn ich über Römer 4,13-17 predige, wird einer meiner exegetischen und theologischen Hauptpunkte besagen, dass wir nicht durch Werke gerechtfertigt werden, sondern durch den Glauben. Wenn ich dies praktisch anwenden will, werde ich gründlich darüber nachdenken, in welchen verschiedenen Lebenssituationen die Gottesdienstbesucher versucht sein könnten, sich selbst zu rechtfertigen. Wenn ich über die amerikanische Kultur nachdenke, wird mir auffallen, dass Männer sich durch ihre Arbeit rechtfertigen wollen, während Frauen dies durch zwischenmenschliche Beziehungen versuchen. Männer *neigen* dazu, Arbeit zu vergötzen. Frauen *neigen* dazu, Beziehungen zu vergötzen. Natürlich gibt es Ausnahmen von diesen Verallgemeinerungen. Darum muss ich diese Neigungen nicht einmal als typisch männlich oder typisch weiblich bezeichnen. Aber ich muss beide Arten von Menschen ansprechen. Ich will ihren Götzendienst im Licht der Schrift bloßstellen und ihnen die weit besseren Verheißungen Gottes im Evangelium aufzeigen. Das »Erfolgsgesetz« des Mannes und das »Beziehungsgesetz« der Frau rechtfertigen uns ebenso wenig wie das alttestamentliche Gesetz Gottes! Das tut allein der Glaube an Christus.

Was ich nicht mache: einfach ihre Wünsche direkt ansprechen – ein erfülltes Leben, Glück, Hoffnung – und ihnen dann anbieten, dies in Jesus zu finden. Eine Versammlung einfach nur aufzufordern, Jesus anzunehmen, setzt voraus, dass ihre Wünsche schon in Ordnung sind und dass sie bereits das Richtige wünschen. Wenn wir aber an die biblische Lehre der Sünde glauben, können wir das nicht voraussetzen. Wollen Nichtchristen ein sinnvolles Leben haben? Natürlich! Das Problem dabei ist aber, dass sie als Gottlose im Mittelpunkt des Lebenssinns stehen wollen. Sie wären nicht glücklich damit, wenn Gott oder Jesus die Hauptrolle in ihrem selbstzentrierten Leben auch nur vorübergehend einnähme.

All dies führt uns zu dem Schluss, dass bei unserer Anwendung das Evangelium im Mittelpunkt stehen und die treibende Kraft sein muss. Ein religiöser Jude oder Moslem kann über das achte Gebot predigen und es so auslegen, dass wir nicht stehlen sollen, dass wir glücklichere, ausgeglichenere Menschen sind, wenn wir nicht stehlen, und dass einem ehrbaren Beruf nachzugehen unserem Leben Sinn und Bedeutung verleiht. Doch ist das eine christliche Predigt? Nein!

Eine christliche Predigt über das achte Gebot wird zeigen, dass wir alle Diebe sind, ob wir nun jemals eine Bank ausgeraubt haben oder nicht. Wir stehlen unseren Arbeitgebern und anderen das, was wir ihnen zu Recht schulden. Den größten Diebstahl von allen aber begehen wir gegenüber Gott: Wir rauben ihm die Ehre, indem wir sie für uns selbst beanspruchen. Und so trifft uns alle Gottes Verdammungsurteil, Diebe und Räuber zu sein – sowohl im buchstäblichen wie auch im geistlichen Sinn. Eine christliche Predigt fährt dann fort dem Gläubigen zu erklären, dass Jesus Christus ihn vom Tod zum Leben geführt und ihm ein Erbe im Himmel gegeben hat. Darum haben wir in Christus alles, was wir brauchen. Es gibt keinen Grund, in alte Verhaltensweisen wie Stehlen zurückzufallen, durch die man geistlich gesehen nur sich selbst schadet und sich dadurch vor Gott Tod und Verdammnis zuzieht.

Vier Fallbeispiele

Wie funktionieren die Anwendungstabelle und die Einordnung aus der Sicht des Gemeindehirten, wenn wir die vier Texte verstehen und anwenden wollen, die eingangs in diesem Kapitel erwähnt wurden? Nehmen wir sie der Reihe nach durch. Das Folgende ist als Anregung und methodische Skizze gedacht, nicht als erschöpfende und endgültige Antwort. Dennoch hoffe ich, es hilft Ihnen darüber nachzudenken, wie Sie die Mittel der Biblischen und der Systematischen Theologie neu und ertragreicher nutzen können, wenn Sie die Schrift lehren oder daraus predigen.

Die levitischen Speise- und Reinheitsgesetze

Die Kernaussage
Zuerst: Worum geht es bei diesen Gesetzen in ihrem ursprünglichen Kontext? 3. Mose 11,44-45 fasst dies zusammen. Das Volk soll sich Gott weihen. Weil er heilig ist, sollen sie heilig sein und sich für ihn absondern, d. h. getrennt von den umliegenden Völkern leben. Gottes Volk soll als Gottes Volk erkennbar sein und sich von seiner Umgebung abheben. Eine Frage, die wir im Hinterkopf behalten wollen, lautet: Liegt hier beim Übergang zum Neuen Testament Kontinuität oder Diskontinuität vor, und inwiefern?

Die biblische Gesamthandlung
Wie ist dieser Text in die Heilsgeschichte oder den biblischen Gesamtrahmen einzuordnen? Es ist wichtig, nach 2. Mose 19 zurückzublicken, wo Gott verheißt, dieses Volk zu einer »heiligen Nation« zu machen, zu einer abgesonderten Nation. Diese Gesetze sind somit der Beginn dessen, dass Gott diese Verheißung erfüllt. Aber heißt das, dass Christen sich koscher ernähren müssen? Die Antwort lautet »Nein«, und viele neutestamentliche Texte sind hierfür von großer Bedeutung, da sie uns erklären, warum. Einer davon ist Markus 7,15. Jesus kommentiert dort genau diese Gesetze folgendermaßen: »Nichts, was von außen in den Menschen hineinkommt, kann ihn

unrein machen, sondern was aus dem Menschen herauskommt, das macht ihn unrein.« Weder ist Gott im Neuen Testament nicht mehr heilig, noch soll das Volk Gottes sich nicht mehr erkennbar heilig wandeln. Vielmehr sind die Heiligkeitsgesetze mehr innerliche als äußerliche Angelegenheit geworden, eine Frage des Herzens statt bloßer Rituale und des Einhaltens von Gesetzen. Okay; welche Punkte müssen wir uns also merken, in denen eine *Diskontinuität* vorliegt? Diese Gesetze gelten der Gemeinde heute nicht mehr direkt, weil Gottes Heiligkeitsgesetze eine mehr innerliche als äußerliche Angelegenheit geworden sind. Die folgenden Kategorien hingegen, so könnte man sagen, stellen diejenigen Aspekte dar, in denen Kontinuität besteht.

Die weltanschauliche Bedeutung (für Nichtchristen)

Was bedeutet dies für Nichtchristen und die heute vorherrschenden Weltanschauungen? Zumindest zeigen diese Gesetze, da sie sehr spezifisch sind, dass Gott nicht ein einziger Aspekt ihres Lebenswandels egal wäre: mit wem sie schlafen, wie sie ihren Ehepartner und ihre Kinder behandeln, was die Beweggründe ihres Herzens sind, was sie mit ihrem Geld tun. Wir sind nicht so autonom, wie wir meinen. Auch führt Gottes Heiligkeit zur Verdammnis all dessen, was nicht heilig ist. Als nur ein Ausdruck des gesamten Gesetzes Gottes überführen uns die Speisegesetze davon, dass wir unheilig sind und dass Gottes Urteil und Zorn über uns gerechtfertigt sind.

Die gesellschaftliche Bedeutung

Was bedeutet dies für unsere Gesellschaft? Eine Anwendung kann lauten, was dies für uns *nicht* bedeutet (ein weiterer Punkt, an dem Diskontinuität vorliegt). Gott hat etwas Einzigartiges an Israel als politischer Nation getan: Er sonderte eine Ethnie als sein in der Welt sichtbares Volk ab. Welches eschatologische Verständnis Sie auch über das Verhältnis zwischen Israel und der Gemeinde haben mögen, zumindest so viel ist klar: Amerika ist *nicht* das neue Israel. Deshalb haben wir kein Mandat, alttestamentliche Gesetze einzuführen. Allerdings spiegelt Gottes Gesetz, ja spiegeln selbst die Speisegesetze, seinen Charakter wider; darum kann es selbst darin Prinzipien geben, die zum Nutzen für die Nation wären. Gott schaut immer noch darauf, wie die Menschen aus jeder Nation wandeln. Letztlich erinnert uns das Gesetz nicht nur an seinen Nutzen, sondern auch an seine Grenzen. Das Gesetz macht uns nicht gut und kann dies auch nicht. Israel brach diese Gebote, obwohl sie von Gott persönlich gegeben waren. Wir müssen daher erkennen, dass eine kulturelle Besserung unserer Gesellschaft nicht bloß durch bessere Gesetze geschieht, sondern letztlich nur durch veränderte Menschen.

Jesus Christus

Was erfahren wir über Christus? Christus erfüllte diese Gesetze (Mt 5,17). Er war vollkommen heilig, und das nicht einfach, weil er die richtigen Speisen gegessen hätte. Er war heilig, weil sein Herz sich dadurch auszeichnete, worauf diese äußerlichen Gesetze hinweisen: auf Liebe zu Gott und Hingabe an seinen Willen (siehe 5Mo 6,5; 10,12; 11,1; Mt 22,37ff.). Auf wunderbare Weise hat Christus, indem er das Gesetz erfüllte, die äußeren und rituellen Besonderheiten des sinaitischen Gesetzes aufgehoben und einen Neuen Bund gestiftet. Diese Tatsache wurde Petrus in Apostelgeschichte 10 durch Christus persönlich auf dramatische Weise verdeutlicht. In Galater 2,11ff lesen wir, wie Paulus ihn scharf zurechtwies und daran erinnerte, was diese Botschaft bedeutete: Als »Juden von Geburt« wussten sie sehr wohl, »dass der Mensch nicht aus Gesetzeswerken gerechtfertigt wird, sondern nur durch den Glauben an Christus Jesus«. Eine Moralpredigt über 3. Mose 11 wird daher den Schwerpunkt auf das Gesetz legen; eine Predigt aus Sicht des Evangeliums hingegen wird auf Christus hinweisen, der das Gesetz für uns erfüllt hat.

Der einzelne Christ

Was können wir dem einzelnen Christen sagen? Christus hat uns durch seinen Opfertod am Kreuz rein gemacht! Er hat die Trennung zwischen Gott und uns aufgehoben. Doch das Neue Testament ruft uns – wie damals das Volk Israel – zu einem anderen, heiligen Leben auf, das für Ungläubige eine Empfehlung des Wesens Gottes ist (vgl. 1Kor 10; 2Kor 6). Das heißt: Jeder Bereich unseres Lebens zählt! Sei es Essen oder Trinken oder was immer wir tun: Wir sollen Gott die Ehre geben.

Die Gemeinde

Was ist der Gemeinde als Ganzer zu sagen? Die Gemeinde ist genau das Mittel, das Gott für uns vorgesehen hat, damit wir in der Heiligung wachsen. Wir sollen einander ermutigen und ermahnen, damit wir Christus ähnlich werden. Wir sollen einer den anderen im Lebenswandel erbauen. Wie wir schon im Alten Testament sahen, so kennt auch das Neue Testament keine Gemeindemitgliedschaft ohne persönlichen Glauben (d. h. dass man Nichtchristen ein Zugehörigkeitsgefühl zur Gemeinde vermittelt, damit sie dadurch gläubig würden), wie es manche Gemeindeleiter von heute nennen würden.[98] Heiligkeit hat weiterhin korporativen Charakter (1. Petrus 2). Darum wird die Gemeinde durch die Schrift unterwiesen, in Mitgliedschaft und Gemeindezucht biblische Vorgaben zu praktizieren (Matthäus 18 und 1. Korinther 5). Wir müssen einander aus dem Feuer reißen (Judas 23).

Einordnung aus Sicht eines Hirten

Was ergibt sich aus der Einordnung aus Sicht des Pastors? Vielleicht mit am wichtigsten ist: Seien Sie sensibel dafür, dass manche Christen, wenn man sich mit dem Gesetz beschäftigt, allzu schnell dadurch verurteilt, zunichte gemacht und entmutigt werden, während andere es ebenso leicht ignorieren, sich über dem Gesetz erhaben oder sogar dadurch gerechtfertigt wähnen. Wir müssen sowohl die Selbstzufriedenen als auch die Besorgten ansprechen. Und da wir alle uns gerne selbst rechtfertigen, muss der Text sowohl beleuchten, dass unsere Heiligkeit ungenügend ist als auch, dass Christi Heiligkeit vollkommen genügt.

Die Eroberung Kanaans durch Josua

Die Kernaussage

Gott erweist seine Treue, indem er durch einen Mann Gericht übt, den er bestimmt hat und der 1. seine Feinde besiegt und 2. sein Volk rettet. Die Erzählung fokussiert zwar meist die Aktionen der Stämme und weniger Josua allein, doch wird das gesamte Buch davon eingerahmt, dass Gott dem Nachfolger Moses treu ist und durch ihn der gesamten Nation. Am Ende wird Josua prophetisch als der dargestellt, der im Gegensatz zum Volk dem HERRN treu gedient hat.

---

98 Im Englischen wörtlich »belonging before believing« (»Dazugehören vor dem Gläubigwerden«), ein in gewissen Kreisen geläufiges und eingängiges Schlagwort; Anm. d. Übers..

Die biblische Gesamthandlung

Beginnen wir mit Josua 24. Dort blickt Josua darauf zurück, dass Gott Abraham Ruhe verheißen hatte und wie sich diese Verheißung durch die Eroberung des Landes erfüllt hat. Doch schon aus dieser Erklärung wird klar, dass Josua darin nicht die endgültige Erfüllung sieht. Israel wird vor dem Unglück gewarnt, das kommen wird, wenn sie Gott vergessen. Sie brauchen eindeutig eine weiterreichende Rettung und eine weiterreichende Ruhe. Ein Prediger muss darum, nachdem er mit Josua zurückgeschaut hat, vorwärts auf das Neue Testament schauen. Dort erfahren wir, dass die Landverheißung typologisch zu verstehen ist und sich ebenfalls zu einer endgültigen Erfüllung hin ausweitet. Der Hebräerbrief erklärt, dass mit der Ruhe, die unter Josua verheißen wurde, nie die endgültige Ruhe des Volkes Gottes gemeint war (Hebr 3,7-4,13). Das heißt: Wir warten nicht auf eine irdische Stadt, sondern auf eine himmlische (Hebr 11,10.14-16; 13,14). Diese Stadt hat Gottes gesalbter Sohn, Christus, für uns »erobert«. Darum haben Christen kein Recht, Kreuzzüge zu führen oder ein irdisches Königreich aufzurichten.

Die weltanschauliche Bedeutung (für Nichtchristen)

Gott hat die Kanaaniter gerichtet, um damit ein Zeichen zu setzen und vor einem noch größeren Gericht zu warnen, das noch kommen wird. Im heiligen Krieg Josuas erkennen wir das, was Theologen ein proleptisches, d. h. vorgreifendes Gericht nennen. Es ist, als wäre das Jüngste Gericht über jene Gegend der Welt vorzeitig hereingebrochen. Dementsprechend versichert uns auch Petrus, dass Geschichte weder zyklisch noch bedeutungslos ist. Was zuvor geschah, dient als Warnung vor dem, was noch kommen wird (2Pet 3,3-7). Gott hat das Ende der Geschichte festgesetzt, und dazu gehört, dass man sich abschließend vor Gott verantworten muss. Dabei wird offenkundig werden, dass Wahrheit nicht relativ ist und Gerechtigkeit keine Frage persönlicher Ansichten.

Die gesellschaftliche Bedeutung

Gott kann ein Volk richten, indem er es aufgrund seiner Sünde dem Gericht übergibt – und das tut er auch. Dies und noch mehr sagt Paulus in Römer 1,24, wo er verkündet: »Darum hat Gott sie in den Begierden ihrer Herzen dahingegeben in die Unreinheit« (LUT).

Gnade kennt eine Galgenfrist. Jedoch gilt: Obwohl der irdischen Regierung das Schwert anvertraut wurde, um Gesetzlose zu strafen (Röm 13,1-5), hat sie niemals das Recht, sich zum Werkzeug von Gottes letztem Gericht zu erklären und gegen ein anderes Volk eine Politik des Völkermordes zu verfolgen. Der heilige Krieg unter Josua war einzigartig in Bezug auf das Volk Israel. Wie wir noch sehen werden, ist der heilige Krieg, den zu führen Christen berufen sind, etwas völlig anderes, wenn auch nicht weniger rigoros.

Jesus Christus

Josua ist ein Typos, der uns auf Jesus Christus hinweist, den letzten und wahren Richter, den Gott eingesetzt hat (Joh 5,27). Christus kam, um jede Rebellion gegen seinen Vater im Himmel zunichte zu machen und so Gottes Volk zu retten. Bei seinem ersten Kommen vollbrachte Jesus dies paradoxerweise durch das Kreuz (Kol 2,13-15). Bei seinem zweiten Kommen wird er dies in Herrlichkeit von seinem Thron aus vollbringen (Offb 14,14ff).

Der einzelne Christ

Der neutestamentliche heilige Krieg findet in unserem Herzen statt. »Denn wir haben nicht gegen Menschen aus Fleisch und Blut zu kämpfen, sondern gegen die ... Beherrscher dieser finsteren Welt, gegen die bösen Geister des himmlischen Bereichs« (Eph 6,12 EIN). »So tötet nun, was in euren Gliedern irdisch ist« (Kol 3,5 ZÜR). Wie die Israeliten vorzeiten dürfen auch wir weder Bündnisse mit der Sünde eingehen noch ihr Raum geben. Vielmehr sollen wir sie in unserem Leben töten, oder sie wird uns töten. Im weiteren Zusammenhang werden wir ermahnt: Christus hat zwar den Sieg schon errungen, aber diese Welt und unser persönliches Leben sind kein Ponyhof, sondern weiterhin ein Schlachtfeld.

Die Gemeinde

Wie entscheidend ist es, dass in unseren Gemeinden gute Leiter sind, die gewissenhaft das Wort Gottes lehren! Sonst würden wir leicht durch die Götzen unserer Umgebung verführt und wie das alttestamentliche Israel abfallen (siehe das Buch der Richter). Mehr noch: der geistliche Krieg, in dem wir stehen, soll nicht von Einzelkämpfen geführt werden. Er besitzt eine gemeinschaftliche Dimension, ebenso wie auch die uns verheißene und immer noch ausstehende Ruhe. Dies sollte in unseren örtlichen Gemeinden Gestalt gewinnen, indem wir einander zu Liebe und guten Taten anspornen (Hebr 10,24). Und ebenso wie auch die verschiedenen Stämme Israels bei der Eroberung partnerschaftlich zusammenwirkten, so sollen auch wir mit anderen örtlichen Gemeinden partnerschaftlich zusammenwirken, um das Evangelium zu verbreiten.

Einordnung aus Sicht eines Hirten

Mir kommen hierzu auf Anhieb mehrere Beispiele in den Sinn. Erstens muss das Problem angesprochen werden, dass ganze Völker ausgerottet wurden. Das ist für Nichtchristen anstößig und belastet womöglich auch das empfindliche Gewissen vieler Christen. Zweitens bietet die Bildersprache von Leiterschaft und Kriegsführung eine gute Möglichkeit, die Männer in der Gemeinde deutlich anzusprechen, um ihnen eine Perspektive darüber zu verleihen, worum es im geistlichen Leben wirklich geht. Drittens wird es manche in der Gemeinde geben, die in diesem Kampf schwer verwundet wurden und versucht sind aufzugeben. Es ist von größter Bedeutung, den Schwachen zu helfen; und dazu gehört weit mehr, als sie an ihre himmlische Hoffnung zu erinnern.

Psalm 1 und 2

Die Kernaussage von Psalm 1

Es gibt zwei Arten zu leben; und diejenige, auf der Segen ruht, besteht darin, in Treue zum Wort Gottes zu leben.

Die Kernaussage von Psalm 2

Obwohl die Heiden sich anmaßen, Gott zu verwerfen, wird dieser sein Reich durch seinen Sohn aufrichten, welcher wiederum Gottes Volk retten und seine Feinde richten wird.

Beide Psalmen zusammen

Der Psalter beginnt mit den parallelen Aussagen, dass Segen durch Gottes Wort und durch Gottes Sohn kommt.

Die biblische Gesamthandlung

Wenn wir zurückschauen, erkennen wir: Gottes Sohn[99] war von Anfang an dazu berufen, Segen zu empfangen, indem er Gottes Wort gehorchte (1Mo 2,15-17). Doch immer wieder war der Sohn ungehorsam und erfuhr deshalb Gottes Gericht. Wir sehen dies bei Adam, Israel, David und Salomo, um nur einige wenige zu nennen. Jesus ist der wahre Sohn, der sich an Gottes Wort erfreut, Gottes Feinde besiegt und darum öffentlich als der Sohn bestätigt wird, der das Reich Gottes aufrichtet und so wie ein Obstbaum im Garten Eden Segen bringt (Mt 3,13-17; 17,1-13). Wir werden als Erben des Sohnes in dieses Königreich geführt (Eph 1,18; vgl. Ps 2,8). Doch auch wir werden zu Söhnen gemacht, wenngleich nicht dadurch, dass wir das Gesetz halten, sondern durch die Gemeinschaft mit dem Sohn. Dieser rettet uns nicht nur vor Gottes Zorn, sondern befähigt uns auch, nach Gottes Geboten zu wandeln und den Baum des Lebens zu genießen (Gal 3,26-4,7; 5,13-26; Offb 22,14).

Die weltanschauliche Bedeutung (für Nichtchristen)

Es gibt eine universelle Anwendung des Gesetzes Gottes und der Herrschaft Gottes durch den Sohn: Demnach gibt es wirklich nur zwei verschiedene Wege, die wir gehen können, egal in wie vielen Varianten sie jeweils erscheinen. Diese beiden Psalmen weisen zusammen auch darauf hin, dass allein Christus der einzige Weg in das Reich Gottes und der einzige Ausweg vor dem kommenden Gericht ist.

Die gesellschaftliche Bedeutung

Jede Gesellschaft wird in dem Maße gesegnet, wie sie sich gegenwärtig an Gottes Wort hält. In diesem Sinn rührt der Segen, den der Westen im Gegensatz zu anderen Teilen der Welt erfährt, vielfach vom christlichen Erbe vergangener Zeiten her. Es gibt somit nicht den geringsten Grund für kulturelle Überheblichkeit. Andererseits werden die Nationen eines Tages unter die Herrschaft »unseres Herrn und seines Christus« kommen (Offb 11,15 LUT), wenn er die Schöpfung unterwirft, um das Jüngste Gericht zu halten. Darum sollte man Regierungen darin

---

99 Der Verfasser verwendet den Ausdruck »Gottes Sohn« hier im weiteren Sinn, wie er auch im AT schon vorkommt (dort werden das Volk Israel oder die Gottesfürchtigen so genannt); Christus als *der* Sohn Gottes schlechthin erfüllt alles, worin die irdischen Söhne Gottes aufgrund ihrer Sündhaftigkeit versagten; Anm. d. Übers.

unterstützen, die Religionsfreiheit zu fördern und zu verteidigen, insbesondere die Freiheit, sich zu bekehren und andere zu bekehren.

Jesus Christus
Jesus Christus ist derjenige, den man mit Psalm 1 wahrhaftig gesegnet nennen kann und der einzig wahre Sohn von Psalm 2, der den Sieg verkündet. Psalm 2 hilft uns auch zu verstehen, dass die Evangelien den Titel »Sohn Gottes« als Königstitel verwenden und als Titel, der die Gottheit Jesu belegt.

Der einzelne Christ
Der Christ ist zu Buße, Glauben und einem Leben berufen, das sich durch einen Wandel in der Wahrheit auszeichnet. Diese Wahrheit ist letzten Endes die Wahrheit von Jesus Christus und kein bloßes Halten von Geboten. Darum bewahrt es uns vor einer reinen Moralpredigt über Psalm 1, wenn wir erkennen, dass Christus dieser Gesegnete ist.

Die Gemeinde
Die Gemeinde ist eben jene Gemeinschaft derer, die Zuflucht in Christus gefunden haben und nun in ihm wandeln. Wir erkennen, dass wir die sichtbare Verkörperung seines Reiches auf Erden sind, und unsere gemeinsame Hoffnung und Anstrengung richtet sich darauf, in Wort und Tat Zeugnis zu geben – bis zu dem Tag, an dem sein Reich in Herrlichkeit kommt. Dieser Text spricht auch davon, dass eine Gemeindezucht nötig ist, die in Erwartung des Jüngsten Tages die Unbußfertigen aus der Gemeinde ausschließt. So sagt Petrus: »Denn die Zeit ist gekommen, dass das Gericht anfange beim Haus Gottes« (1Pet 4,17).

Einordnung aus Sicht eines Hirten
Da Psalm 1 davon spricht, wie man gesegnet werden kann, ist dieser Text eine gute Möglichkeit zu verdeutlichen, wie wir alle versucht sind, Glückseligkeit durch Weltliebe zu suchen statt durch Treue gegenüber Christus. Dieser Psalm stellt deshalb unsere Definitionen von einem guten Leben, Wohlstand und gesellschaftlicher Anerkennung in Frage. Andererseits fordern beide Psalmen uns auf, uns zu prüfen und anzuerkennen und darüber Buße zu tun, dass wir für Gott und seine Wege nur Spott und Hohn übrig hatten.

Markus 1,14-15

Die Kernaussage

Die Botschaft, die Jesus predigte (und damit implizit zu Wege brachte), lautet: das Königreich Gottes ist für all jene gekommen, die Buße tun und an Jesu Worte glauben. Deshalb ist mit »Königreich Gottes« hier kein Ort oder Bereich gemeint, sondern eine Herrschaft, in der Gottes Segen, das ist sein Heil, auf sein Volk ausgegossen wird. Das bedeutet ganz buchstäblich, dass das himmlische Leben in dieses irdische Leben hereinbricht.

Die biblische Gesamthandlung

Das Königreich Gottes (es begann in 1. Mose 1, wurde aber in 1. Mose 3 durch die Sünde unterlaufen, im Volk Israel bildhaft dargestellt und durch die Propheten verheißen) wird durch die Predigt Jesu eingeführt sowie dadurch, dass alle Nationen mit Buße und Glaube darauf reagieren. Heute ist dieses Königreich verborgen und geistlicher Natur; eines Tages aber wird es in einem neuen Himmel und einer neuen Erde vollendet. Dieser Text stellt somit einen Wendepunkt dar, der vom typologischen Königreich Israel zu dem wahren, geistlichen Königreich Christi überleitet.

Die weltanschauliche Bedeutung (für Nichtchristen)

Nicht etwa bei Paulus stoßen wir auf vermeintlich intolerante, einseitige Ansprüche des christlichen Glaubens; nein, der Ausschließlichkeitsanspruch Christi kommt zum ersten Mal von den Lippen Jesu selbst! Aus einem anderen Blickwinkel stellt Jesu Predigt vom Königreich Gottes alle menschlichen Mühen und Utopien in Frage. Er allein kann und wird das Paradies aufrichten, und hinein kommt man dort durch Buße und Glauben, nicht durch politische oder ökonomische Strategien. Dieser Text fordert von uns ganz grundsätzlich, den Befehl zu verkünden: »Tut Buße und glaubt an das Evangelium!« – genauso, wie Christus es ausrief.

Die gesellschaftliche Bedeutung

Jesus trennt scharf zwischen Kirche und Staat, zwischen den Königreichen dieser Welt und dem Königreich Gottes (Mt 26,52-56; Joh 18,36). Heißt das, Christen könnte egal sein, was hier geschieht, oder irdische Politik wäre pauschal abzulehnen? Ganz und gar nicht. Zwischen der Einführung und Vollendung des Königreichs Gottes ist die irdische Staatsgewalt sowohl legitim als auch für das Allgemeinwohl nötig (Römer 13). Allerdings ist eine solche Staatsgewalt auch nur zeitlich befristet sowie ihre Machtfülle begrenzt. Weder setzen wir unsere letzte Hoffnung auf den irdischen Staat, noch gilt ihm unsere letzte Loyalität (vgl. Apg 4,19-20).

Jesus Christus

Der in diesen Versen anfänglich verkündete Aufruf – dessen Bedeutung aber erst nach der Kreuzigung und Auferstehung deutlicher wird –, besagt, dass es Jesus ist, dem wir uns in Buße und Glaube zuwenden. Derselbe, der das Königreich verkündet, stellt paradoxerweise durch seinen Tod sicher, dass wir daran teilhaben, und durch seine Auferstehung führt er dieses Reich ein. Bei diesem Reich geht es (wie bereits gesehen) mehr um eine Herrschaft als um einen Ort; und daran teilzuhaben bedeutet nicht, einer bestimmten Ethnie anzugehören, sondern sich der Herrschaft Christi zu unterwerfen.

Der einzelne Christ und die Gemeinde

Nachdem wir Buße taten und gläubig wurden, wurde uns anvertraut, diese Botschaft weiterzugeben: Lasst euch durch Buße und Glaube an Christus mit Gott versöhnen (2Kor 5,16-21). Weiter leben wir in der Hoffnung auf die Vollendung des Königreichs. Worüber aber das übrige Neue Testament auffällig schweigt, ist ein etwaiger Auftrag, wir sollten dieses Königreich aufbauen oder herbeiführen. Wir sollen es verkünden und andere auffordern, durch Christus dort einzugehen; aber es ist nicht die Gemeinde, sondern Christus, der das Reich Gottes herbeiführt. Das Neue Testament spricht vom Königreich Gottes manchmal auf eine Weise, die eine Kontinuität zu der jetzigen Existenz andeutet (z. B. in Röm 8,20-21). An den meisten Stellen aber, wo davon die Rede ist, ist eine radikale Diskontinuität erkennbar (z. B. in 1Kor 15; 2Pet 3,10-13). Dies unterstreicht, wie radikal das ist, was Gott tut und tun wird, wenn Christus wiederkehrt.

Einordnung aus Sicht eines Hirten

Natürlich ist die grundsätzliche Einordnung schlechthin, derer wir uns bewusst sein müssen, die von Christen und Nichtchristen. Aber selbst dann dürfen wir nicht übersehen, dass zu dem Evangelium, das Jesus verkündigte, auch unsere Reaktion gehört – und diese schließt sowohl Buße als auch Glauben ein. In der amerikanischen Kultur (wie auch in vielen anderen) hat über Jahrzehnte eine Evangelisationsweise, die auf »Entscheidungen« aus ist und die lehrt, man müsse einfach nur »Jesus annehmen«, Massen von Scheinchristen produziert, die meinen, ihre Zukunft sei der Himmel, während dem in Wirklichkeit nicht so ist. Dieser Text gibt uns die Möglichkeit zu erklären, was wahre Buße ist, und dadurch klarzustellen, was es heißt, ein wahrer Christ zu sein.

Fazit

Ich begann dieses Kapitel mit der Aussage, dass Biblische Theologie wie ein Werkzeug ist, das kaum einen festen Platz im Werkzeugregal braucht, weil Sie selten dazu kommen werden, es aus der Hand zu legen. Wie wir bereits in unseren Fallstudien sahen, ist es die Biblische Theologie, die uns befähigt, Christus sowohl anhand der levitischen Speisegesetze als auch anhand des Markusevangeliums zu predigen. Sie ermöglicht uns, die ganze Bibel als das zu erkennen und zu predigen, was sie ist: christliche Heilige Schrift. Die Biblische Theologie bewahrt uns davor, das Alte Testament zu moralisieren, während sie zugleich die Bedeutung eines jeden alttestamentlichen Textes in seinem ursprünglichen Kontext ausgewogen berücksichtigt. Sie bestärkt uns, jede Stelle, über die wir predigen, stets mit dem zu verbinden, was Gott in der Vergangenheit getan hat und was er in Zukunft zu tun verheißen hat. Sie gibt uns eine Weltsicht, einen Handlungsrahmen, der die vorherrschenden Geschichten unserer eigenen Kultur infrage stellt. Sie bewahrt uns davor, hauptsächlich über unsere Lieblingsthemen zu predigen. Und was am wichtigsten ist: Sie nimmt die Hauptaussage jedes Textes innerhalb des biblischen Gesamtrahmens ins Visier, der Geschichte der Taten Gottes, der sich durch das an seinem Sohn vollzogene Gericht ein Volk erlöst hat, das zum Preis seiner herrlichen Gnade ist.

Wenn also Biblische Theologie nicht ins Regal gehört, wohin gehört sie dann? An Ihren Arbeitsgürtel; in Ihr Herz; auf Ihre Lippen; um sie sollen Ihre Gedanken kreisen, sie soll Ihren Träumen Farbe verleihen. Wann immer Sie Ihren Mund öffnen, um über die Schrift zu reden, wann immer Sie sich an die Tastatur setzen, um darüber zu schreiben, sollte die Biblische Theologie die Brille sein, die Ihre Gedanken fokussiert und Ihre Worte formt. In diesem Sinne nämlich ist Biblische Theologie nichts anderes, als die Geschichte darüber zu verstehen, was Gott für uns in Christus getan hat, und die Bedeutung dieser Geschichte auf unseren heutigen Lebensalltag anzuwenden.

An dieser Stelle dürften manche meiner Leser sich vielleicht überwältigt vorkommen. Sie mögen meinen Worten gewogen sein, aber Sie können sich nicht vorstellen, es selbst zu tun. Darüber werde ich im nächsten Kapitel noch mehr sagen; hier aber soll vorerst dies genügen: Je mehr Sie so über die Bibel denken, desto natürlicher wird es Ihnen erscheinen. Nehmen Sie sich jede Woche etwas Zeit, um die frische Luft Biblischer Theologie zu atmen. Folgen Sie in Ihrer Stillen Zeit nicht einfach dem täglichen Bibelleseplan oder dem Text, den Sie für die Predigt vorbereiten. Lesen Sie die Schrift mit einem weiten Horizont und immer im Blick darauf, wie diese Stelle sich ins Ganze einfügt, wie sie uns auf Christus vorbereitet und wie sie auf die Vollendung des Königreiches Gottes hinführt.

Wir sollten ambitioniert sein, nicht anders von der Schrift zu sprechen als mit diesen Begriffen, weil dic Schrift sich selbst so versteht. Und in ihr haben wir die Worte des Lebens – die einzigen Worte, die Christi Herde nähren und Tote zum Leben erwecken.

KAPITEL ZWÖLF

Biblische Theologie und die örtliche Gemeinde

Im vorherigen Kapitel haben wir betrachtet, welchen Einfluss die Biblische Theologie darauf hat, von welchem Ansatz aus wir bestimmte Texte der Schrift lehren und darüber predigen. Wir haben darüber nachgedacht, wie man von einem bestimmten Text zu den größeren biblisch-theologischen Handlungssträngen kommt, die diesen Text durchlaufen, so dass wir diese, wenn wir über den Text predigen, mit dem Rest der Bibel verknüpfen und den Text angemessen auf unsere eigene Situation anwenden.

Doch obgleich Biblische Theologie für zuverlässiges Predigen und Lehren entscheidend ist, reicht ihre Bedeutung noch weit darüber hinaus. Ich denke, man kann mit Recht sagen: Der rechte Gebrauch Biblischer Theologie wirkt sich auf alles im Alltag und im geistlichen Dienst der Ortsgemeinde aus.

Einführung: Was also hat Biblische Theologie mit der örtlichen Gemeinde zu tun?

Ich möchte Ihnen ein paar Beispiele nennen, wo Biblische Theologie mir in verschiedenen Situationen als Pastor eine große praktische Hilfe gewesen ist.

In meinem ersten Jahr als Pastor war ich als Besucher bei der Beerdigung eines Gemeindemitglieds. Ich hatte meine Bibel nicht dabei und war aufs Reden nicht vorbereitet, was in Ordnung war, weil die Familie einen anderen Pastor gebeten hatte, den Gottesdienst zu leiten. In letzter Minute jedoch bat die Familie auch mich zu sprechen. Es lagen keine Bibeln aus; ich hatte nur ein Andachtsbuch des anderen Pastors, das er mir freundlicherweise lieh. Darin fand ich die Stelle Johannes 14,2-3, wo Jesus davon spricht, dass er fortgeht, um uns eine Wohnung zu bereiten. Ich hatte keine Zeit, mich auf die Ansprache vorzubereiten. Da ich aber Jesu Worte in den Gesamtzusammenhang der biblischen Geschichte einordnen konnte, versetzte dies mich in die Lage, an jenem Nachmittag eine Beerdigungspredigt zu halten. Ich konnte über die Geschichte der Verheißung Gottes sprechen, sein Volk unter seiner Herrschaft an den von ihm bestimmten Ort zu bringen, und über Jesus als den einzigen, der uns durch das Evangelium dort hinbringen kann. Statt mir eine abgedroschene Allerweltsbotschaft aus den Fingern zu saugen, konnte ich schnell ein frisches Bild aufgreifen und es auf eine Weise verständlich machen, dass dadurch Christus verkündigt wurde.

Ich schließe eine Menge Ehen. Gewöhnlich fragt mich das Brautpaar, ob es seine eigene Fassung des Ehegelübdes formulieren kann. Man argumentiert gewöhnlich in etwa so: »Wir wünschen uns ein Ehegelübde, das unsere einzigartige Beziehung und unsere einzigartige Liebe anspricht. Wir wollen nicht das Ehegelübde verwenden, das sonst jeder benutzt.« Ich bin ein eher seriöser Mensch; darum lehne ich solche Wünsche gewöhnlich reflexhaft ab – aus keinem anderen Grund, als dass ich unseriöse Ehegelübde nicht leiden kann. Aber unabhängig davon ist mir an solchen Anfragen schon immer etwas verkehrt vorgekommen.

Als ich anfing, über diese Anfrage und die Bedeutung der Ehe nachzudenken, half die Biblische Theologie mir zu verstehen, warum es mehr als eine Geschmacksfrage war, was mir solche Anfragen verleidet. Es stimmt zwar, dass jede Eheschließung etwas Einzigartiges und besonderes ist; ebenso stimmt auch dies: Was die Bibel in Sachen Ehe betont, ist allen Ehen gemein. Alle müssen sich an denselben Maßstab halten, alles wird derselben Art von Bund entsprechend geregelt. Und darum ist es nur recht und billig, dass alle im Wesentlichen dasselbe Ehegelübde ablegen.

Warum betone ich das Gemeinsame so sehr? Weil es – wie eine Biblische Theologie der Ehe zeigt – bei der Ehe letztlich nicht um die einzigartige Liebe zwischen einem Mann und einer Frau geht, sondern um die Liebesgeschichte zwischen Christus und der Gemeinde. Jede Ehe weist auf diese höchste Ehe hin. Und ob das Paar dies versteht oder nicht: ihre Ehe bezieht ihre Bedeutung und ihren Wert von jenem göttlichen Prototyp der Ehe. Nun bin ich kein Miesepeter. Manchmal lasse ich ein Brautpaar sein eigenes Ehegelübde schriftlich formulieren. Aber ich bitte sie stets, dass sie auch das traditionelle Ehegelübde benutzen, denn was für ihr Ehegelübde und ihre Ehe letztlich entscheidend ist, ist nicht das, was sie einzigartig macht, sondern das, was sie wie jede andere macht. Wenn man die Hauptbetonung auf das Einzigartige legt, macht man Christus und die Gemeinde dadurch paradoxerweise zu etwas Zweitrangigem – was die Vermutung nahelegt, dass hinter solchen individuell formulierten Ehegelübden *vielleicht* eine abgöttische Verehrung steht.

Hier ein weiteres Beispiel. Vor vielen Jahren, als unsere Gemeinde zu wachsen begann, fingen die Leute an zu fragen, wann wir mehrere Sonntagsgottesdienste einführen würden. Heute lautet die Frage natürlich nicht, ob man mehrere Sonntagsgottesdienste halten soll. Alle halten das für selbstverständlich. Die aktuelle Frage ist, ob sie an verschiedenen Orten stattfinden sollen. Doch ob wir über Gottesdienste oder Örtlichkeiten reden, so bleibt die Antwort unserer Gemeinde stets dieselbe: Nein. Wir sind eine örtliche Gemeinde, und das heißt eine einzige Versammlung. Mehrere Gottesdienste oder Örtlichkeiten heißt mehrere Versammlungen, was wiederum mehrere Gemeinden bedeutet. Immerhin bedeutet das griechische Wort für Gemeinde »Versammlung«, d. h. es bezeichnet diejenigen, die sich an einem bestimmten Ort zu einer bestimmten Zeit versammeln.

Wie – das soll ein Argument sein, das auf einem einzigen Wort gründet? Ja und nein.

Ja, es ist ein Argument, das auf einem einzigen Wort gründet – zumindest teilweise. Als Jesus und die Apostel unter der Inspiration des Heiligen Geistes Worte wählten, um die örtlichen Zusammenkünfte der Christen zu beschreiben, wählten sie ein Wort aus der damaligen Zeit, das »Versammlung« bedeutet. Aber es gibt noch mehr dazu zu sagen.

Der Begriff der Versammlung erscheint zum ersten Mal nicht im Neuen Testament, sondern im Alten. Israel war Gottes Versammlung, die er am Fuß des Sinai einberief und mit der er seinen Bund schloss (5Mo 4,10). Von da an versammelte sich das Volk nur noch dreimal im Jahr, um Gott in einer heiligen Versammlung bei der Stiftshütte bzw. später im Tempel in Jerusalem anzubeten (außerdem werden sie sich jeweils in ihren Dörfern versammelt haben, um von den Leviten unterwiesen zu werden). Der Hebräerbrief nennt voll Vorfreude das himmlische Jerusalem, den Berg Zion, die »Versammlung der Erstgeborenen« (Hebr 12,22-23). Diese Versammlung ist die letzte des Neuen

Bundes, und doch sagt uns die Schrift, dass unsere örtlichen Versammlungen tatsächlich an dieser himmlischen Versammlung teilhaben – »samt allen, die an jedem Ort den Namen unseres Herrn Jesus Christus anrufen, ihres und unseres Herrn« (1Kor 1,2).

Sicher ist es darum kein Zufall, dass Jesus sein Volk »die Versammlung« und nicht »die Synagoge« nannte. Genau so wie es nur *einen* Leib, *eine* Braut, *einen* Brotlaib, *eine* Herde und *einen* Weinberg gibt, so gibt es auch nur *eine* Versammlung. Deshalb stellten manche Theologen schon vor langer Zeit fest: Die örtliche Gemeinde ist nicht die ganze Gemeinde, aber sie ist ganz Gemeinde. Alles, was die Universalgemeinde ist, bildet die örtliche Gemeinde als Mikrokosmos ab.[100]

Die Einheit dieser Versammlung zeigt sich auf vielerlei praktische Weise. Die Gemeindeglieder sollen Geduld miteinander haben (Eph 4,2); sie sollen aufeinander warten und das Mahl des Herrn gemeinsam feiern (1Kor 11,33); sie sollen die Bedürftigen in der Versammlung unterstützen (Apg 4,32-35); sie sollen gemeinsam für den Glauben kämpfen (Phil 1,27).

Wenn wir also eine »Biblische Theologie der Versammlung« aufbauen, lernen wir daraus weit mehr als aus einem gewöhnlichen Wortstudium eines griechischen Wortes. Wir lernen daraus vielmehr, dass Christus unter einer örtlichen Gemeinde ein echtes Abbild der Gemeinde versteht, die er mit seinem Blut erkauft hat – jener Versammlung, die allein er schließlich am Jüngsten Tag einberufen wird. Wenn dem so ist, dann brauchen wir die Versammlungsorte oder Gottesdienste nicht zu vervielfachen. Wir müssen uns zu dem wunderbaren »Problem« des Wachstums eine andere Lösung ausdenken.

Dies sind nur ein paar kurze Beispiele realer Fragen, die wir in meiner Gemeinde mit den Mitteln der Biblischen Theologie zu beantworten versucht haben. Als nächstes möchte ich nun betrachten, was die Biblische Theologie über ganze Bereiche des Gemeindedienstes zu sagen hat. Wie wir sehen werden, hilft die Biblische Theologie uns manchmal, uns gegen einen falschen Dienstansatz zu wappnen. In anderen Fällen hilft sie uns, angemessene Grenzen und Ziele für

---

100 Eine kurze, aber exzellente Abhandlung des biblischen Begriffs der Versammlung siehe bei Edmund Clowney, *The Church* (Downers Grove, IL: InterVarsity Press, 1995), S. 30-32.

unser gemeinsames Leben und Arbeiten als Gemeinde festzulegen. Wollen wir darum einige Beispiele durchgehen. Wenn ich damit fertig bin, werde ich die möglichen Anwendungen Biblischer Theologie auf die Gemeinde keineswegs erschöpft haben. Hoffentlich aber werde ich gezeigt haben, was ich damit meine, dass die Biblische Theologie von praktischem Nutzen für den geistlichen Dienst ist, und Sie werden besser imstande sein, sie auf die Situationen und Gelegenheiten anzuwenden, denen Sie in Ihrer Gemeinde begegnen werden.

Fallstudien

Wir werden betrachten, wie die Biblische Theologie unserem Denken in vier verschiedenen Bereichen Kontur verleiht: Seelsorge, Mission, Armenfürsorge und die Beziehung zwischen Gemeinde und Staat.

Seelsorge

Ob wir darüber nachdenken oder nicht, ob es in unserer Arbeitsbeschreibung steht oder nicht, wir alle engagieren uns in der Seelsorge. Ein Freund vertraut uns ein Problem an und bittet um Rat. Ein junger Christ, den wir begleiten, bittet uns um Rat, was er aus seinem Leben machen soll. Eine Schwester braucht Ermutigung, weil es Schwierigkeiten in ihrer Ehe gibt. Ein Gemeindemitglied bekennt, dass es ein Suchtproblem hat. Ihre Tochter im Teenageralter macht sich Sorgen darum, in der Schule Anerkennung zu finden. Was auch immer geschieht, ob richtig oder falsch, ob biblisch oder weltlich: das, was Sie darauf sagen, ist »Seelsorge«.

Woher können Sie wissen, was Sie in Situationen wie diesen und zahllosen anderen sagen sollen? Nun, wenn Sie eine ausführliche Antwort haben wollen, dann besorgen Sie sich das ausgezeichnete Material, das die *Christian Counseling and Educational Foundation* (CCEF) herausgibt.[101] Die Kurzantwort aber ist: Das hängt grundsätzlich davon ab, was der Mensch Ihrer Meinung nach ist, was sein Problem ist und was die Bibel darüber sagt.

In einer Vielzahl solcher Situationen ist die Versuchung groß, den Betreffenden als die Summe seines Denkens oder seines Verhaltens

101 Zum Beispiel Paul Tripp: *Werkzeuge in Gottes Hand*, 3L Verlag 2006, sowie Timothy Lane und Paul Tripp, *Alles anders, aber wie?*, 3L Verlag 2009.

zu sehen. Wir stellen dann die Diagnose, sein Problem sei entweder falsches Denken oder falsches Verhalten. Das Heilmittel suchen wir dann in der als Nachschlagewerk verstandenen Bibel, um ihm zu zeigen, wie er richtig denken oder handeln soll. Das Ergebnis davon ist, dass man für Diagnose und Rezept Bibeltexte aus dem Zusammenhang reißt, was allgemein zu einer Art christianisierter behavioristischer oder kognitiver Verhaltenstherapie führt. Der grundlegende Rat lautet hier: »Sie müssen – durch die Kraft des Heiligen Geistes – einfach lernen, anders zu denken oder zu handeln.«

Wohin aber führt uns eine Biblische Theologie des Menschen und seiner Probleme? Etwa dazu? Ganz und gar nicht. Eine biblische Anthropologie beginnt damit, dass die Menschen im Ebenbild Gottes geschaffen wurden, um Gott anzubeten, indem sie seine Herrlichkeit durch ihren Lebenswandel widerspiegeln (1Mo 1,26-28). Deshalb ist weder durch unser Verhalten noch durch unser Denken vollkommen umrissen, wer und was wir sind. Vielmehr zeigt sich dies daran, wen wir anbeten. Grundsätzlich sind wir Anbeter, und unsere Identität wird dadurch definiert, was oder wen wir widerspiegeln.

Dieses Ebenbild wurde durch den Sündenfall verzerrt und verunstaltet, so dass wir nun aus freien Stücken und gewohnheitsmäßig das Geschöpf anbeten statt den Schöpfer; und das Geschöpf, das wir am liebsten anbeten, ist unser Ich (Römer 1). Unser Problem hat somit grundsätzlich nicht mit unserem Verhalten zu tun, obwohl es sich durch unser Verhalten äußert. Unser Problem hat grundsätzlich nicht mit unserem Denken zu tun, obwohl es sich durch unser Denken äußert. Unser Problem ist grundsätzlich religiöser Art. Unser Problem ist der Götzendienst – ein pervertierter Gottesdienst.

Darüber hinaus hilft die Biblische Theologie uns zu erkennen: Zwar wurden Adam und alle seine Nachkommen *imago Dei*, im Ebenbild Gottes geschaffen; dieser Schöpfungsakt aber basierte auf dem unerschaffenen Abbild Gottes, Jesus Christus (Kol 1,15ff). Lukas nennt Adam Gottes Sohn (Lk 3,37), Jesus aber ist der wahre Sohn Gottes, das wahre Ebenbild Gottes in all seiner Fülle. Somit liegt unser Ziel nicht darin, unser Denken oder Verhalten besser auszurichten; unser Ziel – und in der Tat das Ziel aller Schöpfung (vgl. Röm 8,19) – ist, dass wir in das Ebenbild Christi verwandelt werden; und das ist etwas, was nur durch den Heiligen Geist mittels der erneuernden Kraft Gottes im Evangelium erreicht werden kann (Röm 8,29; 2Kor 3,16-19). Durch das Evangelium vereint uns der Heilige Geist mit Christus, so dass das Leben, das wir führen, sein Leben ist (Röm 8,9-11; Gal 2,20; Phil 1,21). Eines Tages wird das Werk des Heiligen Geistes, unsere Heiligung, abgeschlossen sein. An jenem Tag, wenn Christus wiederkommt oder wir abscheiden, um bei ihm zu sein, werden wir verherrlicht werden. Wir werden ihn sehen, wie er ist, weil wir am Ende wie er sein werden (1Jo 3,2)! Dies ist, zumindest in groben Zügen, eine Biblische Theologie der Gottesebenbildlichkeit des Menschen. Sie besagt nicht all das, was ein Systematischer Theologe über die Anthropologie sagen würde, wie etwa über Adams Problem der Schuld. Aber sie vermittelt uns die Stoßrichtung der Geschichte in Anbetracht des Problems der menschlichen Verdorbenheit. Sie sagt uns, woher wir kommen, wo wir stehen und wohin wir gehen, wenn wir in Christus sind. Und sie beginnt, einige Parameter dafür festzulegen, was es bedeutet, ein menschliches Wesen zu sein.

Nun, was bedeutet dies für die Seelsorge? Zuerst einmal: Seelsorge, die auf Biblischer Theologie gründet, gibt sich nicht mit bloßen Verbesserungen von Verhalten oder Gedanken zufrieden. Sie gibt sich nicht damit zufrieden, weil sie weiß: Weder ist das eine oder andere das Grundproblem, noch wird es am Ende helfen. Vielmehr zielt biblische Seelsorge auf das Herz, den Sitz der Anbetung. Sie weiß, dass der Mund davon überquillt, was im Herzen ist (Mt 12,34). Solche Seelsorge gibt sich nicht mit einer Verhaltensänderung zufrieden, die das wahre Problem nur übertüncht: ein Herz, das Götzen anbetet. Sie versteht auch, dass eine dauerhafte Veränderung von Denken und Verhalten nur dann eintritt, wenn wir das Objekt unserer Anbetung auswechseln.

Wie geschieht eine Änderung der Anbetung, die wiederum eine Veränderung von Denken, Reden und Verhalten bewirkt? Sie geschieht nicht durch Psychotherapie. Sie geschieht nicht durch Psychoanalyse. Sie geschieht nur, wenn sie von oben kommt, wenn der Heilige Geist das Herz erneuert und verjüngt (Johannes 3). Und das Mittel, das der Heilige Geist benutzt, ist das Evangelium, das in Buße und Glaube angenommen wird. Paulus beschreibt diese Veränderung im Lebenswandel der Thessalonicher als ein Abwenden von den Götzen und ein Hinwenden zu Gott, um Gott zu dienen und Jesu Wiederkunft zu erwarten (1Thes 1,9-10).

- Zu ihrer Veränderung gehörte eine Umkehr bzw. Buße.
- Dazu gehörte Glauben, da sie die Botschaft empfingen und ihr vertrauten.
- Ihre Bekehrung änderte, was sie liebten, weil sie nun Gott dienten.
- Und sie führte dazu, dass sie ihre Hoffnung neu ausrichteten: Sie warteten darauf, dass Christus wiederkommen und sie vor dem kommenden Zorn Gottes retten wird.

Wie Paulus lehrt (und wie auch wir die menschliche Natur sehen), geschieht echte Veränderung durch das Evangelium, indem man das annimmt und darin ruht, was Christus am Kreuz vollbracht hat, und dann im Lichte dieses Evangeliums wandelt. Zu echter Veränderung gehört auch, sich vom Götzendienst abzuwenden und den wahren Gott anzubeten. Echte Veränderung bedeutet, sich in Buße von der Sünde abzuwenden und an die Gnade Gottes zu glauben, die uns in Jesus Christus dargeboten wird. Und dies betrifft den Christen ebenso wie auch den Nichtchristen. Ein Christ, der in sündigem Handeln, zerstörerischen Überzeugungen oder Suchtverhalten gefangen ist, ist ein Götzendiener. Nicht nur am Anfang des Glaubenslebens, sondern auch mittendrin und bis an dessen Ende ruft uns das Evangelium auf, uns vom Götzendienst abzuwenden, selbst wo es uns die Hoffnung darbietet, bei Christi Wiederkunft wie er zu werden.

Leider ist ein Großteil christlicher Seelsorge inzwischen durch eine psychotherapeutische Grundhaltung geprägt und dreht sich um menschliche Grundbedürfnisse wie Zufriedenheit oder Glück. Infolge dessen verändert man das Evangelium, um diese neu definierten Bedürfnisse zu bedienen. B. B. Warfield, der große Princeton-Theologe des 19. Jahrhunderts, brachte diesen Zusammenhang gut auf den Punkt, als er sagte:

> Tatsache ist: Der Standpunkt, den Menschen zum Heilswerk Christi einnehmen, wird in erster Linie durch das bestimmt, was sie für ihre Grundbedürfnisse halten – eben das, wovon erlöst zu werden sie sich am meisten sehnen. Und von Anfang an ist überdeutlich, dass man drei Denkweisen zu diesem Thema nachzeichnen kann; sie entsprechen den drei Grundbedürfnissen der menschlichen Natur, soweit sie sich in dieser begrenzten Welt entfalten kann. Auf den Menschen lastet die *Unwissenheit*, das *Elend* oder die *Sünde*, von der sie spüren,

> dass sie darin versunken sind; und wenn sie von Christus erhoffen, dass er sie von dem Übel erlöse, unter dem sie besonders zu leiden haben, neigen sie gerne dazu, sein Werk vorwiegend als Offenbarung göttlicher *Erkenntnis* zu verstehen, als Anbruch der Vorherrschaft des *Glücks* oder als *Erlösung* vom Fluch der Sünde.[102]

Biblische Seelsorge weigert sich, falsche und vorläufige Ziele anzubieten wie ein leichteres und schöneres Leben im Hier und Jetzt oder Tricks und Tipps für ein besseres Verhalten. Vielmehr bietet sie an, das Ziel der Heiligung und Verherrlichung zu verfolgen: unsere Verwandlung in das exakte Ebenbild Christi. Ihre Methode ist darum die Verkündigung des Evangeliums, weil Christus das Ziel ist.

Mission

In jüngster Zeit macht man eine Menge Wirbel darum, dass die Gemeinde »missional« sein müsse. »Missional« zu sein ist nicht dasselbe, wie missionarisch aktiv oder missionarisch gesinnt zu sein. »Missional« beschreibt eine Denkweise über die Gemeinde und ihr Verhältnis zur Welt. Eine missionale Gemeinde meint, dass die Gemeinde nicht Mission betreibt bzw. keine Missionare aussendet. Vielmehr sei die Gemeinde von Gott in die Welt gesandt, um die Welt zu heilen und Menschen mit Gott zu versöhnen. Infolge dessen sei der Gemeinde weniger eine Botschaft anvertraut, als dass sie dazu berufen sei, eine Person Fleisch werden (»inkarnieren«) zu lassen. Wir hätten nicht in erster Linie der Welt das Werk Jesu am Kreuz zu verkünden, sondern die Worte, Taten und das Leben Jesu an jeder Ecke unserer Stadt sichtbar zu machen.[103]

Woher kommt dieses Verständnis der Gemeinde und ihrer Berufung in Bezug auf die Welt? Offen gesagt von dem Versuch, über Mission und Gemeinde aus der Perspektive Biblischer Theologie zu denken.[104] Diese missionalen Theologen behaupten, Gott sei ein missionaler Gott. Er zieht nebenan ein. Er selbst inkarniert in unserer

---

102 B.B. Warfield, »Modern Theories of the Atonement«, in *Works*, IX (Baker, 1932; Neudruck 2003), S. 283.

103 So z.B. Darrell L. Guder (Hg.), *Missional Church: A Vision for the Sending of the Church in North America* (Grand Rapids, MI: Eerdmans, 1998), S. 1-17.

104 Siehe besonders Christopher J.H. Wright, *The Mission of God: Unlocking the Bible's Grand Narrative* (Downers Grove, IL: InterVarsity Press, 2006).

Welt. Warum tut er das? Er tut es, um uns zu erlösen und um sein Reich aufzurichten. Angefangen bei den Abendspaziergängen im Garten Eden über die Stiftshütte inmitten des Lagers Israels, über die Inkarnation[105] Jesu Christi bis zu den letzten Worten der Offenbarung habe Gott beständig versucht, bei seinem Volk zu sein, in ihrer Mitte zu sein. Es ist ein Bild der Nähe, ein Bild der Beziehung, und es scheint schlechthin der Kern all dessen zu sein, was den Himmel ausmacht (Offb 21,3-4; 22,3-5). Die Sünde habe zwar den Menschen von Gott getrennt, aber sie hat Gottes missionalen Charakter nicht aufgehoben. Vielmehr habe die Sünde, wie die Heilsgeschichte anscheinend zeigt, diese missionale Ausrichtung Gottes nur noch dringlicher gemacht.

Die Gemeinde sei darum genauso gesandt, wie Gott Christus sandte: in die Welt gesandt, um seine erlösende Gegenwart zu verkünden (Joh 17,18). Dies ist das Paradigma der missionalen Gemeinde. Wie Christus gesandt wurde, ebenso seien auch wir als sein Leib gesandt. Wie Christus die rettende Gegenwart Gottes inkarnieren ließ, so ließen wir die rettende Gegenwart Christi inkarnieren. Wir sollten uns im Dienst und im Engagement für die Gesellschaft um uns herum aufopfern, indem wir Barmherzigkeit üben und gute Taten vollbringen.

Was sollen wir mit der missionalen Agenda anfangen? Sollte Biblische Theologie uns dazu bringen, unser Missionsprogramm einzustellen und stattdessen Nachhilfeschulen und Krankenhäuser zu errichten? Sollten wir uns mehr auf »neutrale Örtlichkeiten« wie MacDonalds' oder die örtliche Turnhalle konzentrieren, wo wir als Christen hingehen und in der Welt »wir selbst sein« können, statt größere Gebäude zu bauen, damit mehr Menschen kommen und in der Gemeinde die christliche Botschaft hören können?

Ich denke, es steht außer Frage, dass wir hingehen und in der Welt Salz und Licht sein sollen (Mt 5,13-16). Ich denke auch, es steht außer Frage, dass Gott ein missionarischer Gott ist: Er wartet nicht darauf, dass wir ihn finden (als ob wir das könnten!); vielmehr kommt er uns nahe und findet uns. Die Sprache von Johannes 1 ist reich

105 D.h. »Fleischwerdung« bzw. als Verb »Fleisch werden«; hier und im folgenden Text wird das Fremdwort »inkarnieren« bzw. »Inkarnation« benutzt, da die Vertreter der missionalen Ansicht diese Begriffe als Fachausdruck zur Beschreibung ihrer Position verwenden; Anm. d. Übers.

an biblisch-theologischen Verknüpfungen, von denen die wichtigste diejenige ist, dass Christus kommt und in unserer Mitte »sein Zelt aufschlägt« (nach dem griechischen Grundtext von Joh 1,14). Ein wichtiger Bestandteil der Guten Botschaft lautet: »Darin besteht die Liebe – nicht dass wir Gott geliebt haben, sondern dass er uns geliebt hat und seinen Sohn gesandt hat als Sühnopfer für unsere Sünden« (1Jo 4,10 SCH). Aber zu fragen, was die Gemeinde sein sollte und wie sie über Mission denken sollte, ist nicht dasselbe wie zu erkennen, dass die Fleischwerdung die Erfüllung der alttestamentlichen missionarischen Aktivität Gottes ist.

Zunächst einmal: Zu einer biblischen Theologie der Gemeinde und ihrer Mission gehören Themen, welche die Verfechter der missionalen Ansicht auslassen oder herunterspielen – Themen wie die Berufung der Gemeinde, von der Welt abgesondert und verschieden zu sein, um die Weisheit und Heiligkeit Gottes widerzuspiegeln. Das wird aus der Berufung Israels klar ersichtlich, wie wir schon im vorherigen Kapitel bei den levitischen Gesetzen gesehen haben. Diese Berufung wird im Lebenswandel der Gemeinde aufgegriffen und intensiviert. Paulus (in beiden Korintherbriefen), Johannes (in 1. Johannes 2) und Petrus (in 1. Petrus 1) achten jeweils peinlich genau darauf, die Gemeinde mit Begriffen zu definieren, die betonen, dass sie heilig und nicht von dieser Welt ist. Den Gläubigen wird ausdrücklich verboten, sich der Welt oder ihren Begierden anzupassen. Darum kann ein »inkarnatorischer Dienst« (was auch immer dies heißen soll) nicht bedeuten, dass man sich der Welt anpasst.

Zweitens: Der Gemeinde wurde – ebenso wie Israel – eine Identität gegeben, die sie zu einer Körperschaft macht, und das sogar im Rahmen eines Bundes. Israel wird Gottes Sohn genannt; wir werden Christi Leib genannt. Doch nochmals, das ist nicht die ganze Wahrheit. Der Gemeinde wurde auch eine besondere Mission gegeben – und zwar durch Christus, ihr Haupt. Sie soll Jünger machen, das Evangelium verkündigen und die Jünger lehren, alles zu halten, was Jesus uns geboten hat (Mt 28,18-20). Die Schrift betont immer wieder die Botschaft, welche die Gemeinde verkündigen muss.

Hier liegt alles andere als ein Zwiespalt zwischen Christus und seinem Leib vor; wenn man nur kurz etwas weiter überlegt, dann zeigt sich, dass dies damit übereinstimmt, worauf Jesus selbst den Akzent legt. Wiederholt versuchte Jesus, seine Wunderheilungen und Exorzismen nicht bekannt werden zu lassen. Er befahl den Leuten, niemandem zu sagen, was er getan hatte. Und wenn die Mengen zu groß wurden, die lauthals nach seiner heilenden Berührung schrien, dann wich er von ihnen und zog sich an einem anderen Ort zurück. Warum tat Jesus das? Er hatte die Macht, alle zu heilen; warum tat er das nicht? Warum verließ er sie gerade dann, wenn es möglich wurde, die Heilungsmacht Gottes im großen Maßstab zu demonstrieren? Jesus sagt uns warum. In Markus 1,38 erwidert er auf ähnliche Fragen der Jünger: »Lasst uns anderswohin in die benachbarten Marktflecken gehen, damit ich auch dort predige; denn dazu bin ich ausgegangen.«

Jesus kam nicht in erster Linie, um gute Taten zu vollbringen. Er kam nicht, um zu heilen und um Dämonen auszutreiben oder um zu zeigen, wie das Leben der Erlösten im Reich Gottes aussehen würde. Nein, Jesus kam in erster Linie, um zu predigen. Genau das sagt er. Warum predigen? Er kam um zu predigen, weil das Werk, das Gott ihm aufgetragen hatte, darin bestand, durch sein Sühneopfer am Kreuz die Erlösung zu vollbringen. Dieser Tod aber wäre auf tragische Weise unverständlich gewesen – dieses Heilswerk, das anderen unzugänglich ist –, gäbe es nicht die Botschaft des Evangeliums, das er gepredigt und seinen Jüngern anvertraut hatte. Diese Gute Botschaft erklärt, was sein Tod bewirkt hat und wie Sünder wie wir daraus durch Buße und Glauben Nutzen ziehen können. Jesus kam, um zu sterben. Aber er kam nicht nur, um zu sterben. Er kam, um vorher zu predigen, damit wir seinen Tod verstehen und davon profitieren können.

Ein Teil der Musters, das sich hier ergibt, besteht deshalb darin: Zwar weisen Israel und die Gemeinde auf einige Aspekte des Dienstes Christi hin, schatten sie voraus und wiederholen und übertreffen sie sogar; andere Aspekte seines Dienstes aber bleiben ihm allein vorbehalten. Die Gemeinde stirbt nicht für die Sünden der Welt. Sie dient nicht zur Heilung der Nationen. Sie führt niemanden in das Reich Gottes ein. Diese Dienste sind allein dem Sohn gegeben.

Was also tut die Gemeinde? Sie bezeugt den Sohn. Sie verkündigt seine Botschaft. Sie macht Jünger. Und sie spiegelt in ihrem Inneren das Leben des Königreichs Gottes wider. Wie ein Außenposten des Himmels ist sie ein Leuchtfeuer und ein Abbild des einzigartigen Werkes, das der Sohn in ihr vollbringt.

Wie Jesus ist die Gemeinde in die Welt gesandt, um diese lebenspendende Botschaft zu verkünden, die das Königreich Gottes herbeiführt. Sollten wir demnach missional sein? In einem gewissen Sinne ja. Wir sollen Salz und Licht in der Welt sein, in Worten und Taten. Doch heißt das, dass wir aufhören sollten, Missionare auszusenden? Heißt das, dass wir aufhören sollten, den Schwerpunkt auf die öffentliche Verkündigung der Guten Botschaft zu legen und uns statt dessen darauf konzentrieren, das Leben des Königreichs Gottes in unseren Städten und Gemeinden zu inkarnieren? Ganz und gar nicht! Das hieße nicht nur, dem ausdrücklichen Befehl Christi, der das Haupt des Leibes ist, ungehorsam zu sein, es würde auch bedeuten, den Unterschied zwischen Typos und Antitypos auszulöschen, zwischen dem Abbild und dem realen Gegenstand.

Mehr noch: Würde man »Mission« gegen »missional« austauschen, hieße dies einen weiteren Handlungsstrang der biblischen Geschichte zu übersehen: die Geschichte, in der die Reiche dieser Welt durch die Gegenwart des Reiches Gottes nicht nur gesegnet werden, sondern sogar schließlich das Reich unseres Herrn und Christus werden. Wegen der Sünde wurde die Menschheit bei Babel in Nationen aufgespalten. In Christus wurde sie (bildlich) bereits zu Pfingsten wieder vereinigt, als das Evangelium zu allen Völkern ausging. Doch das Ende der Geschichte wird nicht dadurch erreicht, dass die Gemeinde den Dienst der Barmherzigkeit übt. Nein, dieses Ende ist dann erreicht, wenn die Erwählten aus allen Nationen endgültig und für immer in einem neuen Himmel und auf einer neuen Erde eins gemacht wurden. An jenem Tag werden alle Nationen auf Erden durch Abraham gesegnet sein, weil dann »eine große Schar … aus allen Nationen und Stämmen und Völkern und Sprachen« vor dem Thron steht, bekleidet mit weißen Kleidern, die im Blut des Lammes gewaschen sind (Offb 7,9.14). Die Gemeinde verkündigt die Botschaft des kommenden Reiches, aber allein der König selbst wird es vollenden.

Darüber hinaus ist Gottes Vorsatz, wie diese Geschichtshandlung deutlich macht, letzten Endes nicht die Mission, sondern die Anbetung. So zeigt John Piper auf: »Mission existiert, weil Anbetung nicht existiert.«[106] Darum hat die Gemeinde zwar einen missiona-

106 John Piper, *Let the Nations be Glad! The Supremacy of God in Missions* (Grand Rapids, MI: Baker, 1993), S. 11. Deutscher Titel: *Weltbewegegend* (3L 2009).

rischen Auftrag, aber sie existiert, um Gott anzubeten. Die Gemeinde durch Mission zu definieren heißt letzten Endes, dass man Gott von ihm selbst *weg*wendet und der Welt *zu*wendet. Tatsächlich ist es genau umgekehrt. Gott kam in diese Welt, weil es ihm grundsätzlich um sich selbst geht und darum, seine Herrlichkeit zu erweisen. Fazit: Was Strategien für die Evangelisation betrifft, kann die missionale Gemeinde uns manches Nützliche lehren. Aber als Kritik der Mission und als Definition von Gemeinde ist das missionale Konzept unangemessen und irreführend.

Armenfürsorge

Regelmäßig ist im Laufe der Kirchengeschichte der Ruf erschollen, das Evangelium solle besser veranschaulicht statt verkündigt werden, oder man könne es nicht aufrichtig predigen, so lange man es nicht auch praktisch auslebe. Oftmals richtet man dabei sein Augenmerk auf die Armen und meint, die Hauptaufgabe der Gemeinde bestünde darin, ihre Armut zu lindern.

Um die Ansicht zu stützen, dass Armenfürsorge eine Hauptaufgabe der örtlichen Gemeinde sei, bemühen verschiedene Autoren Schlüsselverse aus dem Neuen Testament und verweisen auf das Vorbild des alttestamentlichen Israel sowie auf die biblische Vision der neuen Schöpfung. Im Neuen Testament lesen wir Jesu Gebot: »So soll euer Licht leuchten vor den Menschen, damit sie eure guten Taten sehen und euren Vater im Himmel preisen« (Mt 5,16 ZÜR). Im weiteren Kontext der Bergpredigt betrachtet ist unstrittig, dass Armenfürsorge zumindest einen Teil dessen ausmacht, was Jesus mit »guten Taten« meint. Die ersten Christen praktizierten eindeutig eine radikale Großzügigkeit gegenüber den Armen (vgl. Apg 4,32-37), und Jakobus scheint regelrecht dazu aufzurufen, die Armen zu bevorzugen; zumindest aber verdammt er jegliche Herabwürdigung von Armen (Jak 2,1-9).

Im Alten Testament sehen wir, dass dem Volk Gottes ausdrücklich geboten wird, gegenüber den Armen Barmherzigkeit zu üben. Dies führte zu institutionalisierten und strukturellen Mechanismen für die Senkung der Armut. Um nur ein paar Beispiele zu nennen: das Ährenlesen (Lev 19,9-10); der Verwandte als Löser (Rut 3) und die Schwagerehe (5Mo 25,5-10). All dies wurde auf dem Hintergrund dessen eingerichtet, dass die Israeliten in Ägypten arm und unterdrückt waren.

Genau so wie Gott sie geliebt und aus ihrer Armut befreit hatte, so sollten auch sie den Armen, Witwen, Waisen und Fremden mit Güte und Respekt begegnen (5Mo 10,16-19; 24,18-22).

Die Propheten beschrieben vorausblickend, dass die neue Schöpfung sich durch Überfluss und Freude auszeichnen wird (Jes 65-66) und dass der Messias dieses neue Zeitalter mit guter Botschaft für die Armen einführen werde (Jes 61).

Zusammengenommen lehren diese Stellen anscheinend eine Biblische Theologie für die Gemeinde: sie ist ein Anbruch des Lebens des neuen Zeitalters und erfüllt die Verheißungen Gottes an Israel; sie veranschaulicht reichhaltig das Kommen des Königreichs, indem sie an den Armen in ihrer Mitte Barmherzigkeit übt.

Dies klingt für viele plausibel; tatsächlich aber denke ich, dass die Biblische Theologie doch ein etwas komplexeres Bild zeichnet.

Zuerst einmal lautet die Frage nicht: »Sollen Christen für die Armen sorgen?« Die Antwort darauf ist klar, ob wir dies nun im gesamtbiblischen Rahmen betrachten oder im Blick darauf, wie diese Geschichte sich auf unseren individuellen Lebensalltag auswirkt. Christen sollten die Liebe und Milde Gottes gegenüber allen widerspiegeln, mit denen sie in Kontakt kommen, und das schließt die Armen ein.

Die Frage lautet vielmehr: Hat die Gemeinde als Institution vor Ort eine besondere Verpflichtung, für die Armen zu sorgen?

Einerseits macht eine biblische Theologie der Gemeinde verständlich, dass es sowohl Kontinuität als auch Diskontinuität zwischen dem alttestamentlichen und dem neutestamentlichen Volk Gottes gibt. Israel war eine politische Nation in der vollen Bedeutung des Wortes: es besaß Staatsgrenzen, Voraussetzungen für die Staatsbürgerschaft und somit auch Bürgerpflichten für diese Staatsangehörigen. Die Mitglieder der Gemeinde hingegen sind als »Fremdlinge und Gäste auf Erden« über die ganze Welt zerstreut; sie sind Angehörige vieler Nationen, aber letztlich ist ihr Bürgerrecht im Himmel (Phil 3,20). Das Königreich Israel war irdischer und politischer Natur; wir aber wurden in ein Königreich gebracht, das geistlicher und himmlischer Natur ist (Joh 18,36).

Mehr noch: Schon an den groben Zügen des Verlaufs der Heilsgeschichte sehen wir, dass Israel nicht als Vorbild für die Christenheit gedacht war (d.h. im Sinne einer christlich-politischen Weltordnung). Vielmehr sind Israels Erfahrungen im Gelobten Land ein

Vorbild, das auf den Himmel hinweist (Hebräer 4). Somit erkennen wir, dass die Gesetze Israels ihre vollkommene Erfüllung im Himmel finden – einem Ort, an dem es weder Geschrei noch Sorge oder Pein gibt – einschließlich solchen Leides, das durch materiellen Mangel verursacht ist. Alle solche Gründe zum Sorgen werden dort beseitigt sein (Offb 21,1-4; vgl. Mt 26,11).

Diesen Unterschied zwischen Israel, der Ortsgemeinde und dem Himmel zu erkennen, hilft den Sinn vieler Dinge zu verstehen. Zuerst einmal erkennen wir, warum der Gemeinde geboten ist, für die Armen in ihrer Mitte zu sorgen. Neutestamentliche Vorbilder hierfür finden wir in Apg 4+6; Röm 15,25-27; 1Kor 16; 2Kor 8-9. Wenn die Leute sehen, wie es innerhalb der Gemeinde zugeht, sollen sie diese als Kolonie des Himmels wahrnehmen, die sich von der Welt um sie herum unterscheidet. Zweitens verstehen wir, warum der Ortsgemeinde nirgends geboten wird, einen bestimmten Teil ihres Budgets zur Linderung der Armut in der Welt zu verwenden. Den einzelnen Christen wird solches durchaus geboten (z. B. in Gal 6,10); wenn es aber so etwas wie ein »Gemeindebudget« gibt, dann in erster Linie, um *die Heiligen* für das Werk des Dienstes zuzurüsten. Dieser Dienst wiederum wird dazu führen, dass sie sich persönlich um die Armen kümmern. Drittens verstehen wir, wie der Missionsauftrag, die Verkündigung des Evangeliums, tatsächlich derjenige Auftrag ist, den die Ortsgemeinde gegenüber den Armen in erster Linie hat. Die Armen werden nicht durch ein Bankkonto wirklich aus ihrem Elend erlöst, sondern durch das Evangelium.

Kann die Gemeinde (als Institution) ihr Budget für soziale Maßnahmen verwenden? Ja, als Akt der Barmherzigkeit und als wohlüberlegtes Mittel, um das Evangelium zu empfehlen. Muss sie das tun? Nein. Was die Gemeinde tun *muss*, um Gemeinde zu sein, ist Jünger zu machen, sie zu taufen und sie zu lehren, alles zu halten, was Christus geboten hat. Was sie tun muss, ist den Armen die Gute Botschaft der Versöhnung mit Gott durch den Tod und die Auferstehung Jesu Christi zu predigen. Insofern Armenfürsorge unter zahlreichen Umständen benutzt werden kann, um Jünger zu machen und das Evangelium zu empfehlen, kann die Gemeinde ihre vielfältigen Dienste benutzen und sich entscheiden, auf verantwortungsvolle Weise für die Armen außerhalb der Gemeinde zu sorgen. Ich sage »sich entscheiden«, weil eine Gemeinde, welche die Aufgabe antritt, aus eigenen Mitteln für die Armen zu sorgen, auf der Hut sein muss. Sie darf weder ihre erste Priorität aus den Augen verlieren, noch ihren Mitgliedern einen Vorwand liefern, sich vor ihrer persönlichen Pflicht zur Nächstenliebe zu drücken. Andere Institutionen auf dieser Welt mögen die Armen mit Brot und Suppe speisen; doch in keiner anderen Institution auf dieser Welt empfangen Arm und Reich gleichermaßen das Brot des Lebens und das lebendige Wasser, das dazu führt, dass man nie wieder Hunger noch Durst haben wird (Joh 4,6).

Das Verhältnis zwischen Kirche und Staat

Es gibt wohl kein größeres Ärgernis in der Kirchengeschichte als das Verhältnis zwischen Kirche und Staat. Angefangen beim mittelalterlichen Christentum und der Einheit von Kirche und Staat unter einem einzigen Herrscher über den Anspruch der mittelalterlichen Päpste, nicht nur geistliche, sondern auch weltliche Gewalt über die Christen in jedem Lebensbereich zu haben, bis hin zum heutigen Kulturkampf mit einer politisierten Wählerschaft, die zum Teil entlang religiöser Grenzen aufgestellt ist,[107] und bis hin zu Befürchtungen über den Islam, der die säkulare Staatsform an sich verwirft, bis schließlich hin zu Befürchtungen, dass fundamentalistische Christen ebenfalls einen religiösen Staat anstreben, falls sie in Amerika je an die Macht kommen: Die Frage des Verhältnisses zwischen politischer und geistlicher Obrigkeit ist nach wie vor Grund für Kontroversen und Befürchtungen.

Dass man solche Befürchtungen ausgerechnet gegenüber Christen hegt, ist umso verwunderlicher, wenn man Jesu prompte Antwort bedenkt, die er den Obersten der Juden gab, die ihn mit einem klassischen Beispiel dieses Problems konfrontierten: »Dürfen wir dem Kaiser Steuern zahlen?« Jesus hielt ihnen eine römische Münze entgegen, auf die das Bild das Kaisers geprägt war, und antwortete: »Gebt denn dem Kaiser, was des Kaisers ist, und Gott, was Gottes ist!« (Mt 22,21). Problem gelöst, richtig?

Nun, was sollen wir dann zum Beispiel mit Israel anfangen? Sehen wir dort nicht eine Einheit von geistlicher und weltlicher Obrigkeit? Und was ist mit der allgemeingültigen christlich-moralischen

107 Dieses und die nachfolgend genannten Beispiele betreffen in dieser Form hauptsächlich die USA.

Weltsicht, die nicht nur lehrt, dass Christus über alles herrscht, sondern auch, dass das menschliche Leben heilig ist und die Welt, in der wir leben, von moralischen Grundsätzen geprägt ist? Sprechen diese Wahrheiten nicht dafür, dass wir verpflichtet sind, einen ausdrücklich christlichen Staat anzustreben?

Die Antwort darauf hängt auf gewisse Weise mit der eben geführten Diskussion zusammen und wird darum kürzer ausfallen als die eben genannten Beispiele. Wir müssen die biblische Gesamtgeschichte beachten und nicht bloß deren Teile, die scheinbar unsere persönliche Agenda oder Vorlieben unterstützen. Das Königreich Gottes ist das Ziel der Schöpfung. Israel war jedoch kein Prototyp, sondern nur ein Typos, ein Bild, das im Voraus auf die Realität hinwies. Als das wahre Königreich eingeführt wird, ist es klein, ja schier unsichtbar (Mk 4,30-32). Auf diese Weise ähnelt der Antitypos dem Typos: Israel war – wie Gott anmerkt – weder das größte noch das mächtigste Volk, als er es erwählte (5Mo 7,7). Auf bedeutende Weise jedoch ist das Königreich Gottes nicht wie der Typos, der es vorschattete. Das angebrochene Königreich Gottes ist ein geistliches Reich, das nicht durch politische Grenzen definiert wird, sondern vielmehr durch eine geistliche Herrschaft – die heilbringende Herrschaft Gottes.

In welchem Verhältnis steht die Gemeinde zu dieser Geschichte des Königreichs? Die Gemeinde ist berufen, diese heilbringende Herrschaft zu bezeugen, aber sie ist nicht mit dem Königreich identisch; es gibt nämlich viele, die zum Königreich gehören, aber nicht Teil der Gemeinde sind (z. B. die alttestamentlichen Heiligen und die auserwählten Engel). Die Gemeinde erwartet vielmehr voller Hoffnung die Rückkehr des Königs, der dann sein Reich sichtbar und mit Macht aufrichten wird. Bis dahin ist unser Leben im Königreich verborgen, verdeckt und verhüllt, ebenso wie Christus, der König, es bei seiner Inkarnation war. Die irdische Obrigkeit ist von Gott gegeben, zeitlich befristet und begrenzt, aber nichts desto weniger legitim (Römer 13). Gott hat getrennte Sphären der Macht und Verantwortlichkeit eingerichtet, die bestehen bleiben, bis der König wiederkehrt. In der Zeit zwischen seinem ersten und seinem zweiten Kommen ist die geistliche Amtsgewalt eingesetzt, um das Wort des Königs zu predigen. Doch wie Abraham, der die Verheißungen besaß, aber auf das Königreich vorausblickte, lebt auch die Gemeinde als Fremdling und Gast auf Erden. Wir haben die Verheißung des kommenden Königreichs in Herrlichkeit und warten darauf, aber wir werden nicht auf ewig Pilger sein. Der Tag wird kommen, an dem Christus wiederkommt, und dann wird alle Gewalt ihm unterworfen und er öffentlich als König und Herr ausgerufen (Offb 11).

Darum muss die Gemeinde einerseits der Versuchung widerstehen, ihre Eschatologie vorwegzunehmen. Es gebührt uns nicht zu entscheiden, wann unsere Pilgerschaft als Fremde vorbei ist, als ob die Erschaffung eines christlichen Staates das überhaupt zustande bringen könnte. Andererseits darf die Gemeinde nicht so leben, als ob diese Welt unwichtig wäre. Unsere guten Taten sollen allen offenbar sein. Doch unser Auftrag ist letzten Endes keine kulturelle Erneuerung; es ist die Erlösung der Seele. Unser Kampf ist kein Kulturkampf, sondern ein Kampf gegen geistliche Mächte des Bösen in der Himmelswelt. Auch unsere Hoffnung richtet sich nicht auf die Schalthebel politischer Macht, sondern auf den souveränen König der Könige und Herrn der Herren, der schon jetzt zur Rechten Gottes regiert. Bis er kommt, haben wir »hier keine bleibende Stadt, sondern die zukünftige suchen wir« (Hebr 13,14).

Fazit

Ich habe ein paar Beispiele dafür genannt, wie Biblische Theologie unseren Ansatz ganzen Bereichen des geistlichen Dienstes Kontur verleiht. Vielleicht sind Sie in manchen Schlüssen und Anwendungen, die ich ziehe, anderer Meinung; dennoch hoffe ich, dass Sie erkennen: an Themen wie diese (und viele andere) können wir uns ohne Biblische Theologie kaum heranwagen.

Nun liegt es wirklich an Ihnen, den Ball anzunehmen. Was hat Biblische Theologie Ihnen dazu zu sagen, welchen Ansatz Sie bei der Jungschararbeit verwenden oder bei christlicher Verkündigung allgemein? Wie würde es sich darauf auswirken, was Sie über Kirchenmusik denken? Was bedeutet es dafür, was Sie über Karriere und Berufung lehren? Welchen Einfluss wird es auf Ihre Renovierungs- oder Neubaupläne für Ihr Gemeindehaus haben? Wenn das, was ich über Biblische Theologie sage, wahr ist (wovon ich überzeugt bin), dann hat es zu alledem etwas Nützliches zu sagen. Biblische Theologie ist Theologie, die sich auf den Dienst Ihrer Gemeinde ganz praktisch auswirkt.

Epilog

Wenn Sie dieses Buch gleich aus der Hand legen, dann werden Sie vermutlich nicht anfangen, einen kompletten Dienstbereich völlig neu zu durchdenken. Stattdessen werden Sie wahrscheinlich zu einer Besprechung gehen, um über das nächste Jahresbudget zu reden oder um den nächsten Sonntagsgottesdienst zu planen. Oder Sie werden mit einem neuen Gemeindemitglied zu Mittag essen, das sich engagieren will, oder mit einem alten Gemeindediakon reden, der über manche Veränderungen besorgt ist, die Sie kürzlich eingeführt haben. In dieser Besprechung oder bei diesem Mittagessen werden Sie konkrete Entscheidungen fällen und praktische Vorschläge machen müssen. Sie brauchen Durchblick und Urteilsvermögen. Am allermeisten brauchen Sie Weitblick, eine klare Vorstellung davon, wohin Gott Ihre Gemeinde oder Ihren Dienst führt und wie das aktuelle Thema, sei es groß oder klein, dort hineinpasst.

An dieser Stelle macht sich Biblische Theologie wirklich bezahlt – aber nicht auf dieselbe Weise wie die meisten anderen praktischen Hilfsmittel. Sie gibt Ihnen keine Methode und kein Programm an die Hand. Sie umreißt nicht die nächsten zehn Schritte, um eine größere, bessere Gemeinde zu bauen. Sie sagt Ihnen nicht, wie Sie die richtigen Leute an Bord bekommen und die falschen von Bord. Stattdessen gibt Sie Ihnen etwas weit Besseres.

Sie gibt Ihnen Weitblick – theologischen Weitblick, um genau zu sein.

Wie wir gesehen haben, vermittelt Biblische Theologie (im doppelten Sinne dieses Wortes) Ihnen nicht nur die Geschichte, welche die Bibel erzählt, sondern sie fügt auch Ihre persönliche Geschichte in den Kontext der Geschichte Gottes ein. Sie integriert Sie selbst in den Verlauf seiner Geschichte, die sich als mehr erweist als nur eine Erzählung über Geschichten der Vergangenheit und Zukunft. Sie erweist sich als eine Geschichte im Hier und Jetzt. Richard Lints hat dies so treffend formuliert: Wenn wir Biblische Theologie so verstehen, dann entdecken wir: »Die Bibel ist … der beste Deuter der

Moderne.«[108] Biblische Theologie – praktiziert man sie so, wie hier dargestellt – führt zu theologischem Weitblick für den geistlichen Dienst von heute.

Mit einem solchen Weitblick sind wir in der Lage, die praktische Arbeit der Theologie zu tun – die Lehre der Geschichte Gottes auf die Details unseres Alltagslebens und auf das Leben derer anzuwenden, denen wir dienen.

Dies schließt Menschen ein wie den arbeitslos gewordenen Freund meines Mitältesten, mit dessen Geschichte ich dieses Buch begann (S. 9). Er war falsch gelehrt worden, 5. Mose 28 würde bedeuten, Gott hätte das Beste für sein irdisches Leben im Sinn, wenn er nur genug Glauben hätte, worunter ein Leben in irdischem Überfluss zu verstehen sei. Nun, wie würden Sie ihm jetzt antworten, nachdem Sie dieses Buch gelesen haben? Ich hoffe, Sie würden nicht einfach Ihre Bibel nehmen und ihm 1. Petrus 4,12 vorhalten, als ob ein Blütenlese-Duell diese Frage entscheiden würde.

Stattdessen hoffe ich, dass Sie verstehen: Hier hat jemand nicht nur einen einzelnen Vers missverstanden, sondern die biblische Gesamtgeschichte und somit seine eigene Lebensgeschichte. Bevor er 5. Mose 28 und 1. Petrus 4 überhaupt angemessen anwenden kann, muss seine Weltsicht neu geordnet und seine theologische Sicht neu orientiert werden. Er muss verstehen, dass sein Verständnis von 5. Mose 28 nur ein Zerrbild dessen ist, was Gott letzten Endes für sein Volk im neuen Himmel und auf der neuen Erde geplant hat. Er muss verstehen, dass Gott das Beste für sein Leben will, aber dass in einer gefallenen Welt die Herrlichkeit nur durch Leiden, und Leben nur durch den Tod erlangt werden kann. Er muss erkennen, dass der Reichtum, den Gott ihm geben will, letzten Endes nicht der Reichtum dieser Welt ist, sondern der Reichtum ununterbrochener Gemeinschaft mit Gott persönlich durch die Verbindung mit Christus. Er muss erkennen, dass der Wert dieses Erbes sich durch unseren Glauben erweist, während wir derzeit noch durch die Wüste wandern. Dies ist das Werk der Biblischen Theologie und der Systematischen Theologie, die aus ihr erwächst. Und genau das hat mein Mitältester ihm gesagt.

---

108 Richard Lints, *The Fabric of Theology: A Prolegomenon to Evangelical Theology* (Grand Rapids, MI: Eerdmans, 1993), S. 312.

Aber er hat seinem Freund nicht einfach nur gesagt, er solle seinen Blick fest auf Christus richten, egal wie es ihm gehe; er hat auch seinen eigenen Blick ebenso fest auf Christus gerichtet. Weil der Lebenswandel dieses Ältesten auch durch die biblische Geschichte geprägt ist, hat er verstanden, dass sein wahrer Schatz, sein endgültiges Erbe und somit seine letzte Hoffnung im Himmel ist und nicht auf Erden. Und darum, weil er nicht der Lügengeschichte dieser Welt auf den Leim gegangen ist, Reichtum würde Sicherheit bedeuten, griff er großzügig in seine irdische Schatztruhe, um seinem arbeitslosen Freund zu helfen.

Das ist der Weitblick, den wir für den geistlichen Dienst brauchen; aber wir bekommen ihn weder mit einem Mal, noch indem wir nur ein Buch lesen. Der Weitblick, von dem ich spreche, ergibt sich aus der geduldigen, wiederholten, aufmerksamen Lektüre der ganzen Bibel. Er wird einiges daran ändern, wie Sie die Schrift in Ihrer Andachtszeit lesen und studieren, und daran, wie viel Zeit Sie sich zur Predigtvorbereitung nehmen. Er wird Ihre Denkgewohnheiten verändern, wenn Sie in Ihrem Dienst vor Probleme und Herausforderungen gestellt werden. Statt dass Sie eine pragmatische Lösung suchen, werden Sie darauf bestehen, alles in einen theologischen Kontext zu stellen.

Wie bereits gesehen, ist die Biblische Theologie als Fachdisziplin eine Weise des Bibellesens, eine hermeneutische Strategie, deren Anwender aus Gottes Geschichte kein kleines Handbuch für Lebensfragen macht, sondern die Bibel als die bedeutende Geschichte anerkennt, die unserer Geschichte Bedeutung verleiht. Das heißt: der Weitblick, den wir brauchen, rührt nicht von Brainstorming-Sitzungen oder Marketing-Methoden her, sondern von einen durch Gebet geprägten Denken, das sich weigert, unsere Zeit so zu verstehen, wie es den naheliegenden Geschichten unserer Kultur entspricht – den Geschichten von Erfolg, Volkszugehörigkeit und Kapitalanhäufung, um nur ein paar zu nennen. Stattdessen wird unsere Zeit im Licht der biblischen Geschichte definiert. Diese Geschichte definiert je länger desto klarer, wer wir sind, woher wir kommen und wohin wir gehen. Folglich sagt uns diese Geschichte, was wir heute tun, denken und empfinden sollen.

Wenn Sie das nächste Mal zu einem Planungstreffen oder einem Jüngerschafts-Frühstück gehen, dann nehmen Sie hoffentlich Ihre

Bibel mit – nicht um eine Eröffnungsandacht zu halten oder um den perfekten Beweistext vorweisen zu können, sondern für den Weitblick, den Sie brauchen, damit Sie und Ihr Dienst sich an dem Werk orientieren, das Gott in dieser Welt durch Christus tut. Wie ich schon sagte, bekommen Sie diesen Weitblick nicht vollständig auf einmal. Aber durch Gottes Gnade werden Sie ihn bekommen, und das verändert alles.

Biblische Theologie ist wirklich nützliche Theologie. Biblische Theologie ist Theologie, die wirkt. Also: Nehmen Sie Ihre Bibel zur Hand und gehen wir ans Werk!

Weiterführende Literatur

Zusätzlich zu den in der Einleitung empfohlenen Büchern wird die nachfolgende Literatur Ihnen helfen, die Themen der betreffenden Kapitel näher zu untersuchen.

Kapitel 1

Beynon, Nigel, and Andrew Sach. *Dig Deeper: Tools to Unearth the Bible's Treasure.* Wheaton, IL: Crossway, 2010.

Carson, D. A. *Stolpersteine der Schriftauslegung.* 2. Aufl. Oerlinghausen: Betanien, 2011.
Carson macht auf viele Möglichkeiten aufmerksam, wie man den Text missverstehen kann, und bietet nützliche Hinweise, solche Fehler zu vermeiden.

Fee, Gordon D., und Douglas Stuart. *Effektives Bibelstudium.* 5., rev. und erw. Aufl. Asslar-Berghausen: ICI, Dt. Büro; Gießen u. Basel: Brunnen, 2005.
Ich lehne zwar die in diesem Buch genannte Ansicht der Verfasser entschieden ab, dass Mann und Frau gleich seien; Sie werden aber keine bessere, verständlichere Einführung finden, wie man die Bibel in Übersetzung ohne Kenntnisse der Grundsprachen auslegt.

Kapitel 2

Goldsworthy, Graeme. *According to Plan: The Unfolding Revelation of God in the Bible.* Downers Grove, IL: InterVarsity Press, 2002.
In diesem Buch greift der Verfasser den Ansatz aus seinem Buch *Gospel & Kingdom* auf und arbeitet ihn über den gesamten Kanon aus.

Robertson, O. Palmer. *The Christ of the Covenants.* Phillipsburg, New Jersey: Presbyterian & Reformed, 1981.
Zwar lehne ich einige seiner Ansichten zur Kindertaufe ab, doch kenne ich keine bessere Einleitung in die Bundestheologie.

Kapitel 3

Baker, David. *Two Testaments, One Bible: a Study of the Theological Relationship between the Old and New Testaments*, rev ed. Downers Grove, IL: InterVarsity Press, 1991.
Eine gründliche Einleitung.

Clowney, Edmund P. *The Unfolding Mystery: Discovering Christ in the Old Testament.* Philipsburg, New Jersey: Presbyterian & Reformed, 1991.
Bietet klare, praktische Anleitung für Pastoren und Lehrer.

Kapitel 4

Lints, Richard. *The Fabric of Theology: A Prolegomenon to Evangelical Theology.* Grand Rapids, MI: Eerdmans, 1993.
Unter anderem plädiert dieses Buch für ein klareres Verhältnis zwischen Biblischer und Systematischer Theologie.

Wells, David. *The Courage to Be Protestant. Truth-lovers, Marketers, and Emergents in the Postmodern World.* Grand Rapids, MI: Eerdmans, 2008.
Plädiert dafür, dass Lehre unbedingt notwendig ist, um dem Evangelium treu zu sein.

Kapitel 5

Frame, John. *Salvation Belongs to the Lord: An Introduction to Systematic Theology.* Phillipsburg, New Jersey: Presbyterian & Reformed, 2006.
Umreißt deutlich die verschiedenen Perspektiven zur Lehrerkenntnis. Ein wenig fachchinesisch gehalten, aber die Lektüre ist der Mühe wert.

Lints, Richard. *The Fabric of Theology: A Prolegomenon to Evangelical Theology.* Grand Rapids, MI: Eerdmans, 1993.
Allein schon seine Untersuchung der Stoßrichtung theologischer Reflexion macht das Buch seinen Preis wert.

Kapitel 6 – 10

Weitere Beispiele Biblischer Theologie, teils mehr praxisbezogen, teils auf akademischem Niveau:

Beale, Gregory. K. *Der Tempel aller Zeiten: Die Wohnung Gottes und der Auftrag der Gemeinde – eine biblisch-heilsgeschichtliche Studie.* Oerlinghausen: Betanien, 2011.

Hamilton, James M. *The Center of Biblical Theology: The Glory of God in Salvation Through Judgment.* Wheaton, IL: Crossway, 2010.

Roberts, Vaughan. *Life's Big Questions: Six Major Themes Traced Through the Bible.* London: InterVarsity, 2004.

Kapitel 11

Clowney, Edmund P. *The Unfolding Mystery: Discovering Christ in the Old Testament.* Philipsburg, New Jersey: Presbyterian & Reformed, 1991.

Goldsworthy, Graeme. *Preaching the Whole Bible as Christian Scripture.* Grand Rapids, MI: Eerdmans, 2000.
Behandelt teilweise dieselbe Thematik wie das vorliegende Buch, widmet sich aber im zweiten Teil der praktischen Umsetzung, über Texte jeglicher Literaturgattung zu predigen.

Kapitel 12

Über Seelsorge:

Powlison, David. *Seelsorge im Licht der Bibel.* Waldems: 3L Verlag, 2012.
Eine ausgezeichnete Einleitung, um aus biblischer Sicht Seelsorge zu beurteilen.

Über Mission:

Bavinck, J. H. *An Introduction to the Science of Missions.* Übers. v. David H. Freeman. Phillipsburg, New Jersey: Presbyterian & Reformed, 1992.
Führt aus der Perspektive nach Pfingsten die »Komm und sieh«- und die »Geht und verkündigt«-Botschaften der Bibel zusammen. (Die Schriften Bavincks erschienen im Original auf Niederländisch; von dem hier genannten Buch gibt es bislang keine deutsche Übersetzung; Anm. d. Übers.)

Über den Autor

Michael Lawrence, Jahrgang 1966, ist Hauptpastor der Hinson Memorial Baptist Church in Portland (Oregon, USA). Michael kam schon in jungen Jahren zum Glauben, aber er verstand erst während seiner Studentenzeit, dass das christliche Leben aus mehr als nur aus Errettung besteht. Er studierte Theologie am Gordon-Conwell Theological Seminary und erwarb danach einen PhD in Theologie an der Cambridge University. Danach diente er für über acht Jahre unter dem Hauptpastor Mark Dever als Zweitpastor in der Capitol Hill Baptist Church in Washington, DC, bevor er 2010 zur Hinson Baptist Church wechselte. Michael ist mit Adrienne verheiratet und sie haben fünf Kinder.

Buchempfehlung

Gregory K. Beale

Der Tempel aller Zeiten

Die Wohnung Gottes und der Auftrag der Gemeinde – eine biblisch-heilsgeschichtliche Studie

Betanien Verlag 2011
Paperback · 492 Seiten
ISBN 978-3-935558-95-2
21,90 Euro

In der gesamten Bibel steht der Tempel für Gottes Ziel mit seinem Volk: In Ihrer Mitte zu thronen und zu wohnen, um als Schöpfer und Erlöser angebetet zu werden und seine Herrlichkeit in die ganze Schöpfung hinausstrahlen zu lassen. Von Eden bis zur letzten Seite der Offenbarung lässt sich dieser rote Faden verfolgen. In diesem Buch zeigt Gregory Beale diesen roten Faden und eine erstaunliche Fülle an biblischen und auch antiken kulturellen Zusammenhängen von Eden über die Wohnung Gottes und das in Christus bereits angebrochene Heil bis zur Vollendung auf. Wofür Adam, Israel und der Tempel unvollkommene Schatten waren, das hat Christus vollkommen zu erfüllen begonnen. Auch die Gemeinde gehört schon jetzt zu diesem Tempel, und das hat auch ganz praktische Konsequenzen für das Leben als Christ.

Beantwortet werden dabei auch zentrale Fragen der Eschatologie (biblische Zukunftslehre) und des Lebens als Christ wie z.B:

- Wird es einen wiederaufgebauten Tempel in Israel geben?
- In welchen Tempel setzt sich der Antichrist?
- Wie ist der Tempel aus Hesekiel und Offb. 11 zu verstehen?
- Was ist mit den Wiederherstellungsverheißungen für Israel?
- Was bedeutet es - auch für unsere Praxis -, dass Jesus Christus und seine Gemeinde der wahre Tempel sind?

»Dieses Buch … liefert ein Vorbild dafür, wie man biblische Theologie betreiben soll.« (Donald A. Carson)